国家社会科学基金项目2013—2017年一般项目
批准号：13BJY113

姜法竹
王　宁／著

基于风险规避视角的
生猪有效供给研究

JIYU FENGXIAN GUIBI SHIJIAO DE
SHENGZHU YOUXIAO GONGJI YANJIU

中国财经出版传媒集团
经济科学出版社
Economic Science Press

图书在版编目（CIP）数据

基于风险规避视角的生猪有效供给研究/姜法竹，王宁著.—北京：经济科学出版社，2019.9
ISBN 978 – 7 – 5218 – 0819 – 3

Ⅰ.①基⋯　Ⅱ.①姜⋯②王⋯　Ⅲ.①生猪市场 – 供应 – 研究 – 中国　Ⅳ.①F326.3

中国版本图书馆 CIP 数据核字（2019）第 187589 号

责任编辑：申先菊　赵　悦
责任校对：刘　昕
责任设计：齐　杰
责任印制：邱　天

基于风险规避视角的生猪有效供给研究

姜法竹　王　宁　著

经济科学出版社出版、发行　新华书店经销
社址：北京市海淀区阜成路甲 28 号　邮编：100142
总编部电话：010 – 88191217　发行部电话：010 – 88191522
网址：www.esp.com.cn
电子邮件：esp@esp.com.cn
天猫网店：经济科学出版社旗舰店
网址：http://jjkxcbs.tmall.com
北京季蜂印刷有限公司印装
710×1000　16 开　14.5 印张　260000 字
2019 年 9 月第 1 版　2019 年 9 月第 1 次印刷
ISBN 978 – 7 – 5218 – 0819 – 3　定价：86.00 元
（图书出现印装问题，本社负责调换。电话：010 – 88191510）
（版权所有　侵权必究　打击盗版　举报热线：010 – 88191661
QQ：2242791300　营销中心电话：010 – 88191537
电子邮箱：dbts@esp.com.cn）

前　言

近年来，国家出台了一系列保障生猪市场供给的文件。2011年农业部出台一系列措施稳定生猪生产与保障生猪市场供给，阐明了保障生猪生产的重要性及相关的保障措施。分析100~499头这一占生猪出栏总量比例最高规模供给的因素、盈亏平衡状况、风险规避程度对这一规模生猪供给决策的影响，可为稳定这一规模生猪供给政策的制定提供参考建议。主要内容涉及4个方面。

1. 中规模生猪供给影响因素省际差异分析

采用多指标双对数模型，利用年鉴中20个省（区、市）面板数据分4组回归的结果，表明上一期生猪价格、每头猪精饲料费用和仔畜千克价是影响生猪供给的因素。研究结果表明弹性组间差异主要表现为湖北、吉林和安徽3省生猪出栏量对上一期生猪价格富有弹性，辽宁等14省生猪出栏量对上一期生猪价格缺乏弹性；山东等13省生猪出栏量对每头猪精饲料费用弹性值为正；山东等16省生猪出栏量对仔畜千克价的弹性值为负。弹性组内差异表现为在弹性值相同的情况下，不同因素对生猪出栏量的影响不同，组内相同因素对不同省份生猪供给量的影响不同。与已有相关研究不同的是，分析了占生猪出栏量比例最高的100~499头这一规模生猪供给的影响因素，对研究对象分组进行了多变量面板数据回归，并将仔畜千克价这一变量引入模型。

2. 中规模生猪生产者盈亏平衡分析

利用实际调研获得的黑龙江10个县（市）42个乡镇66户中规

模（每批次实际出栏量为 50~230 头）生猪生产者的调研数据，在调研时的市场价格条件下，分别计算了 5 种不同成本构成条件下的盈亏值或利润值，并依据平均收益能否弥补平均变动成本，分两种情况计算了盈亏平衡出栏价格和盈亏平衡出栏量。

在以仔畜费与饲料费作为成本的条件下与仔畜费、饲料费与死亡损失作为成本的两种条件下均有 3.03% 的生产者亏损，96.97% 的生产者盈利，平均每头生猪盈利范围为 0.1~520.6 元；在总成本条件下，有 39.39% 的生产者亏损，60.61% 的生产者获得利润，每头生猪平均利润范围为 4.23~184.73 元。结果表明，随着成本构成种类的增加，亏损生产者的数量增加，且生产者的盈利额变小。生产者对生猪养殖的预期盈利值较低是其继续从事生猪养殖的原因；较多生产者依据仔畜与饲料成本合计计算盈亏值，表明仔畜费和饲料费是生产者最关心的变动成本，同时表明生产者是在不关心固定成本以及很少关心除仔畜费和饲料费以外的其他变动成本的条件下认为自己获利；生产者盈利能力差异大，对盈利的理解与理论研究中的利润存在差异，按生产者理解的"挣钱"使其可继续从事养猪业。

对占调研数量 27.27% 的生产者（平均收益不能弥补其平均变动成本）计算了盈亏平衡出栏价格，出栏价格的上涨范围应为 0.18~3.19 元/千克，上调百分比应为 1.31%~30.69%。结果表明，需要调整的出栏价格的幅度变化较大；对占调研数量 72.73% 的生产者（平均收益能够弥补平均变动成本）计算了盈亏平衡出栏量，结果表明部分生产者因提供的固定成本较少而使其在生猪出栏量较低时就达到了盈亏平衡的出栏量，进一步表明生产者不关心固定成本。

3. 中规模生猪生产者风险偏好类型分析

运用 Just – Pope 随机生产函数模型回归了中规模生猪生产者的平均生产函数与风险函数，并依据风险函数计算了中规模生猪生产者的平均风险规避系数，依据平均风险规避系数的正负值对其风险偏好类型进行了判断。投入要素仔畜重量与饲料用量通过生产者随机生产函数的检验，其中仔畜重量与饲料用量的弹性值分别为 -1.36667 与 2.2169，说明仔畜重量的减少会增加风险产量，饲料用量的增加会增加风险产量；占调研生产者数量96%的平均风险规避系数为正值，说明生产者的风险偏好类型为风险规避型。

4. 中规模生猪生产者供给决策分析

依据效用决策理论，测算了要素投入价格与生猪出栏价格的相对变化对平均风险规避系数以及生猪生产者效用值的变化对供给决策的影响。

当仔畜与生猪出栏价格相对不变，饲料与生猪出栏价格相对上升或仔畜、饲料与生猪出栏相对价格均上升时，生产者平均风险规避系数变小，盈亏值变小，效用值下降，生产者可能做出减少生猪养殖数量，甚至退出养猪行业的决策；而当仔畜与生猪出栏价格相对不变，饲料与生猪出栏价格相对下降或仔畜、饲料与生猪出栏相对价格均下降时，生产者平均风险规避系数变大，盈亏值变大，效用值上升，此时生产者会由于其拥有的固定资产短期内不变而更倾向于维持原有养殖数量。上述研究结果表明，影响中规模生猪生产者风险规避程度和风险偏好类型的因素是仔畜重量和饲料用量；仔畜重量为风险产量减少型投入要素；饲料用量为风险产量增加型投入要素；中规模生猪生产者为风险规避型；仔畜价格、饲料价格与生猪出栏价格相对的变化影响中规模生猪生产者的供给决策。

书中的内容是国家社会科学基金项目（13BJY113）的研究成果。

感谢黑龙江省畜牧局周红副局长组织课题组成员进行生产者问卷的填写；感谢鸿福集团徐总经理、贾厂长对课题研究过程中给予的支持和帮助。

感谢在百忙之中为课题组填写问卷的生猪生产者。

感谢黑龙江八一农垦大学动物科技学院魏国生教授、刘胜军教授、大庆市油田总公司后勤服务部王运海高级工程师对本书写作给予的指导；感谢望奎县灯塔乡刘胜明兽医在补充调研和电话回访时提供的多方面帮助。

感谢我校会计学院张学义老师抽出业余时间帮助课题组成员将《全国农产品成本收益资料汇编》的直接成本、间接成本以及人工成本换算成本书所需要的固定成本与单位变动成本，为计算盈亏值与利润值提供了依据。

感谢黑龙江八一农垦大学经济管理学院 2013 级硕士研究生刘清淳与 2014 级硕士研究生白冬雪在导师姜法竹教授的指导下分别完成第 3 章与第 4 章主要内容的撰写，感谢黑龙江八一农垦大学经济管理学院 2015 级硕士研究生于柳在导师王宁教授的指导下完成第 5 章与第 6 章主要内容的撰写。

全书在写作过程中参考了国内外学者的相关研究成果，这对研究方法的选择和研究建议的提出都起到极大的支撑作用，在此表示真诚的感谢！

目 录

第1章 绪论 ··· 1
  1.1 研究背景、目的及意义 ·· 1
    1.1.1 研究背景 ·· 1
    1.1.2 研究目的 ·· 3
    1.1.3 研究意义 ·· 3
  1.2 国内外研究现状综述 ·· 5
    1.2.1 国外研究现状 ·· 5
    1.2.2 国内研究现状 ·· 9
    1.2.3 国内外研究现状述评 ·· 18
  1.3 研究方法与技术路线 ·· 19
    1.3.1 研究方法 ·· 19
    1.3.2 技术路线 ·· 21
  1.4 创新之处 ·· 23
    1.4.1 研究视角创新 ·· 23
    1.4.2 研究方法运用创新 ·· 23

第2章 相关概念与基础理论 ·· 25
  2.1 相关概念 ·· 25
    2.1.1 供给与供给量的含义 ·· 25
    2.1.2 有效供给含义 ·· 26
    2.1.3 安全边际与安全边际率内涵 ······································ 28

2.1.4 生猪养殖规模 ·········· 29
2.1.5 风险与效用的相关概念 ·········· 30
2.2 基础理论 ·········· 33
2.2.1 短期收益、短期成本理论与利润理论 ·········· 33
2.2.2 短期生产决策理论 ·········· 36
2.2.3 效用与期望效用理论 ·········· 37
2.3 本章小结 ·········· 37

第3章 中规模生猪供给影响因素省际差异分析 ·········· 38
3.1 全国中规模生猪供给量现状 ·········· 38
3.1.1 中规模（100~499头）生猪供给量在全国各规模中的地位 ·········· 38
3.1.2 各省份中规模（100~499头）生猪出栏量现状 ·········· 40
3.2 中规模生猪供给影响因素弹性分析 ·········· 44
3.2.1 变量选择依据 ·········· 44
3.2.2 模型选择依据 ·········· 45
3.2.3 数据来源 ·········· 46
3.2.4 回归程序 ·········· 46
3.3 结果分析 ·········· 57
3.3.1 回归结果 ·········· 57
3.3.2 组间差异分析 ·········· 60
3.3.3 组内差异分析 ·········· 61
3.4 本章小结 ·········· 62

第4章 中规模生猪生产者盈亏平衡分析 ·········· 63
4.1 中规模生猪生产者盈亏现状分析 ·········· 63
4.1.1 调研说明 ·········· 63
4.1.2 生猪生产者收益与成本计算 ·········· 65
4.1.3 生猪生产者盈亏值及利润值计算 ·········· 70
4.2 中规模生猪生产者盈亏平衡价格与出栏量分析 ·········· 78

        4.2.1 盈亏平衡 ··· 79
        4.2.2 需要计算盈亏平衡价格与盈亏平衡出栏量生产者的
              筛选 ··· 80
        4.2.3 盈亏平衡价格分析 ······································· 84
        4.2.4 盈亏平衡出栏量分析 ····································· 86
    4.3 本章小结 ·· 90

第5章 中规模生猪生产者风险偏好类型分析 ·························· 91
    5.1 调研说明 ·· 91
    5.2 投入要素风险类型分析 ·· 93
        5.2.1 研究前提 ··· 93
        5.2.2 模型与变量选择依据 ····································· 94
        5.2.3 回归程序 ··· 98
        5.2.4 结果分析 ··· 99
    5.3 生猪生产者平均风险规避系数分析 ··························· 104
        5.3.1 生产者平均风险规避系数计算 ························· 104
        5.3.2 结果分析 ·· 111
    5.4 讨论 ·· 113
        5.4.1 关于函数形式的讨论 ··································· 113
        5.4.2 关于投入要素的讨论 ··································· 114
        5.4.3 关于变量通过显著性水平的讨论 ····················· 116
        5.4.4 关于中规模生猪生产者风险偏好类型为风险规避的
              讨论 ··· 116
    5.5 本章小结 ·· 117

第6章 效用值对供给决策影响分析 ··································· 118
    6.1 效用函数选择依据 ·· 119
    6.2 效用值计算 ·· 120
        6.2.1 初始效用值计算 ·· 120
        6.2.2 调整效用值计算 ·· 123

6.3 结果分析 ·········· 137
　　6.3.1 出栏价格不变时的决策 ·········· 138
　　6.3.2 出栏价格上涨10%时的决策 ·········· 139
　　6.3.3 出栏价格下降10%时的决策 ·········· 139
6.4 本章小结 ·········· 141

第7章 研究结论、研究不足与政策建议 ·········· 142
7.1 研究结论 ·········· 142
　　7.1.1 中规模生猪供给量省际差异分析结论 ·········· 142
　　7.1.2 中规模生猪生产盈亏平衡分析结论 ·········· 143
　　7.1.3 中规模生猪生产者风险偏好分析结论 ·········· 144
7.2 研究不足 ·········· 145
7.3 政策建议 ·········· 147
　　7.3.1 从要素投入角度稳定中规模生猪供给的建议 ·········· 147
　　7.3.2 从盈亏平衡角度保持中规模生猪供给的建议 ·········· 148
　　7.3.3 调整中规模生猪生产者风险规避度的建议 ·········· 150
7.4 本章小结 ·········· 153

附录 ·········· 154
　附录A 全国不同规模生猪出栏量 ·········· 154
　附录B 全国各省（区、市）中规模生猪每头猪精饲料费用 ·········· 158
　附录C 全国各省（区、市）仔畜费、仔畜重量及仔畜千克价 ·········· 160
　附录D 全国各省（区、市）生猪价格 ·········· 165
　附录E 中规模（100~499头）生猪生产者调研问卷 ·········· 166
　附录F 中规模（100~499头）生猪生产者调研问卷相关数据统计Ⅰ ·········· 167
　附录G 中规模（100~499头）生猪生产者调研问卷相关数据统计Ⅱ ·········· 186
　附录H 投入变量筛选结果统计 ·········· 205

参考文献 ·········· 207

第1章

绪 论

1.1 研究背景、目的及意义

1.1.1 研究背景

生猪产业在我国畜牧业生产中一直占有重要地位,是关系国计民生的基础产业,是肉类食品供应的主要来源。它作为一个在市场环境中运行的产业,与其他产业一样必然存在生产风险和市场风险等问题。国家对生猪产业的长久持续发展给予高度重视,连续几年出台畜牧业发展的一系列扶持政策。

2012年,中央1号文件《关于加快推进农业科技创新 持续增强农产品供给保障能力的若干意见》中,将"确保农产品供给"列为了重点,并提出"稳定发展生猪生产""推进生猪和奶牛规模化养殖小区建设"以及"确保主要农产品有效供给和市场稳定"的发展方向。[①] 2013年,中共中央国务院《关于加快发展现代农业 进一步增强农村发展活力的若干意见》中,对畜禽养殖

---

① 关于加快推进农业科技创新 持续增强农产品供给保障能力的若干意见 [EB/OL]. (2012-02-02) [2016-04-02]. http://jiuban.moa.gov.cn/sjzz/jgs/cfc/zcfg/yhwj/201703/t20170308_5507414.htm.

做了进一步的明确,指出在新一轮的"菜篮子"工程建设方面,要扩大畜禽水产品标准化养殖示范场的创建规模,不断推动种养业良种工程[①]。2014年1月,中共中央国务院印发《关于全面深化农村改革 加快推进农业现代化的若干意见》中,强调"要不断完善我国重要农产品价格形成机制,为了进一步探索生猪等农产品的目标价格保险试点,同年启动东北、内蒙古的大豆及新疆棉花目标价格补贴试点,保障生猪等重要农产品的供给安全"。[②] 2015年,中央1号文件《关于加大改革创新力度 加快农业现代化建设的若干意见》强调,"加大对生猪、奶牛、肉牛、肉羊标准化规模养殖场(小区)建设支持力度,实施畜禽良种工程,加快推进规模化、集约化、标准化畜禽养殖,增强畜牧业竞争力"。[③] 2016年,中央1号文件《关于落实发展新理念加快农业现代化 实现全面小康目标的若干意见》指出,"加快现代畜牧业建设,根据环境容量调整区域养殖布局,优化畜禽养殖结构,发展草食畜牧业,形成规模化生产、集约化经营为主导的产业发展格局"。[④] 2017年,中央1号文件《关于深入推进农业供给侧结构性改革 加快培育农业农村发展新动能的若干意见》中强调,"发展规模高效养殖业。稳定生猪生产,优化南方水网地区生猪养殖区域布局,引导产能向环境容量大的地区和玉米主产区转移。持续推进农业保险扩面、增品、提标,开发满足新型农业经营主体需求的保险产品,采取以奖代补方式支持地方开展特色农产品保险"。[⑤] 2018年,中央1号文件《关于实施乡村振兴战略的意见》中提出,"加快发展现代农作物、畜禽、水产、林木种业,提升自主创新能力。优化养殖业空间布局,大力发展绿色生态健康养殖"。[⑥]

国家近几年连续出台的中央1号文件及召开的会议均提及保障生猪供给和稳定

[①] 关于加快发展现代农业 进一步增强农村发展活力的若干意见[EB/OL]. (2013 - 02 - 01)[2016 - 05 - 30]. http://www.moa.gov.cn/ztzl/yhwj2013/zywj/201302/t20130201_3213480.htm.

[②] 关于全面深化农村改革 加快推进农业现代化的若干意见[EB/OL]. (2014 - 01 - 12)[2016 - 05 - 30]. http://www.moa.gov.cn/zwllm/zcfg/flfg/201401/t20140121_3743917.htm.

[③] 关于加大改革创新力度 加快农业现代化建设的若干意见[EB/OL]. (2015 - 02 - 02)[2016 - 05 - 30]. http://www.moa.gov.cn/ztzl/yhwj2015/zywj/201502/t20150202_4392289.htm.

[④] 关于落实发展新理念加快农业现代化 实现全面小康目标的若干意见[EB/OL]. (2016 - 01 - 29)[2016 - 05 - 30]. http://www.moa.gov.cn/ztzl/2016zyyhwj/2016zyyhwj/201601/t20160129_5002063.htm.

[⑤] 关于深入推进农业供给侧结构性改革 加快培育农业农村发展新动能的若干意见[EB/OL]. (2017 - 02 - 06)[2017 - 06 - 06]. http://www.agri.cn/V20/SC/jjps/201702/t20170206_5467872.htm.

[⑥] 关于实施乡村振兴战略的意见"[EB/OL]. (2018 - 02 - 05)[2018 - 04 - 14]. http://www.moa.gov.cn/ztzl/yhwj2018/zyyhwj/201802/t20180205_6136410.htm.

生猪养殖规模，也强调适度规模养殖的重要性。由此可见，中共中央、国务院对生猪养殖非常重视。在中共中央和黑龙江省的若干意见下，研究中规模生猪生产者风险偏好，从生猪产业与生产者风险视角为生猪产业的健康可持续发展提供依据。

1.1.2　研究目的

第一，利用《中国畜牧年鉴》和《全国农产品成本收益资料汇编》10 年的统计数据，按照规模计算占比后，100～499 头这一规模在个规模中占比最大，故对全国 20 个省（区、市）的 100～499 头这一规模生猪供给的影响因素进行分组分析（本书均以这一规模的生猪生产者为研究对象），并根据分组后不同省（区、市）的实证分析的结果，针对选取的省（区、市）提出稳定 100～499 头这一规模生猪供给的建议，可为不同省份制定生猪发展政策及生猪供给宏观调控政策提供参考。

第二，通过对黑龙江省 10 个县（市）42 个乡镇 66 个中规模生猪养殖场（户）的调研，依据生产者对盈亏的理解，计算不同成本构成条件下的盈亏值及总成本条件下的利润值；对于生猪平均收益不能弥补生猪平均变动成本的中规模生猪养殖场（户）计算盈亏平衡价格；对于生猪平均收益能够弥补生猪平均变动成本的中规模生猪养殖场（户）计算盈亏平衡出栏量。可从生猪生产成本构成角度，为制定中规模生猪养殖场（户）对市场提供稳定生猪供给的政策提供参考。

第三，通过对黑龙江省 11 个县（市）45 个乡镇 76 个中规模生猪养殖场（户）的调研运用随机生产函数模型，估计中规模生猪生产者平均生产函数及风险函数，测算平均风险规避系数并判断其风险偏好类型，分析生猪出栏价格与投入要素价格变化对生猪生产者平均风险规避系数、盈亏值与效用值的影响，进而分析效用值对生产者供给决策的可能影响，可为政府从生猪生产者风险规避视角制定稳定中规模生猪的供给政策提供参考。

1.1.3　研究意义

1.1.3.1　理论意义

第一，在明确了 100～499 头这一规模生猪出栏量在现有规模分类中出栏量比例最高这一前提下,依据已有学者在分析生猪出栏量影响因素时使用的仔畜费用(张晓东,2013;尹春洋等,2014)和仔畜重量(李桦等,2006;徐光涛,2014)的基础上,在模型中引入了仔畜千克价这一变量。梁小珍(2011)依据全国生猪出栏总量数据,运用多元线性回归模型,对31省(区、市)13年的面板数据进行回归分析,变量为上一年年末生猪存栏量与生猪养殖者对本期生猪价格的预期。与其研究不同的是,本书在31省(区、市)范围内对100~499头这一出栏规模数据筛选后,利用20省(区、市)10年的面板数据,运用双对数模型对20省(区、市)这一规模的生猪出栏量分组,模型种类涉及不变参数与变截距两种类型,通过的检验变量包括上一期生猪价格、每头猪精饲料费用和仔畜千克价,且各组通过检验的变量数量不同。

第二,以已有学者的研究为参考,针对中规模生猪生产者这一研究对象,调整了风险规避系数表达式、负指数效用函数取值区间以及调整生猪出栏价格及要素价格区间,进行初始效用值与调整效用值比较,体现供给决策的变化。上述调整对于后续学者从风险规避视角研究生产者的供给决策具有参考意义。

1.1.3.2 实践意义

第一,以我国100~499头这一规模的生猪出栏量的影响因素作为研究对象,按照选定的影响因素构建多变量的面板数据模型。在对模型进行试检验之后,对研究所选取的省份进行分组,并分别进行模型的确定和估计,找到显著影响因素,对100~499头这一规模生猪供给量进行国家宏观调控政策的制定具有参考意义,同时对这些省份调节这一规模的生猪供给也具有参考意义。

第二,以黑龙江省实际调研中一个批次出栏量为50~230头(全年为100~460头)的中规模生猪养殖场(户)为研究对象,分别测算其盈亏平衡出栏价格及盈亏平衡出栏量,明确不同生猪养殖场(户)对盈亏值的理解不同,可了解中规模养殖场(户)的实际盈亏情况以及明确哪些养殖场(户)需要提高生猪出栏价格才能获利,哪些需要降低变动成本或固定成本才能获利,这对调整生猪出栏价格和降低生猪生产成本政策的制定具有参考意义。

第三,分析中规模生猪生产者平均风险规避系数对效用值的影响以及效用值对生产者生猪供给决策的影响,更符合生猪生产者追求低风险条件下的低盈利值,而不追求高风险条件下的高盈利值或最大盈利值的实际情况,对政府从

第 1 章 绪　论

生猪生产者风险规避的视角制定稳定中规模生猪供给的政策具有参考意义。

1.2 国内外研究现状综述

1.2.1 国外研究现状

1.2.1.1 关于生猪养殖规模的研究

哈罗（Harlow，1962）利用弹性理论和蛛网模型分析了美国生猪供给和价格的影响因素，在分析影响生猪供给的因素时以春季和秋季母猪产仔数量作为被解释变量，以燕麦、大麦和高粱的产量、居民消费的肉牛价格指数及生猪饲养户玉米购买价格作为因变量。安格斯（Angeles，2008）认为，资源禀赋和饲料加工业发育程度都对规模化具有正向影响，但二者的相对重要性则需要根据实证检验来判断。麦克布莱德与尅（McBride & Key，2007）的研究发现，美国养猪业结构变化呈现出两大特点，即生猪养殖场规模不断扩大和生猪养殖的专业化程度越来越高，并对美国养猪业结构变化的影响因素进行了分析。比什瓦等（Bishwa et al.，2003）对 1969—1997 年美国生猪养殖的研究发现，在这期间美国生猪养殖场的数量下降了大约 80%，但猪场年均生猪出栏量却增长了 10 倍，由原来的 140 头左右增加到大约 1500 头，使得猪肉的供给量增加了 17%。沃克（Wopke，2007）在研究中发现，现代化的生猪养殖技术与管理手段使生猪生产能力大幅度提高，同时降低了人工成本并提高了养殖效益。加之计算机和遥感技术的应用和对生猪养殖户的专业培训、良种的培育和推广，极大地促进了生猪养殖规模化的发展程度。

罗兹（Rhodes，1995）通过对美国 1959—1992 年养猪场的数量与规模的分析发现，养猪场的数量在持续下降，规模养殖场在不断增加，且规模较小的生猪养殖场的数量在不断下降，而规模较大的生猪养殖场的数量在逐年上升并且成为生猪养殖业的主力。谢尔顿（Shelton，2004）总结了美国、澳大利亚、荷兰 3 个国家的畜牧业规模养殖的特点发现，美国畜牧业的发展主要依靠投资和技术；而澳大利亚畜牧养殖业的方式较为粗放；荷兰对精细化的养殖模式更加偏重。然而，这3个国家在畜牧业的发展上还存在着一些共性元素，例如生猪产业都主要以家庭农场的形式存在，家庭农场的养殖数量在逐年减少，但是养殖规模在逐年扩大。

1.2.1.2 关于生猪养殖规模与成本效益的研究

学者们对饲养规模与成本效益关系的研究表明规模变化对成本效益有一定的影响，但是产生影响的原因并不相同。夏尔马等（Sharma et al., 1997）在研究中发现，夏威夷生猪养殖场的总经济成本与生猪场规模呈显著负相关，而净利润却与其呈显著正相关。在分析原因中发现，随着猪场规模的扩大，人工成本显著降低，饲料价格显著降低，而母猪产仔数量相对较多。程与杰（Cheng & Jay, 2003）通过对比中国与美国中东部地区的生猪养殖成本和效益后发现，从饲养规模的角度看，中国散养户、专业户和规模化养殖的生产效率均落后于美国相应养殖规模的生产效率，但在中国的生猪规模化养殖中，尽管散养户成本最低，规模化养殖的成本最高，但其效益也最高。布鲁尔等（Brewer et al., 1998）通过对美国中西部养殖500头以上母猪的大规模养殖场和养殖100~250头母猪的中小规模养殖场进行对比后发现，大规模养猪场生产成本低于中小规模养猪场且其效益也更高，但效益的差异与生猪养殖规模关系较小，主要原因是大规模生猪养殖场的生猪质量更好，生猪出栏时重量均匀等。

欧美国家的畜牧化规模程度较高，一些专家对生猪养殖规模与养殖效益的关系进行了大量深入的研究。索洛韦（Soloway, 2004）在研究中发现，20世纪80年代后，新的技术和专业化生猪养殖加快了美国生猪产业规模化，大量的小规模养殖者随着生猪与猪肉价格的下降退出市场，其余养殖者通过扩大规模降低成本，从而使猪场的数量减少，规模化增多，往往集中分布。尅与麦克布莱德（Key & McBride, 2007）分析所有猪场规模的成本收益时指出，中小规模养猪场有较高的平均成本，但一些猪场的成本比大型养殖场成本要低。研究结果表明，生猪养殖场的规模并不是决定成本的唯一因素，生猪生产者的管理能力也是决定成本大小的重要因素之一。克列本斯坦等（Kliebenstein et al., 2002）研究发现，随着生猪规模化养殖的发展，美国生猪养殖技术水平不断提高，同时饲料配置技术水平和利用效率也随之提高，这极大地降低了生猪养殖成本。安东尼等（Anthony et al.，2005）研究发现，在生猪规模化养殖中，先进机械和饲养技术的运用极大减少了人工成本和劳动力数量，与此同时，规模化养殖的这一趋势又促进了生猪养殖场（户）素质的提高，形成了良性循环。

1.2.1.3 关于生猪价格对生猪供给影响的研究

生猪价格波动规律的研究是为指导生猪生产实践服务的，国外生猪生产取得的成绩非常显著，国外在生猪生产方面的研究成果也比较丰富。德兰斯菲尔德等（Dransfield et al.，2005）通过对英国、法国、丹麦及瑞典的消费者调查后发现，这些国家的消费者在购买猪肉的时候更愿意购买本国产的猪肉，并且根据消费者支付意愿的不同，他们也同样会重视猪肉价格对消费产生的影响。这一研究成果为这些国家的生猪生产提供了有价值的参考。李等（Lee et al.，2011）对国际粮价、生猪饲料价格和猪肉价格三者之间的内在关系进行了分析，发现国际粮价与生猪饲料价格之间关系密切且表现为正相关，国际粮价与猪肉价格影响直接，而饲料价格对国际粮价和猪肉价格产生了直接影响，这一结论的提出为饲料经销商和养猪者进行生产决策提供了参考。莫雷尔等（Morel et al.，2012）在研究生猪养殖成本时，利用线性规划法确定生猪供给的最优化方案，指出饲料成本对生猪养殖的影响最大，要想降低生猪供给成本需要优化生猪饲料喂养计划，确定合理的生猪饲养规模。

1.2.1.4 关于风险及风险偏好相关研究

学者们对生猪价格变异的高风险性具有一致认识。戴维等（David et al.，2003）指出，生猪生产者的风险感知与牛肉和农作物生产者相似，他们认为价格变异的风险是最大的，而极其寒冷的天气和疾病风险显得并不重要。帕特里克等（Patrick et al.，2007）使用描述性统计的 t 检验法对生猪生产的风险源进行了实证分析，指出在所有风险源中生猪价格变异的风险率是最高的。

大量研究表明农户的风险偏好会对其农业生产和投入行为产生显著影响。畜牧业经营者风险偏好类型和风险规避度影响其经营决策。贡贾尔与李高特（Gunjal & Legault，1995）采用相对风险规避系数为常数的幂效用函数，测算了加拿大魁北克省乳制品和生猪生产者关于农场投资和技术采用的风险偏好，指出农业生产者面临的生产、金融和市场决策都与变化的风险程度相关，与乳制品生产者相比生猪生产者可以更多地规避风险，所以政府为了减少农业中的不稳定性就需要完全理解农户的风险行为。巴瓦拉与比拉（Bwala & Bila, 2009）在研究尼日利亚南部博尔诺州农户风险偏好时指出，农户风险规避的态度限制了他们去探索改进生产方法和改善生活水平的机会。

农业政策影响生产者的风险态度和农产品的供给。库杜里等（Koundouri et al., 2009）依据芬兰农场数据，分析农业政策环境改变对农户风险态度的影响，指出芬兰加入欧盟后农户风险态度发生变化。在随机生产函数中，农场的平均收入（非随机收入）增加，与农业生产不直接相关的农业政策通过影响农场主的风险态度而促进了农业投入的增加。恩特斯等（Enters et al., 2003）指出，政策的持续性是一个关键问题，频繁的政策变化会导致风险的增加，并且为投资者提供了不安全的、动荡的环境。万斯科尔（Vansickle, 2007）指出，由于玉米用于酒精生产而使饲料价格上升。为此对于那些在饲料成本较高的情况下仍然从事生猪生产的经营者，美国农业部对其提供了补偿。

利恩等（Lien et al., 2007）在分析风险规避和最佳林业再种植面积时指出，林农的再种植和投资决策受其风险规避度影响。布伦南（Brennan, 2002）在研究越南稻虾养殖农场风险规避型农户在储蓄和技术选择时提出，农户的不同风险规避度对其选择的最佳储蓄策略是不同的。埃尔—乃孜尔与麦克卡尔（El - Nazer & McCarl, 1986）分析美国俄勒冈州东北部灌溉种植农场农户在预先裁定轮作和自由轮作时，指出他们最佳轮作的选择受其风险态度影响。彭宁斯与加西亚（Pennings & Garcia, 2001）在研究荷兰生猪生产者风险偏好时，通过设计问题获得确定性等价，在不考虑变量投入的条件下分别运用负指数效用函数与幂效用函数分析了生猪生产者风险偏好类型。

1.2.1.5　风险规避型生产者倾向于合约转移风险

郑等（Zheng et al., 2008）在研究美国农场主风险规避对生猪企业合约选择影响时指出，使用生产合约的农场主比利用现货市场营销的农场主更加风险规避。弗兰肯等（Franken et al., 2009）在分析交易成本和生产者风险偏好对美国伊利诺斯州生猪产业市场安排影响时指出，风险规避的生产者更可能使用契约合同进行生猪交易而较少可能使用现货市场进行交易。菲利普—甘瓦尔什与科迪尔（Phélippé – Guinvarc'H & Cordier，2010）在研究欧洲生猪生产者风险管理时指出，生猪价格的变异性高于多数农产品商品，即使是持续的养猪生产和现货市场上的价格诱导销售活动，生猪生产者也只能从自然变化的产品平均价格中获得收益，并提出了利用金融衍生工具合约有助于管理农场的风险。

1.2.2 国内研究现状

1.2.2.1 关于全国生猪总供给量的有关研究

刘秀丽等（2008）利用线性回归、时间序列及专家访谈的方法对我国2008 年和 2009 年生猪供给量和需求量进行了预测，并对我国这两个年份生猪的合理出栏量进行了预测，从而测算出生猪供给缺口。这一研究主要是为相关部门对生猪生产进行指导提供建议。杨朝英（2013）研究了生猪补贴政策对农户生猪供给的影响，以养殖户的猪肉产量 1000kg 作为生猪规模的衡量标准，选取 8 个生猪养殖大省的调研数据进行了实证研究，结果发现年猪肉产量超过 1000kg 的养殖户对价格比较敏感，对政策不敏感；年猪肉产量低于 1000kg 的养殖户更加容易放弃养殖，并且对价格和政策均不敏感。谭莹（2010）利用 Nerlove 模型分析了生猪供给价格预期和成本调整周期，并采用 ARDL – ECM 模型对影响猪肉总体供给的因素进行了实证分析。结果表明在诸多影响因素中，饲料价格是最大的影响因素。郭亚军（2012）采用适应性预期模型，估计了我国猪肉生产者供给反应函数，研究发现猪肉生产成本的变动对猪肉供给的影响最大，而猪肉价格和前一期猪肉产量变动的影响则远小于生产成本的影响。刘清泉与周发明（2011）指出，生猪价格的剧烈波动主要原因是生猪市场的供求失衡，这也造成了生猪市场的不健康发展。陈蓉与任大廷（2010）认为生猪供给调整具有时滞性，这一时滞性对生猪供给周期的长度和波动强度具有重要影响。研究发现，我国生猪供给时滞期包含 6 个月的观望期和 13～15 个月生猪生长过程时滞期。姜会明与王振华（2012）在研究中发现我国生猪供给具有短周期波动的特点，并且发现 12 个月为生猪供给的准周期。而诸如粮食生产周期、消费周期等不可控的因素是影响生猪供给短周期波动的主要原因。邵祥东与张广胜（2009）采用供给波动指数法对我国生猪供给的安全性和增长机制进行了实证研究，结果表明我国生猪供给总体安全性较高并且规律性明显。

1.2.2.2 关于全国部分地区不同规模生猪供给量的有关研究

(1) 关于全国不同规模生猪供给量的有关研究

张春丽与肖洪安（2013）认为生猪价格和不同规模生猪养殖户数量之间存在着相关性，而且在短期内生猪价格与不同规模养殖户数量之间存在正相关关系，在一年的滞后期中生猪养殖户数量与生猪价格之间存在负相关关系。研究中还提出，养殖规模越大对维持价格稳定和抵御价格波动的作用越强。杜丹清（2009）认为我国农村不应该片面强调扩大生猪养殖规模，而应该通过将分散的养殖户推向合作社方式进行适度规模的生猪养殖，并且通过政策措施的引导实现生猪养殖的合理规模。这一措施也是稳定我国频繁波动的生猪市场价格的有效措施。姜冰与李翠霞（2008）分析黑龙江省生猪规模化养殖问题时指出黑龙江省生猪饲养应该由以散养为主向规模化养殖转变，并提出了相应的对策。谭莹与李大胜（2010）认为我国生猪规模化养殖是目前的主要方式和未来的主要趋势；通过与美国生猪规模化养殖经验的对比和分析认为，我国生猪规模化养殖应该注意环境问题。吴学兵与乔娟（2012）认为我国生猪适度规模化养殖有利于平抑猪肉价格频繁剧烈的波动；用地问题成为农村生猪适度化养殖的主要障碍，造成这一障碍的主要原因是地方政府出于各种原因拒绝给予土地政策上的优惠。付兴军与李翠霞（2010）认为生猪规模化养殖不仅可以有效规避市场风险，提高生猪养殖的经济效益，还将有利于生猪生产的标准化和畜产品质量的提高，但对疫病风险规避的论述并不充分。张玉梅与乔娟（2013）分析生猪规模化养殖用地的利益相关主体行为时指出规模化养殖用地和规模的扩大存在着一定矛盾，其用地要兼顾经济效益和社会效益，要考虑眼前的经济效益更要考虑长远利益。李真（2009）对比了生猪规模化养殖和散户养殖在多项指标上的差异，指出生猪规模化养殖相对散户养殖有诸多优势，也是未来发展的必然趋势；还指出生猪规模化养殖的前期投入高是生猪规模化养殖的主要障碍，可通过政策调整逐步降低这一门槛。毛翔飞与杜楠（2012）对生猪规模化养殖的研究是从养殖生态模式的构建这一角度进行的，并在研究中提出了适合农户、企业和园区生猪规模化养殖的生态模式。闫振宇等

（2012）采用《全国农产品成本收益资料汇编》中散户、小规模、中规模和大规模的分类标准和数据，运用 DEA 分析方法测算了 4 种生猪饲养规模的生产效率，结果表明在 2002—2010 年我国生猪生产效率的提高主要依靠的是投入的增加，技术效率次之。不同省份、不同规模的生猪生产效率差异性较大，建议各地区要因地制宜地，采用适合本地区的生猪饲养规模。翁鸣（2013）运用经济学中的蛛网理论，从生猪养殖规模和生猪市场的视角分析了我国生猪价格大幅波动的原因，研究发现我国生猪市场价格频繁波动的主要原因是生猪养殖的分散、小规模以及管理的粗放。张慧玲（2009）以管理、饲料、品种、疫病作为影响规模化生猪养殖经济效益的因素，并从这 4 个方面给出了提高生猪规模化养殖经济效益的措施。

（2）关于部分地区生猪供给量的有关研究

符刚与刘丹（2013）以四川省新津县 63 个生猪规模养殖场为研究对象，分析了生猪规模化养殖经济效益的影响因素。运用多元线性回归模型，选取生猪销售价格、成本等 15 个影响因素作为自变量，结果表明资金规模、文化程度、政府投入和是否加入合作社对生猪经济效益影响显著，呈正相关关系。吴小北与陈思家（2011）以四川省宜宾县 4 个镇的生猪养殖者为对象，分析了生猪规模化和散户养殖效益的差异，结果表明规模化养殖面临着融资困难等问题，散户对未来生猪市场价格预期的信心不足会造成生猪养殖数量的减少等问题。

1.2.2.3 关于生猪供给量影响因素模型使用的研究

李响等（2007）以四川省资中市和蓬溪县生猪存栏数大于 50 头的 134 个生猪养殖户为调查对象，以生猪生产者的供给意愿作为被解释变量，以生产者对生猪安全、卫生状况的关注度、对安全生产信息的需求程度以及生产者的人口统计特征，即年龄、性别、学历、家庭结构、养猪纯收入和生猪存栏数量为自变量，利用 logistic 模型，对 $\log\left[\dfrac{P(Y_1)}{P(Y_2)}\right] = B_1 X_1 + B_1 X_1 + B_1 X_1 + \cdots + B_n X_n + B_0 \cdots$ 的估计结果表明，影响生猪生产者供给的关键因素有安全生产忧患度、卫生状况的关注度、安全生产信息的需求度、生猪存栏数、年龄，而性别、学历、家庭结构和养猪纯收入的影响不显著。

冷继明（2009）以漯河市 182 户生猪养殖户为调研对象，以是否从事生猪养殖作为被解释变量，通过剔除不合适的解释变量，最后将 9 个解释变量作为模型中的自变量，即未成年子女、农业劳动力数量、资金、非农收入、风险态度、疫病、精神生活追求、饲料及销售渠道。采用二分类逻辑回归模型，其形式如下：

$$y_{it} = \alpha + \beta_1 X_{1it} + \beta_2 X_{2it} + \beta_3 X_{3it} + \cdots + \beta_{14} X_{14it} + \varepsilon_{it}$$

结果表明，资金、农业劳动力数量两个因素对生猪养殖户的养殖行为影响较小，非农收入则影响显著，饲料可以对养殖行为产生影响，最显著的影响因素是疫病。

王中萍等（2014）以辽宁省生猪生产主要村镇的调研数据为基础，以《全国农产品成本收益资料汇编》中的一年饲养 100～1000 头生猪作为中规模的分类标准，以生猪出栏数为被解释变量，以能繁母猪占比、活猪平均价格、仔猪价格、头均饲料费用、头均防疫费用、死亡损失为解释变量，以疾病和政策为虚拟变量，对多元线性回归模型 $y = \beta_0 + \beta_1 X_1 + \beta_2 X_2 + \beta_3 X_3 + \beta_4 X_4 + \beta_5 X_5 + \beta_6 X_6 + \beta_{i1} D_1 + \beta_{i2} D_2 u$ 进行了估计。结果表明，生猪疾病、生猪市场价格、精饲料价格和仔猪费用均对出栏头数影响显著，而防疫费用对出栏头数影响并不显著，疾病和政策对出栏头数的影响较大。

李桦等（2006）利用统计指数因素分析法对我国生猪养殖的小规模、中规模和大规模 3 种养殖方式下生猪养殖比较优势进行了实证分析。以《全国农产品成本收益资料汇编》中对规模的界定为标准，以其中的成本收益资料数据为基础，利用个体指数体系反映各个费用项目的消耗量及其价格对单位生产成本的影响程度和影响结果。影响程度为 $\frac{p_1 q_1}{p_0 q_0} = k \times \frac{q_1}{q_0}$，影响结果为 $p_1 q_1 - p_0 q_0 = \left(p_1 q_1 - \frac{p_1 q_1}{k} \right) + \left(\frac{p_1 q_1}{k} - p_0 q_0 \right)$。以物质的使用量及其价格、人工费用作为影响因素，对 2000—2003 年我国生猪生产 3 种规模的影响程度和影响结果进行了测算。结果表明对于每 50 千克生猪生产成本这一指标来说，大规模养殖方式影响最大，中等规模养殖方式次之，小规模养殖方式影响最小。

张立中等（2013）以 1988—2011 年的数据为样本，利用 VAR 模型，分析我国生猪价格波动的影响因素。将生猪的猪肉产量、基础母猪头数、生产成本、城镇居民人均可支配收入、肉鸡价格、国家储备肉数量 6 个变量作为解释变量，生猪生产价格作为被解释变量。采用 ADF 检验、Johansen 多元协整检验法、Granger 检验进行实证分析。结果表明基础母猪头数对生猪价格的影响相对其他因素来说较大，生猪生产成本对生猪价格的冲击效应最大，肉鸡价格对生猪价格的冲击效应较大。谭莹（2011）用 Granger 因果关系检验方法揭示养猪业各种价格之间的引导关系时指出，玉米价格和毛猪价格是猪肉价格的 Granger 原因，反之则不是，而仔猪价格和猪肉价格互为 Granger 因果关系，说明仔猪价格和猪肉价格相互引导关系成立，不存在价格传递障碍。高阔与甘筱青（2012）在研究生产要素价格对猪肉价格波动的影响时，选取 2000 年 1 月—2010 年 11 月的月度时间序列数据。以饲料价格、豆粕价格、玉米价格及仔猪价格作为猪肉价格的影响因素，利用向量自回归模型 $Y_t = A_1 Y_{t-1} + \cdots + A_p Y_{t-p} + B_1 X_t + \cdots + B_r X_{t-r} + e_t$，采用 OLS 法对模型进行估计。结果表明猪肉价格与生产要素价格之间因果关系是单向的，前者是后者的因，反之则不是，猪肉价格对仔猪价格这种一次性投入正向影响显著，而对玉米、饲料、豆粕等长期投入的正向影响较弱。

1.2.2.4　关于将猪粮比作为盈亏平衡点的研究

虞华与彭莉（2014）以猪粮比作为盈亏平衡点，对生猪市场行情做整体预判。武春霞（2012）认为只有增强企业自身抵御风险的能力，大力推进生猪的规模化、标准化以及集约化养殖，才能把握好盈亏平衡点。雷骁勇等（2011）通过对盈亏平衡点（盈亏平衡时）猪粮比价和即时（实际）猪粮比价的对比，得出猪粮比价与成本的构成要素变化密切相关，猪粮比价可以预判生猪供给走势的结论。邱新梅与伍玉鼎（2010）指出当养猪户面对猪价跌至盈亏平衡点以下的情况时，要适当缩小规模，采用先进技术、改革饲养方式，走联合之路、以集体力量抵御市场风险等一系列建议。

刘晓磊与崔雪锋（2014）分析了我国各省份猪粮比从 2000—2012 年 13 年间的变化及空间分布特征，建议针对不同省份要区别对待，各级政府在利用猪粮比作为指导肉猪饲养行业的科学指标时，要随着时间移动调整盈亏点的设置并且分析不同驱动因素的作用。针对猪粮比的南北差异，为了使猪粮比与实际情况相吻合，也应分地区设定猪粮比的盈亏点。针对猪粮比波动比较大的地区（如我国北方及西南地区），可以建立相应的保护机制，例如扩大储备体系。同时也需要有关方面及时发布信息，对生猪生产者进行指导，防止生产过剩挫伤生产者的积极性。

田茹会（2015）举例说明了养猪场 2009 年与 2014 年的养殖情况，运用不等式解决种猪与肉猪的比例关系问题，进而得到盈亏平衡时母猪的平均产仔量。刘琨（2015）分析了影响生猪养殖规模及盈亏平衡的 3 个因素：母猪的平均年产仔量、小猪选为种猪的比例以及母猪的存栏数，根据未来 3 年内生猪价格的预测数据，建立了规模生猪养殖场的经营管理模型，得出较为合理的经营管理策略，为生猪养殖户加强管理、提高利润提供参考。

李庆亮（2013）以猪粮比跌破 6∶1 作为依据，认为此时跌破生猪盈亏平衡点，生猪养殖就进入了亏损状态并指出玉米是精饲料的主要原料，是生产总成本构成中占权重最高的因素，很大程度上也确实能够反映出生猪养殖场的利润情况。但是养殖成本是由多种因素构成的，猪粮比价只涉及生猪出栏价格和生产成本构成中的部分精饲料费，因此就不能准确全面地反映生猪成本的情况，也不能准确反映真实的利润情况，更不能作为衡量生猪养殖场实际的盈亏标准。当国家发展改革委员会发布猪粮比价跌破 6∶1 的全国平均盈亏平衡点的预警信息时，把它解读为生猪养殖利润已经进入亏损期是不准确的，但是作为国家判断生猪生产和市场情况的重要指标，生猪的盈亏平衡点具有非常重要的预警作用。袁凤明（2007）运用盈亏平衡分析法测算了在某一既定市场价格下，生猪生产者应该饲养多少头生猪才能使总收益等于总支出，即获得利润为零时的出栏量。

1.2.2.5 关于生猪规模化养殖及建议的研究

(1) 关于生猪规模化养殖的研究

沈银书与吴敬学（2011）分析了我国生猪规模养殖的发展趋势，并且探讨了规模养殖的发展动因，得出了我国生猪的规模化养殖水平程度仍然不高、行业集中度相对偏低的结论，并找出了我国生猪规模化养殖发展的主要影响因素。乔颖丽与吉晓光（2012）通过对比农户散养与规模养殖的规模经济效应、经济效益和要素替代关系，得出我国规模化养殖模式迅速发展的原因是规模经济的结论。同时还得出散养农户退出生猪行业并不是因为成本问题，散养与规模化养殖具有互补关系的结论。许彪等（2015）对我国生猪养殖业行业规模化的演变模式进行了分析，发现未来生猪养殖行业的格局将出现龙头企业快速扩张兼有黏性化散户并存的局面。通过对比三种主流模式（公司与农户紧密结合型、公司与农户松散结合型、重资产型),得出公司与农户紧密结合型模式在现阶段是最符合我国国情发展模式的结论。

(2) 关于生猪规模化养殖建议的研究

周晶等(2015)基于2003—2011年的省际面板数据,利用双重差分法估计了"一揽子"补贴政策对生猪养殖规模化水平增长率的影响,分析表明政策的作用路径主要表现为推动大量小型养殖场扩张进入中型养殖场行列。刘丹(2013)通过对生猪规模化养殖经济效益的影响因素进行实证研究,认为影响生猪规模化养殖经济的因素除了价格波动、成本的升降与市场和经营风险外,与生猪的饲养规模、饲料投入结构、饲养人员素质、组织形式、生猪品种以及政府的支持力度等因素也有关系,并对此提出了一系列的对策建议。闫振宇等(2012)在对全国和省际的生猪规模化分析中发现,我国生猪产业的发展方向尽管是规模化,但是这并不意味着养殖规模越大越好,从全国范围来看,中等规模生猪养殖模式盈利能力最强。刘晓峰与梦军(2014)认为黑龙江省的生猪产业随着近几年的发展已初具规模,是国家重要的生猪生产基地,生猪生产规模逐年扩大,农户的饲养水平不断提高,综合效益日渐显现,越来越多的农民加入生猪养殖行业,养猪业已成为黑龙江省农民增加收入、脱贫致富的途径之一。邰智荟等(2016)在分析2004—2014年黑龙江省不同规模生猪全要素生产率及其分解项时,对黑龙江省2015—2018年的投入产出值进行估计,指出"规模养殖户的调整度大小与规模大小相关,规模越大反而调整度越小,即更接近生产前沿面",且"2015—2017年大规模和中规模的规模收益递增,而小规模递减"。

1.2.2.6 关于生猪风险的研究

近年来,有些学者的研究指出了农户风险偏好对农业生产决策有影响。侯麟科等(2014)采用贾斯特与波珀(Just & Pope, 1978)随机生产函数模型,分析农户风险偏好对农业生产投入决策的可能影响。研究表明农户风险态度对农户如何投入有显著影响。朱臻等(2015)在研究南方集体林区林业经营者的风险态度与碳汇供给决策时指出,农户的风险态度对农业生产投资行为存在影响。

国内学者对生猪养殖的风险源进行了研究。郗伟东(2010)将生猪养殖过程中的风险源归纳为信用风险、应对能力风险和技术认知风险,并归纳了生猪散养过程中的风险—安全—控制三维风险结构框架。申超等（2012）对养猪企业面临的市场、投资和疾病等风险进行了描述，并从产业链利益分配失衡、外国资本冲击国内市场等方面对风险产生的原因进行了定性分析。王明利和肖洪波（2012）运用实证方法，分析了我国生猪在生产中的产量波动。研究表明其成因主要来自重大疫病、GDP 增长率及相关政策等外部因素以及玉米价格、能繁母猪数量和生猪价格等内部因素，并针对这些影响因素提出了有利于稳定生猪发展的政策建议。

在诸多风险因素中，对生猪价格波动风险进行的研究较充分。贾会玲等（2010）基于动态数据，选择仔猪价格、饲料价格和养殖收益成本比为影响因素，利用多元线性回归分析法对生猪价格风险进行了分析和预测。易泽忠（2012）建立了我国生猪市场价格风险评价指标体系，通过计算价格波动率、猪粮价格比和仔猪与白条肉价格比，测算了我国生猪市场价格风险总指数。宁攸凉等（2010）通过定性和定量的方法对生猪价格波动的特征、影响因素及导致原因进行了分析，同时针对以上问题提出了缓和猪肉价格波动的对策。赵瑞莹等（2008）基于 BP 人工神经网络的生猪价格风险预警模型，实现了生猪的季度或月度价格风险预警，并指出此方法可预防生猪价格的剧烈波动。贾会玲等（2010）选择仔猪价格、饲料价格和养殖收益成本比为影响因素，利用多元线性回归分析法分析和预测了生猪价格风险。许彪等（2014）运用五因素模型预测我国生猪价格趋势，并针对生猪生产提出相关建议，从而为政策制定者提供参考依据。郭利京等（2014）利用 2001—2011 年 30 个省（区、市）的面板数据对 4 种规模养殖户的生产行为与生猪价格形成机制进行研究，提出养殖户的选择差异影响生猪价格波动。张立中等（2013）运用向量自回归模型，基于 1988—2011 年数据，研究了冲击我国生猪价格的影响因素，并据此提出了抑制猪价波动的相关建议。

1.2.2.7 学者们对如何促进生猪有效供给进行了研究

梁振华（1996）通过对我国猪肉需求量缺口的预测，从维持合理粮价比和解决饲料不足等方面分析了促进生猪有效供给的对策。面对生猪价格风险、有效供给不足和供给过剩的现象，有学者从生猪期货交易角度提出了规避风险和促进生猪有效供给的措施。杨枝煌（2008）从银行信贷、生猪保险和生猪期货三方面提出了生猪市场金融化综合治理机制。张晓彤（2010）指出，相对于生猪供给来说，猪肉需求弹性较小，当生猪出栏数减少时生猪市场供应量就会减少，从而使供小于求，导致生猪价格上涨，并提出生猪期货是调控生猪价格大幅波动的有效措施。对生猪市场价格预测，主要有定性分析和定量分析两个方面。汤颖梅等（2013）以生猪主产区江苏省和四川省的农户为样本，运用Logistic模型分析了非农就业收入的比重、家庭劳动力状况、户主年龄、劳动力人力资本状况对农户生猪生产的影响，指出随着非农收入比重的增加，农户从事生猪养殖的机会成本就会增加，就会使农户减少生猪的养殖或者离开养猪行业。刘清泉和周发明（2011）从要素投入、生产布局、疫病灾害以及货币供应方面分析了制约生猪有效供给的原因，并提出了促进我国生猪产业可持续发展的建议。闫振宇等（2012）针对我国生猪规模化养殖发展现状，分析了省际差异及存在问题，并针对当前生猪规模化发展的新情况，提出了因地制宜选择最佳养殖规模、提高养殖经济效益等对策建议。

1.2.2.8 对100~499头生猪这一规模的相关研究

学者们对黑龙江省100~499头这一生猪养殖规模的出栏量比重、畜牧竞争力、供给影响因素以及全要素生产率进行了研究。姜冰（2009）在研究黑龙江省畜牧竞争力时指出，"在黑龙江省规模化饲养中，生猪生产规模在50~499头的比重最大（其中100~499头占43.49%，50~99头占37.89%），且高于全国平均水平，500头以上的比重较低，且低于全国平均水平"。刘清淳（2015）在研究影响中规模生猪供给因素省际差异时，依据《中国畜牧年鉴》和《中国畜牧业统计调查资料汇编》①（2011）计算的黑龙江省2001—2010年中规模生猪（100~499头）的出栏量占总出栏量比重呈现出上升趋势。② 姜法竹（2016）研究中规模生猪（100~499头）在全国各规模中的地位时指出，

---

① 国家统计局农村社会经济调查司. 中国畜牧业统计调查资料汇编（2011）[M]. 北京：中国统计出版社，2012.

② 第一，需要说明的是与文献作者刘清淳沟通后获知，其在计算黑龙江省100~499头这一规模出栏量占黑龙江省所有规模出栏量比例时依据的《中国畜牧业统计调查资料汇编》（2011）仅出版了2011年一本，故无法获得后续年鉴的比例。第二，黑龙江省在2001—2010年100~499头生猪出栏量占总出栏量百分比分别为17.65、19.32、18.05、21.52、38.86、39.75、14.79、43.36、41.37、42.55。其中，2006年的占比为39.75这一数值与姜冰（2009）计算的该指标值43.49%存在差异，主要原因是二者数据来源不同，但是仍能体现出100~499头这一规模在黑龙江省生猪生产中所占地位。

占生猪出栏量比例最高的为 100～499 头这一规模。

此外，学者们也对全国这一规模进行了相关研究。李桦等（2007，2006）在我国生猪不同饲养方式生产成本变动分析和我国生猪规模养殖生产成本变动因素分析中指出，"养猪业生产应鼓励发展规模养殖模式，中国生猪饲养方式应以中等规模为宜，[①] 建议饲养规模为 100～499 头"；虞祎（2012）在研究环境约束下生猪生产布局变化时也使用中等规模这一名称，其分类标准仍来自《全国农产品成本收益资料汇编》，即存栏量在 100～1000 头区间的养殖场，其研究环境规制对中国生猪生产布局的影响时选取的中规模生猪养殖场数量范围是年出栏量 100～499 头养殖场。

1.2.3 国内外研究现状述评

依据获得的文献，国外针对生猪养殖的研究涉及四个方面：生猪规模化生产的发展概况、生猪养殖规模与效益的关系、生猪市场价格对生猪供给的影响、风险和风险偏好的相关研究。国外生猪规模化生产起步早、发展快，相应养殖规模远比中国对应的规模化生猪生产效率高，并且国外生猪规模化生产带动了饲料等相关产业的发展。对生猪供给量影响因素的研究认为，影响生猪供给量的因素主要是饲料成本、猪肉的市场价格、人工成本、管理经验、生猪饲养技术及劳动力数量。所使用的研究方法主要是多元线性回归模型、蛛网模型和弹性理论分析，从其得出的研究结论可以发现，猪肉价格对生猪供给量的影响显著性最高，其次是饲料成本和人工成本。

国内关于生猪供给的研究多以全国和分地区的视角展开，其中对全国生猪供给量的研究主要集中于生猪生产的影响因素上，所采用的方法主要是多元线性回归方法和双对数模型，还有部分学者采用弹性分析方法。除针对某一地的调研数据外，所使用的数据主要是《中国畜牧年鉴》和《全国农产品成本收益资料汇编》中的统计数据。影响全国生猪供给或者猪肉生产影响的因素可以归纳为生猪价格、猪肉价格、饲料费用、生猪补贴政策、生猪供给价格预期、成本调整周期、猪肉生产成本的变动、前一期猪肉产量、生猪市场的供求、粮

[①] 李桦等（2007，2006）在文中使用的中"等"规模是按《全国农产品成本收益资料汇编》中的分类依据进行划分，即《全国农产品成本收益资料汇编》中的"中规模"。

食生产周期、消费周期、仔猪价格、基础母猪数量、鸡肉等替代品的价格等。其中，多位学者认为，猪肉价格对于生猪供给影响显著。在研究不同规模生猪供给时，多数学者一致认为我国生猪生产规模化将成为必然趋势，并且有部分学者通过模型对我国生猪供给量的变化进行了预测。

国内外学者分别对生猪养殖规模化发展、养殖规模与效益、不同规模的生猪供给量以及以猪粮比作为盈亏平衡点进行了研究，学者们主要将猪粮比作为盈亏平衡点。运用财务管理中的盈亏平衡分析法，分析在既定出栏量时生猪养殖场（户）的盈亏平衡状态，并依据平均收益是否能够弥补平均变动成本筛选生产者，分别测算了在既定出栏量条件下的盈亏平衡价格以及在既定市场价格条件下的盈亏平衡出栏量。

国外学者对生猪价格变异的高风险性具有一致认识，农户生产经营决策受其风险规避度影响；风险规避型生产者倾向于合约转移风险；农业政策对农产品供给和农户风险态度有影响。国内学者们进行了100~499头生猪这一规模的相关研究，研究了生猪生产的风险源；对生猪价格波动风险的研究较充分；研究了如何促进生猪有效供给；指出农户风险偏好影响农业生产经营决策。本书从生猪生产者风险规避视角，利用随机生产函数分析黑龙江省中规模（100~499头）生猪生产者风险规避度对供给决策的影响。

1.3 研究方法与技术路线

1.3.1 研究方法

1.3.1.1 问卷调研法

在计算中规模生猪生产者成本收益时，采用调研问卷收集中规模生猪生产者成本收益数据，共走访了12个县（市）48个乡镇共218户不同规模的生猪生产者，其中有66户为中规模生猪养殖场（户），覆盖10个县（市）42个乡镇，书中对这一规模的生猪生产者进行成本收益分析。

在计算中规模生猪生产者风险规避系数与依据效用值决策时,调研了11个县市(与成本收益分析相比增加了黑龙江省龙江县的数据)45个乡镇76户中规模生猪生产者的调研数据。

1.3.1.2 盈亏平衡分析法

盈亏平衡分析是养猪企业生存和发展的前提,盈亏平衡分析作为一项具有很高实用价值的现代企业财务管理工具,为养猪企业的利润预测及计划管理、生产决策提供了有力依据。基本公式为

$$P \times Q \times G - TFC - AVC \times Q = \pi$$

令 $\pi = 0$,则有:$P = \dfrac{TFC + AVC \times Q}{Q \times G}$。其中,P为盈亏平衡价格,Q为出栏量,G为每头猪出栏重量,TFC为固定成本,AVC为单位变动成本,π为利润。

利用66户中规模生猪养殖场(户)的调研数据,依据平均收益能否弥补平均变动成本对生产者分类后,可按上述公式及其变形分别求出盈亏平衡价格与盈亏平衡出栏量。

1.3.1.3 实证分析法

(1) 双对数模型的运用

这一部分的研究使用中国畜牧年鉴等年鉴中的数据进行分析。依据双对数函数和年鉴中获得的面板数据,采用变截距和不变参数两种模型,选用上一期生猪价格、每头猪精饲料费用和仔畜千克价作为自变量,利用面板数据分析影响100~499头这一规模生猪出栏量的因素,并进行影响因素的弹性分析。利用 Eviews 6.0 软件对模型面板数据进行豪斯曼(Hausman)检验、单位根检验、协整检验、效应类型判定及确定模型系数等。

(2) 随机生产函数与期望效用分析法

这一部分的研究使用76户中规模生猪生产者的数据完成分析。依据毕加索—塔德奥与沃尔(Picazo - Tadeo & Wall,2011)运用的贾斯特与波珀(1978)第七种随机生产函数模型,回归黑龙江省中规模生猪生产者平均生产函数及风险函数,测算黑龙江省11个县市76户中规模生猪生产者的平均风险规避系数,并判断其风险偏好类型;确定效用函数形式并计算初始效用值及变

化仔畜价格、饲料价格和生猪出栏价格后的效用值，分析效用值变化对生产者生猪供给决策的可能影响。

在函数形式选择和平均风险规避系数测算方面，采用贾斯特与波珀（1978）提出的平均生产函数和风险函数构成的随机生产函数模型 $y = f(x; \alpha) + g(x; \beta) \cdot \varepsilon$。其中，平均生产函数 $f(x_{ki}; \alpha)$ 采用二次线性函数 $f(x; \alpha) = \alpha_0 + \sum_{k=1}^{K} \alpha_k x_{ki} + \frac{1}{2} \sum_{k=1}^{K} \sum_{h=1}^{K} \alpha_{kh} x_{ki} x_{hi} + u_i$ 库姆巴卡（Kumbhakar, 2002）；风险函数 $g(x_{ki}; \beta)$ 采用对数化后的柯布—道格拉斯生产函数 $\ln(\hat{u}_i^2) = \beta_0 + \sum_{k=1}^{K} \beta_k \ln x_{ki} + v_i$ 毕加索—塔德奥与沃尔（2011），利用平均生产函数拟合后获得余差估计风险函数，从而得出随机生产函数，采用随机生产函数模型测算生猪生产者平均风险规避系数；为保证效用值区间为 $(-\infty, 1]$（布尼茨，Binici, 2001, 2003；利恩等，2009；塞伊汗与德米里约克，Ceyhan & Demiryurek, 2009；王宁和翟印礼，2012），文中依据布尼茨（2001；2003）的研究将效用函数 $U_i = -\exp(-r_{Ai} \cdot \mu_\pi) \in (-\infty, -1]$（$\mu_\pi$ 大于零或小于零）毕加索—塔德奥与沃尔（2011）调整为 $U_i = 1 - \exp(-r_{Ai} \cdot \pi_i) \in (-\infty, 1]$[①] 计算中规模生猪生产者效用值，同时将生猪出栏价格和投入要素价格按10%进行了组合调整计算调整效用值（Serra, 2008），依据效用准则分析生猪生产者可能调整的出栏量；运用 Eviews 6.0 软件与 Excel 2010 完成全部计算与图形绘制。

在目前检索到的国内文献中，仅有侯麟科等（2014）在研究玉米农户风险偏好时，将贾斯特与波珀（1978）随机生产函数模型作为理论进行了阐述，其运用多元线性模型分析农户风险偏好对农业生产要素投入的影响。

1.3.2 技术路线

根据研究思路，整理出本书的技术路线（见图1-1）。

[①] 在效用函数 $U_i = 1 - \exp(-r_{Ai} \cdot \pi_i) \in (-\infty, 1]$ 中，如果盈亏值为负数，效用值就为负，认为生产者会退出养猪行业，不考虑其供给决策。在后续的章节测算时，不同的条件下，会出现效用值为负的情况。

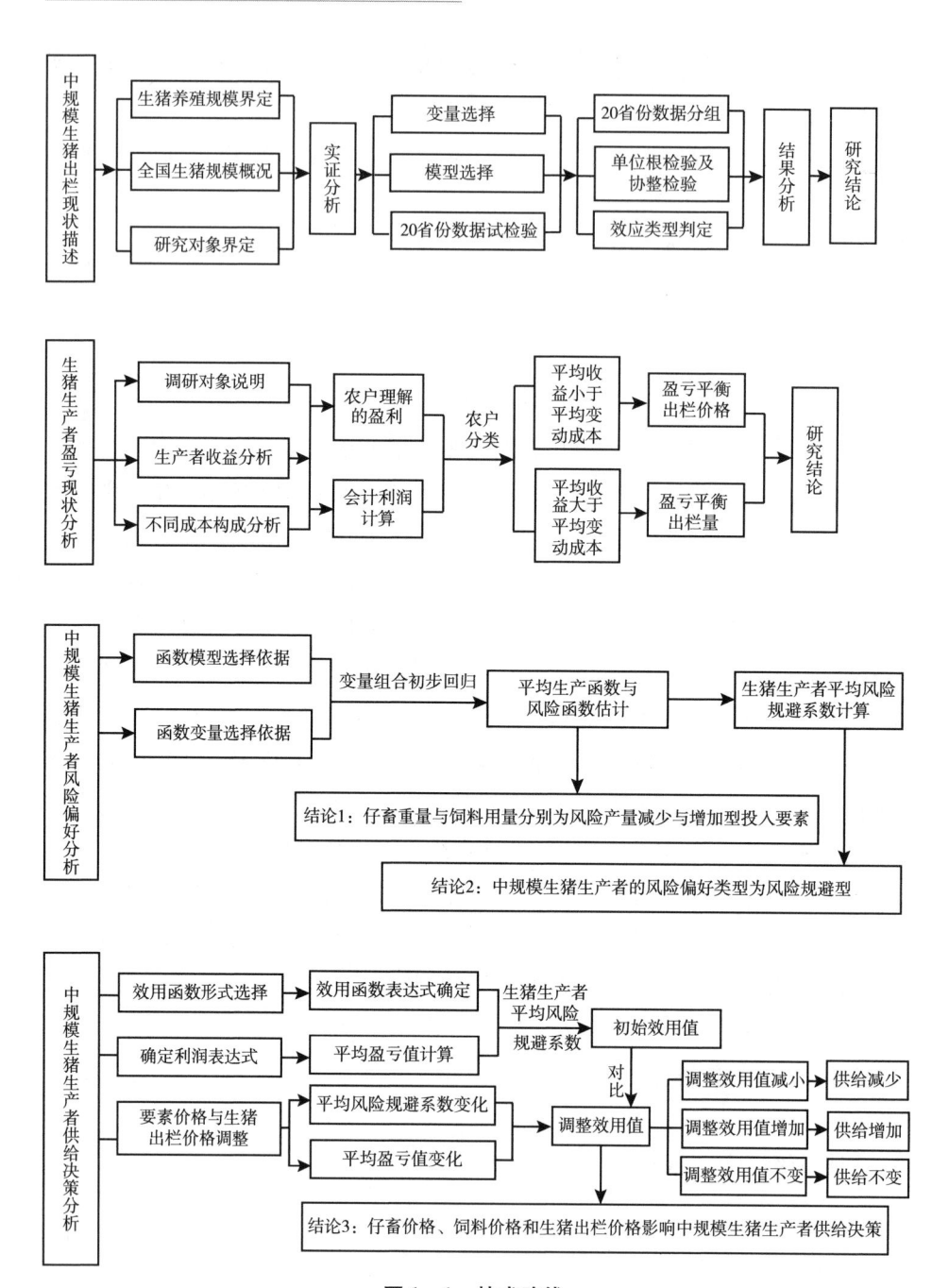

图 1-1 技术路线

1.4 创 新 之 处

1.4.1 研究视角创新

以已有学者运用盈亏平衡分析法分析盈亏平衡点（量）的研究基础，以生猪生产者平均收益能否弥补其平均变动成本为依据，将生产者分为需要计算盈亏平衡出栏价格与盈亏平衡出栏量两类。学者运用贾斯特与波珀（1978）随机生产函数分析种植业库杜里（2009）、毕加索—塔德奥与沃尔（2011）、侯麟科（2014）；渔业库姆巴卡（2002）的相关研究为基础，依据黑龙江省11个县市76户中规模生猪生产者投入和产出的调研数据回归随机生产函数，计算其平均风险规避系数并判断其风险偏好类型。

1.4.2 研究方法运用创新

（1）单要素风险规避系数计算表达式的调整

毕加索—塔德奥与沃尔（2011）通过标准化预期财富表达式 $\pi = \omega_0 + y - \omega \cdot x$，得到表达式 $r_{Aki}(zi) = \dfrac{\dfrac{\partial f(x;\hat{\alpha})}{\partial x_{ki}} - \omega_{ki}}{g(x;\hat{\beta}) \cdot \dfrac{\partial g(x;\hat{\beta})}{\partial x_{ki}}}$，测算出西班牙水稻种植户的单要素风险规避系数，反映出相对价格 ω_{ki} 对风险规避系数的影响。塞拉等（2006）、库杜里（2009）和库姆巴卡（2010）在农作物、大麦小麦及稻米种植户风险函数估计中通过的产出价格与产量计算出产值，即是产出价格、产量与投入要素价格表达预期利润。书中结合毕加索—塔德奥与沃尔（2011）、塞拉等（2006）、库杜里（2009）和库姆巴卡（2010）的利润表达式，通过引入每户生猪生产者的当期出栏价格与投入要素价格获得预期利润表达式 $\pi_i = p_i \cdot y_i - \sum_{k=1}^{2} \omega_{ki} x_{ki} = p_i \cdot (f(x_{ki};\alpha) + g(x_{ki};\beta)\varepsilon) - \sum_{k=1}^{2} \omega_{ki} x_{ki}$ ($i = 1, 2, 3, \cdots,$

76），获得含有投入要素和生猪出栏绝对价格的单要素风险规避系数表达式

$$r_{A_{ki}}(\pi) = \frac{\frac{\partial f(x_{ki}; \hat{\alpha})}{\partial x_{ki}} - \frac{\omega_{ki}}{p_i}}{p_i \cdot g(x_{ki}; \hat{\beta}) \cdot \frac{\partial g(x_{ki}; \hat{\beta})}{\partial x_{ki}}}$$，与相对价格单要素风险规避系数毕加索—塔德奥与沃尔（2011）表达式相比能够直接观察要素价格和产出价格对单要素风险规避系数的影响。

依据毕加索—塔德奥与沃尔（2011）的回归程序及其对要素风险规避系数取平均值的计算方法，测算被调研的黑龙江省中规模生猪生产者的平均风险规避系数。

（2）效用函数取值区间的调整

以毕加索—塔德奥与沃尔（2011）运用的负指数效用函数 $U_i = -\exp(-r_{Ai} \cdot \mu_\pi) \in (-\infty, -1]$ 为依据，参考布尼茨（2001，2003）、利恩等（2009）和彭宁斯与加西亚（2001）将效用函数调整为 $U_i = 1 - \exp(-r_{Ai} \cdot \pi_i) \in (-\infty, 1]$，调整后的效用函数能保证效用值的变化范围在（-∞，1]之间；由于以元为单位计算盈余时获得的效用值有效数字在小数点后多位才能体现，不方便效用值比较，故将效用函数 $U_i = 1 - \exp(-r_{Ai} \cdot \pi_i) \in (-\infty, 1]$ 中的预期利润除以10000，即以万元为单位计算盈余，这样既可保证效用值的第一个有效数字在小数点后的百分位或千分位上，又不改变盈余值的基本含义。

（3）产出价格与要素价格区间的调整

依据塞拉等（2008）分析农民是否会采用有机生产方式时，对产出价格累积增加研究传统农场在什么条件下向有机农场转化，将产出价格和两种投入要素价格进行组合调整。与塞拉等（2008）不同的是，其只对产出价格一个变量进行累积调整，塞拉等（2008）将产出价格每次累积增加10%直至100%，文中将生猪出栏价格和投入要素仔畜和饲料价格分别上下浮动10%。此调整有利于分析投入要素价格与生猪出栏价格变化后生产者平均风险规避系数及效用值的变化，以及效用值变化对生猪生产者可能供给决策的影响。

第 2 章

相关概念与基础理论

2.1 相关概念

2.1.1 供给与供给量的含义

本书的供给依据经济学中关于供给的定义进行分析。"供给是指在一定时间内,厂商在各种可能的价格下,对某种产品愿意并且能够提供的数量";"供给量是指生产者在特定的时间内和价格一定的条件下,愿意向消费者提供的某种产品或劳务的数量"。

供给的变动与供给量的变动虽然都表现为数量的变动,但是引起的原因不同。"供给的变动是指当商品本身价格不变时,其他因素变动对供给数量的影响,表现为整条供给曲线的移动""供给量的变动是指当商品本身价格变动时,其他因素不变时,供给数量沿原供给曲线发生的变动"。[①]

本书在分析中规模生猪生产者的平均生产函数和风险函数时,仔畜重量和饲料用量通过函数检验,故研究的是生猪供给的变动。在分析中规模生猪生产者平均风险规避系数时,涉及生猪出栏价格,即分析生猪出栏价格如何影响风

---

① 王新利,张广胜. 微观经济学 [M]. 北京:中国农业出版社,2007.

险规避系数，进而如何影响效用值和决策。可见，本书的研究对象是中规模生猪供给决策，而不是供给量的决策，即没有直接研究生猪出栏价格对生猪供给数量的影响。

2.1.2 有效供给含义

依据国内学者近年来在有效供给相关研究中涉及的有效供给含义以及对有效供给概念的界定来说明有效供给的含义。

依据经济学教科书，指出"在其他条件不变的情况下，除商品本身价格以外的其他因素的变化影响供给，商品本身价格变化影响供给量"（王新利，2007）。在经济学教科书中只有"供给"的概念，没有"有效供给"的概念。经济学教科书中将供给和需求相等（或均衡）时的供给量或需求量定义为"均衡数量"，对应的价格被定义"均衡价格"，体现在供给曲线与需求曲线的交点上，即该点既是供给曲线上的点，也是需求曲线上的点，这些均衡点会受到供给和需求的影响而发生移动，经济学教科书中没有将供求均衡时的均衡数量与"有效"联系在一起。

国内学者关于有效供给的解释。王婷等（2011）指出"国内学者从各自学科的专业背景出发给出了有效供给的内涵"，陈瑞计（2003）对"有效供给"的解释被学者们广泛引用，其认为"有效供给就是指在能够充分考虑资源的承载能力，贯彻好政府的政策法规的基础上，供给能够出清、需求也能得到恰当的满足，是包括商品与劳务供给、要素供给及供给效率在内的全方位三位一体的可持续供给"。从其给出的概念中可以看出，关于资源的有效供给包括两方面的含义：需求得到恰当满足和产出能力的可持续。国内学者根据研究内容的需要给出了有效供给的具体含义。

2.1.2.1 认为有效供给与需求有关，产品要被市场吸收

持有这种观点的学者更强调需求能得到"最大满足"或"恰当满足"的供给，并要求"市场出清"或"产品能够被市场吸收"才是有效供给。成金华等（2006）建立了我国近15年来非可再生能源有效供给水平评价指标体系，指出"能源有效供给的基本含义在于具有购买能力的消费者的需求能获得最大

满足，而供给方在市场出清的条件下能够以均衡的价格水平使供给全部转化为消费"。"有效供给的目的是为了满足产品的消费需求，而消费需求的水平反过来又影响供给的有效程度"。杨凤华（2014）通过借鉴国内外学者的研究，认为有效供给就是能够拉动有效需求的供给，使推向市场的产品（产品的供给）都能够为市场吸收，能够恰当地满足公众需求。

2.1.2.2 以产品能够被市场吸收为前提，强调供给潜力的增长

持有这一观点的学者认为，其研究对象是处于供不应求的市场状态，生产出的产品都能得到销售，人们更关心的是该产品或资源的潜在产出。王婷等（2011）对中国耕地有效供给进行评价时，将有效供给定义为"在正常的市场价格下，愿意并且能够提供的、需求能够得到恰当满足的、生产可能性边界持续扩张的供给，这种供给不仅关注怎样扩大资源的供给能力，还关心如何改进资源的供给效率，以实现潜在总供给的扩大"。持有这种观点的学者强调的是怎样扩大供给能力，实现潜在供给的扩大。

张利国（2010）在研究我国安全农产品有效供给长效机制时，重点分析了我国安全农产品有效供给的制约因素（农业生态环境、农户安全生产意识、全程质量控制等）。其在文中既没有对"安全农产品有效供给"进行解释或给出明确的定义，也没有提及安全农产品的"需求"，也就是说分析安全农产品有效供给时没有必要考虑对安全农产品的需求，其暗含的前提是安全农产品是供不应求，生产出的产品都是可以实现市场出清的，只需考虑供给潜力的增长。

由"基于国内外耕地资源有效供给的中国粮食安全问题研究"（马述忠等，2015）一文作者对有效供给的解释可知，"耕地资源的有效供给是指一国愿意并且能够提供的、生产可能性边界能够持续扩张的供给，这种供给不但关注耕地资源的供给能力，而且强调耕地资源供给的优质性和稳定性，以实现潜在总供给的扩大"。笔者还从国内耕地资源有效供给与国外耕地资源有效供给两个维度研究了我国的粮食安全问题，但全文都未对"耕地资源的需求"进行任何文字表述，其强调的是供给潜力的增长。

由上述两种情况的分析可知，因研究对象不同，学者们对有效供给强调的重点也不同，但是对有效供给概念本质的认识是一致的，即或者是在供不

应求的前提下分析供给潜力的增长,或者是强调能被市场吸收的供给能力的增加。

华桂宏（2000）认为"有效供给的实质内涵是指经济发展中生产可能性边界的持续扩张以及与收益递增趋势并存的供给机制,它是一个动态的、广义性的、多层次的范畴"在这一概念表述中,其将"收益"表述在其中,强调了生产者只有能获得一定的收益,才有可能为市场提供供给,才有必要分析供给潜力的增长,才有必要分析需求是否能得到满足。这一观点与经济学教科书中关于供给曲线的形成具有一致性。在有效供给中强调生产者要能够获得收益这一点是上述其他学者没有提及的,可认为上述其他学者是假设生产者是在能够获得满意收益前提下研究扩大供给能力去满足市场需求的。

以已有学者的研究为基础,针对研究对象生猪生产者的生产实际情况,以华桂宏（2000）提出的有效供给为依据,在考虑生产者收益和产品都能被市场吸收的前提下,研究生猪生产者供给潜力的增长。在后续章节分析时不再对有效供给进行解释。

2.1.3 安全边际与安全边际率内涵

"安全边际（也叫安全幅度）,是指盈亏临界点以上的销售量,也就是现有销售量超过盈亏平衡点销售量的差额,表明了从现有销售量到盈亏临界销售量的数量空间,正的差额越大,说明厂商亏损的可能性就越小,经营就越安全"（车嘉丽,2004）。安全边际率为安全边际与现有销售量的比值,表示企业生产经营的安全程度。依据安全边际率的大小,对企业生产是否安全有安全性经营标准,即10%以下危险、11%~20%值得注意、21%~30%比较安全、31%~40%安全、41%以上很安全。

依据安全边际的内涵,对于生猪生产者的安全边际可以理解为实际的生猪出栏量与盈亏平衡出栏量的差量,只要存在正的差额就表明生猪养殖场（户）的出栏量在这一范围内下降时不会亏损,其安全边际与安全边际率的计算公式分别为

生猪生产者安全边际 = 实际出栏量 − 盈亏平衡出栏量

生猪生产者安全边际率 =（生猪生产者安全边际/实际出栏量）×100%

在第 4 章对被调研生产者的安全边际进行了分析。

2.1.4 生猪养殖规模

依据《全国农产品成本收益资料汇编》中的"饲养业品种规模分类标准",将生猪养殖规模分为散养、小规模、中规模和大规模养殖户四种类型。且对各类型生猪饲养规模的界定如下:Q≤30 为散养;30＜Q≤100 为小规模;100＜Q≤1000 为中规模;Q＞1000 为大规模养殖户;其中 Q 代表饲养数量。①

王松伟(2011)在其硕士论文中对养殖规模的说明与《全国农产品成本收益资料汇编》不同,其指出"有关政府文件及其他资料中也有按照生猪年出栏量来划分养殖规模,其划分标准如下:50 头以下年平均出栏量为散养养殖,50～300 头年平均出栏量为小规模养殖户,300～2000 头年平均出栏量为中规模养殖户,2000 头以上年平均出栏量为大规模养殖户。根据相关研究发现,生猪年平均出栏量与其存栏量之间高度相关,并存在 1.3 倍左右的数量关系,据此,为了调查和论证的方便,其采用年出栏量的标准来说明"。

学者们在使用生猪出栏量这一指标时,多以《中国畜牧业年鉴》中的生猪出栏数作为生猪出栏量的统计量,并将生猪出栏量作为生猪供给量使用。在生猪出栏量影响因素的研究中,多位学者采用《全国农产品成本收益资料汇编》中相应饲养规模的成本数据作为数据来源(周晶等,2015;闫振宇等,2012)。

李桦等(2007,2006)在文中使用的"中等"规模是按《全国农产品成本收益资料汇编》中的分类依据进行划分,即《全国农产品成本收益资料汇编》中的"中规模"。

潘国言等(2011)在研究我国区域生猪生产效率时采用的生猪生产规模划分标准是根据 2004 年国家下发的饲养业标准划分,生猪生产方式可分为农户散养、小规模饲养、中等规模饲养和大规模饲养,其中农户散养年出栏 30 头以下、小规模饲养年出栏 30(含 30)～100 头、中规模饲养年出栏 100(含100)～1000 头、大规模饲养年出栏 1000(含 1000)头以上。王中萍等

---

① 国家发展和改革委员会价格司. 全国农产品成本收益资料汇编[M]. 北京:中国统计出版社,2009.

(2014)、吴敬学与沈银书（2012）及闫振宇等（2012）多位学者在研究我国生猪规模化养殖时，对生猪饲养规模的界定都是采用《全国农产品成本收益资料汇编》中饲养规模的划分标准，与潘国言等（2011）采用的标准一致。沈银书与吴敬学（2012）对美国自20世纪50年代生猪饲养规模和结构巨变进行了分析，并与我国生猪饲养规模进行了对比，研究发现美国生猪市场饲养规模以1000头以上的猪场为主，而我国是以饲养规模为1000头以下的猪场为主。王松伟（2011）在其硕士论文中对养殖规模的说明与《全国农产品成本收益资料汇编》不同，其指出有关政府文件及其他资料中也有按照生猪年出栏量来划分养殖规模。其划分标准如下：50头以下年平均出栏量为散养养殖户，50～300头年平均出栏量为小规模养殖户，300～2000头年平均出栏量为中规模养殖户，2000头以上年平均出栏量为大规模养殖户。根据相关研究发现，生猪年平均出栏量与其存栏量之间高度相关，并存在1.3倍左右的数量关系，据此，为了调查和论证的方便，其采用年出栏量的标准来说明。

生猪养殖一般是一年出栏两个批次，本书采用的出栏量为最近一个批次的生猪实际出栏量（以下简称"出栏量"）。生猪每年可以出栏两个批次，此次调研各生产者的生猪养殖成本收益数据为半年一个批次，调研时的实际出栏量在100～460头的成本收益值，① 包含在《全国农产品成本收益资料汇编》饲养规模中所界定的中规模（$100 < Q \leqslant 1000$）当中。

2.1.5 风险与效用的相关概念

2.1.5.1 风险的含义及规避风险对策的类型

阎春宁（2002）指出："风险是指某一事件的预期结果（科学意义上的）与实际结果在某个特定的时期内，某种特定的客观情况下之间的偏离，偏离程度的期望值越低、方差越小，风险就越小。"并指出风险是客观存在的，大多可以用科学方法进行度量。根据风险概念我们可以了解到，风险的产生与一定

---

① 被调研生产者养殖生猪一个批次出栏量为50～230头，全年为100～460头，即实际调研中最大的出栏量年饲养规模为460头，该出栏规模在《全国农产品成本收益资料汇编》饲养规模中被规定为中规模（$100 < Q \leqslant 1000$）。

得时空条件和客观环境有关，与人们对某件事抱有的期望有关。因此，当这些情况出现并发生变化时，风险也有可能出现并发生变化。徐玖平和黄云歌（2006）指出"风险意味着某些不利事件发生的可能。"

规避风险的对策可以分为五类：回避风险、预防风险、分离风险、分散风险和转移风险。其中，回避风险是指主动放弃或者拒绝承担风险，能够在风险事件还没有发生前就完全消除某一特定风险可能造成的各种损失。预防风险是指为了减少损失发生概率在损失发生之前做的工作，从而消除或减少各种因素造成的损失。分离风险是通过人为地分离成许多单独的小单元，从而降低集中受损的程度，以达到减少损失的目的。分散风险的目的是降低风险损失的幅度，将损失控制在一定范围之内，是一种较为常用的方法。在各类风险规避对策中，转移风险不失为减少损失的良策，它分为保险型风险转移和非保险型风险转移两类（阎春宁，2002）。

2.1.5.2 消费者效用与生产者效用

和炳全（2003）认为消费者效用是指在消费某种商品或劳务中获得的满足程度，是消费者对商品或劳务消费的主观偏好与评价，满足程度越高（低）其效用就越大（小）。效用理论的核心是研究满足最大化，即效用最大化问题。[①]

与消费者效用函数[$U = f(X, Y)$，X、Y为消费者消费商品或劳务的数量]相比，[②] 生产者效用函数表现为以损益值为自变量、风险规避系数或其他数值为参数的一般形式。依据效用函数决策理论，生产者决策取决于风险与收益的结合，生产者从风险与所获收益的结合中获得满足，其满足感不取决于收益本身。

2.1.5.3 风险偏好类型与效用曲线的关系

"风险偏好就是指人们对风险的态度"（徐玖平，黄云歌，2006）。邹公明（2003）认为，"风险偏好是人们对不确定事件发生愿意承担的态度"。

[①] 和炳全. 微观经济学 [M]. 重庆：重庆大学出版社，2003.
[②] 王新利，张广胜. 微观经济学 [M]. 北京：中国农业出版社，2007.

平狄克等[①]、张元鹏等[②]与徐玖平和黄云歌（2006）对风险偏好的认识具有一致性。

根据对风险的爱好或厌恶的程度，将风险偏好类型分为风险追求型、风险中立型和风险厌恶型三类型。风险追求型的人比较激进，喜欢或愿意承担风险。风险厌恶型的人比较保守，害怕承担风险。风险中立型的人居于前二者之间（邹公明，2003）。

周伏平（2004）依据个人效用函数的变化对风险偏好类型进行了解释。个人财富的边际效用（财富每增加一单位能获得的新增效用）可用来区分个人风险偏好程度。风险追求型效用函数的二阶导数大于零，即随着个人财富的增加，因财富增加得到的边际效用逐渐上升；风险厌恶型效用函数的二阶导数小于零，即随着个人财富的增加，因财富增加得到的边际效用逐渐下降；而风险中立型效用函数的二阶导数等于零，即随着个人财富的增加，因财富增加得到的边际效用保持不变。上述财富—效用函数关系如图2-1所示。

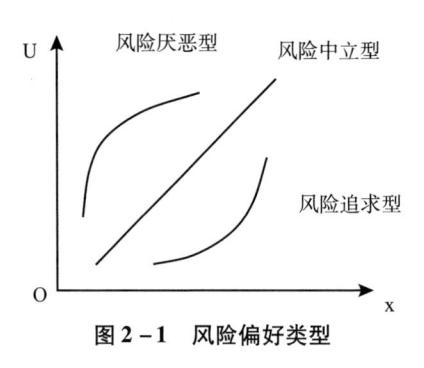

图2-1 风险偏好类型

在图2-1中，横轴为财富值（或损益值）(x)，纵轴为效用值（U）。一个决策者的效用函数为U(x)。为了比较不同决策者之间风险态度的差异，依据阿罗—普拉特（Arrow-Pratt, 1964）的绝对风险规避系数的定义

---

① [美] 罗伯特·S. 平狄克, 丹尼尔·L. 鲁宾菲尔德. 微观经济学 [M]. 高远, 等, 译. 北京: 中国人民大学出版社, 2009.

② 张元鹏. 微观经济学（中级教程）[M]. 北京: 北京大学出版社, 2012.

$$r_A(x) = -U''(x)/U'(x)①$$

将上述关系表示在表 2-1 中。

表 2-1　　　　　　　　　　风险偏好类型

风险态度	效用函数的凸凹性	Arrow – Pratt 指数
风险厌恶	$U'(x)>0$ 且 $U''(x)<0$	$r_A(x)>0$
风险中立	$U'(x)>0$ 且 $U''(x)=0$	$r_A(x)=0$
风险追求	$U'(x)>0$ 且 $U''(x)>0$	$r_A(x)<0$

资料来源：周伏平. 个人风险管理与保险规划 [M]. 北京：中信出版社，2004.

2.2 基 础 理 论

2.2.1 短期收益、短期成本理论与利润理论

2.2.1.1 短期收益理论

收益是指生猪生产者在生猪出栏后得到的全部收入，即生猪出栏价格、出栏重量与生猪出栏量的乘积。收益可以分为总收益（TR）与平均收益（AR），它们之间的关系为

$$TR = P \times G \times Q = AR \cdot Q$$

$$AR = \frac{TR}{Q}$$

平均收益（AR）是总收益（TR）与出栏量（Q）的比值，在生猪市场价格既定的条件下，$AR = P_0 \times G$，P_0 为生猪出栏时的价格（元/千克），G 为生猪出栏时的重量（千克/头）。此时市场上的生猪生产者接受既定的出栏价格，不论是收购者还是生猪养殖者，其个别行为都无法影响生猪市场价格。也就是

---

① $r_A(x) = -x \cdot (U''(x)/U'(x))$ 为相对风险规避系数，即在绝对风险规避系数中考虑了财富值或损益值（x）变化对风险规避程度的影响。

说，生猪生产者多销售一个单位的商品，既不会使生猪价格上升，也不会使生猪价格下跌（如图2-2所示）。

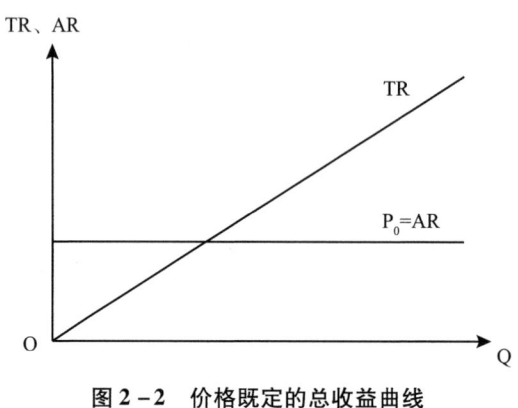

图 2-2　价格既定的总收益曲线

这里需要说明的是，在调研时生猪出栏价格并不相同，原因是生产者养殖的生猪品种、出栏重量等存在差异，但是在同一乡镇的不同生产者的同一品种和重量相同的生猪均具有相同的出栏价格，不同县（市）生猪出栏价格存在差异与距离屠宰场的远近也有关。生猪收购者会通过降低收购价格去弥补运输成本。可见，生产者是生猪出栏价格的接受者。

2.2.1.2　短期成本理论

对于生猪生产者来说，投入组合的选择一方面取决于各种生产要素的投入与产出量之间的物质关系，另一方面也依赖于成本或各种生产要素投入的价格水平。总成本记作TC，为了与长期成本相区分也可记作STC，是总固定成本和总变动成本之和。总变动成本（TVC），是指在某个生产时期内对可变投入的总花费，变动成本随产出量的增加而增加（如图2-3所示）。在产量较低时，可变投入与不变投入之间的关系不平衡。随着可变生产要素投入的增加，产出水平以递增的速度增加，变动成本以递减的速度增加。随着越来越多的可变投入，从某一个时刻边际收益递减规律开始起作用，即产出增长率开始放缓，于是变动成本以递增的速度上升。

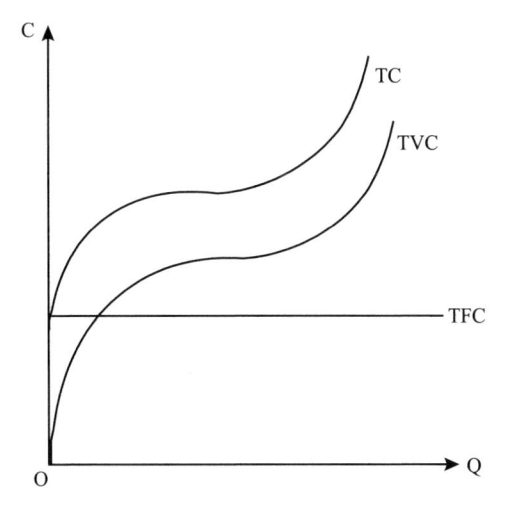

图 2-3　总成本与总变动成本

总固定成本（TFC），是指在某个生产时期内不变投入的总花费，即固定成本曲线是一条水平线。平均固定成本（AFC）是总固定成本与产出量的比值，其随产出量的增加而下降，平均固定成本曲线为渐近于两轴的双曲线。平均变动成本（AVC），也称单位变动成本是指每单位产出量所摊付的变动成本，即总变动成本与总产出的比值（王新利，2007）。

2.2.1.3　利润理论

利润是厂商总收益与总成本的差额。由于成本（经济成本与会计成本）具有不同的定义，为此，在任何特定的产出水平下将产生不同的利润水平。厂商在经营活动中经常遇到的利润有三种：①正的经济利润。当厂商获得的经济利润为正值时，说明厂商获得的总收益弥补经济成本后仍有剩余，在经济学中通常将这种利润称为超额利润；②经济利润为零。当厂商的总收益恰好弥补经济成本时，厂商获得的利润在经济学中称为正常利润。正常利润是企业家才能的报酬，包含在成本中；③负的经济利润。负的经济利润表示厂商的总收益不足以弥补其经济成本。由于经济成本较会计成本大，所以在任何产出水平下，厂商的经济利润一般不会超过会计利润（王新利，2007）。

生猪养殖场（户）能否获得利润取决于生产者的收益。这是因为任何一

个生产者的利润 π 都可以看成是总收益 TR 扣除总成本 TC 后的余额，即

$$\pi = TR - TC$$

2.2.2 短期生产决策理论

当价格（P_0）或平均收益（AR）小于等于平均变动成本（AVC）时，厂商仅能弥补总变动成本，处于亏损状态（如图 2-4 所示）。当价格为 P_0 时，平均收益曲线恰好切于平均可变成本 AVC 曲线的最低点，SMC 曲线也交于该点。根据 MR = SMC 的利润最大化原则，这个点就是厂商短期均衡点 E，决定的均衡产量为 Q_1。在 Q_1 产量上，平均收益（AR）小于平均总成本（SAC），必然是亏损。此时平均收益仅等于平均变动成本（AVC），这意味着厂商进行生产所获得的收益只能弥补总变动成本，而不能收回任何的固定成本。所以 E 点是厂商生产与不生产的临界点，也称为"停止营业点"或"关门点"（王新利，2007）。

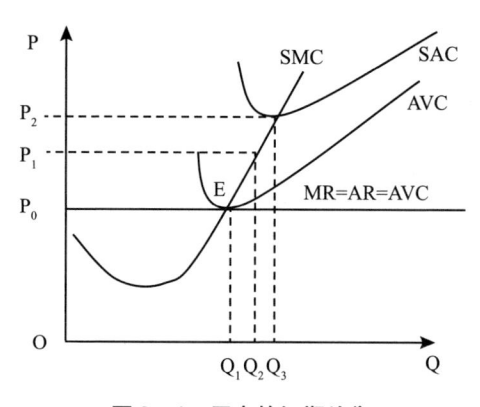

图 2-4　厂商的短期均衡

当市场价格不断增加，即 $P_j(P_j > P_0)$ 不断上升时，可弥补总变动成本与部分固定成本。例如，当图 2-4 中的价格为 $P = P_1$ 时，可弥补全部的变动成本与部分固定成本；当价格为 $P = P_2$ 时，就可弥补全部的总成本（总变动成本与总固定成本），利润为零；当价格 $P_j > P_2$ 时，就可获得超额利润。

需要说明的是，在依据仔畜、饲料、死亡损失与人工成本 4 种成本计算盈

亏值时，已经考虑了劳动的部分机会成本，即考虑到了机会成本这一隐性成本，故对中规模生猪养殖场（户）计算的成本是经济成本而不是会计成本，各种成本的变化规律与经济成本相同。本书在平均收益（图2-4中的价格AR = P＜P$_2$）不能弥补平均成本时，计算了价格应上涨到P$_2$时的生猪应出栏价格。

2.2.3　效用与期望效用理论

效用是指消费者从消费某种商品和劳务中获得的满足程度，是消费者对商品和劳务消费的主观偏好与评价。满足程度越高其效用就越大，满足程度越低其效用就越小。效用理论的核心就是研究满足最大化，也就是效用最大化问题。效用理论认为，实现效用最大化的最终目标是通过行为主体面临风险时的选择行为来实现的。

期望效用是指行为主体在不确定性的风险情况下，将各种不确定性的结果与其概率进行加权求和，得到行为主体最终目标的效用水平。而行为主体的最终目标是实现期望效用最大化。期望效用理论是行为主体基于不确定性和风险而进行最优选择的理论基础。

2.3　本章小结

本章介绍的相关概念包括供给与供给量、有效供给、安全边际与安全边际率内涵、生猪养殖规模的划分标准和风险相关概念（风险偏好定义、类型、风险规避含义）；基础理论主要包括短期收益与成本理论（短期收益、短期成本、利润理论）、短期生产决策理论、效用与期望效用理论、风险偏好类型与效用曲线关系等。

第3章

中规模生猪供给影响因素省际差异分析

由经济学教科书对供给与供给量的解释可知,影响供给量的因素是商品本身价格,影响供给的因素是除商品本身价格以外的其他因素。

本章在分析中规模生猪生产者供给影响因素时,不但涉及生猪出栏价格(商品本身价格),而且涉及仔畜价格与饲料费用(除商品本身价格以外的其他因素),与经济学教科书中供给函数的定义具有一致性。从全国角度对影响中规模生猪供给的因素进行分析,为后续章节研究中规模生猪养殖场(户)的盈亏值中主要成本的确定以及影响风险产量因素的确定提供参考依据。在第4章的研究中获知中规模生猪养殖场(户)关心的是仔畜与饲料成本,在第5章与第6章的分析中获知影响生产者风险规避度的是生猪出栏价格、仔畜重量、仔畜价格、饲料用量和饲料价格。这说明从全国角度对分组后各省中规模生猪供给影响因素的研究结论可为后续章节的研究提供依据。

3.1 全国中规模生猪供给量现状

3.1.1 中规模(100~499头)生猪供给量在全国各规模中的地位

依据《全国农产品成本收益资料汇编》中对生猪养殖规模的划分标准,

年出栏量100～499头属于100～1000头的中规模范围。依据全国100～499头这一规模以及其他规模生猪出栏量占全国生猪出栏总量的比重（依据《中国畜牧年鉴》2002—2011年数据计算，见附表1－2），按年份绘制图3－1与图3－2。由图3－1可知这一规模生猪出栏量占全国生猪出栏总量的比例位于前列，尤其在2007年之后其比例均为各规模中的最高值。

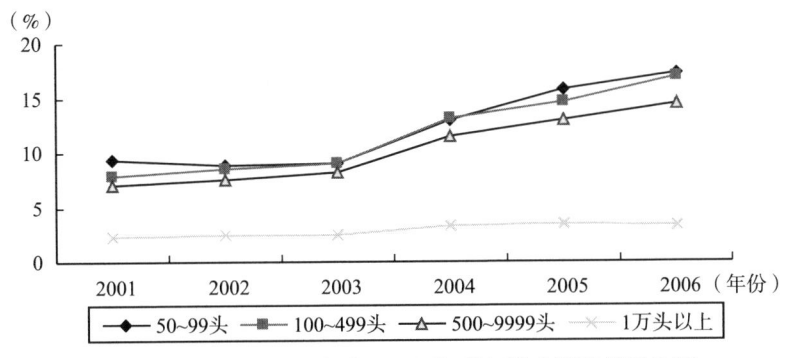

图3－1 2001—2006年全国不同饲养规模生猪出栏量比例

资料来源：依据《中国畜牧年鉴》2001—2006年数据（见附录A中附表1－1）计算，计算结果见附录A中附表1－2。

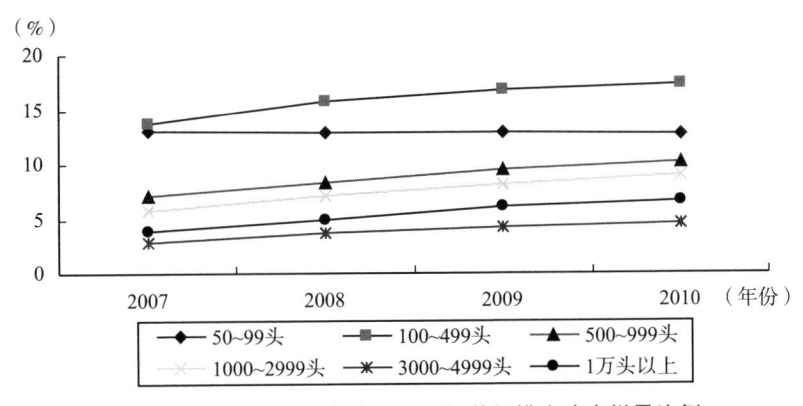

图3－2 2007—2010年全国不同饲养规模生猪出栏量比例

资料来源：依据《中国畜牧年鉴》2007—2010年数据（见附录A中附表1－1A）计算，计算结果见附录A中附表1－2A。

其中在2001年、2004年、2005年和2006年的统计数据中，规模为1～9头和10～49头两种统计规模的数据缺失，因此，为了研究方便将这两个规模略去,并将 2002 年和 2003 年这两年两个规模的生猪出栏量忽略不计(见附表 1-2)。

绘制图 3-1 与图 3-2 的原因是 2007 年后《中国畜牧年鉴》中提供的统计规模更加详细,便于进一步确定 100~499 头这一规模在全国各规模生猪出栏量中的地位。同时,由于现有年鉴均不能提供 2011 年以后按省份规模的生猪出栏量统计数据,故对全国的情况分析到 2010 年。

由 2001—2010 年散养、小规模、中规模、大规模生猪(《全国农产品成本收益资料汇编》中的规模名称)出栏量占全国出栏总量比例可知,100~499 头这一规模生猪出栏量在《中国畜牧年鉴》各规模生猪出栏量统计中均处于前列,尤其是 2007—2010 年,这一规模生猪出栏量远高于其他规模的出栏水平(如图 3-1 与图 3-2 所示)。

3.1.2 各省份中规模(100~499 头)生猪出栏量现状

在研究全国各省份 100~499 头这一规模的生猪出栏量时,其所占各省总出栏量的比例在省际之间有较大不同。在表 3-1 中列出了 2001—2010 年全国 31 个省(区、市,不含港澳台地区)100~499 头生猪出栏量占全国生猪出栏总量的比例。10 年中的最小比例为 2001 年的 7.82%(见表 3-2)。

表 3-1　　2001—2010 年各省份生猪(100~499)出栏量占全国生猪出栏总量比重　　单位:%

序号	省(区、市)	2001	2002	2003	2004	2005	2006	2007	2008	2009	2010	平均值
1	天津	21.55	19.97	15.73	16.14	25.25	26.55	79.94	58.09	50.45	42.41	32.76
2	河北	8.67	12.71	14.91	15.87	16.00	15.40	27.75	23.37	27.37	31.43	18.75
3	山西	7.81	11.16	11.88	16.10	19.30	19.50	24.84	27.73	30.43	33.63	20.51
4	辽宁	11.21	18.72	16.30	20.91	20.70	25.21	27.27	27.47	27.36	27.93	23.28
5	吉林	18.61	3.51	3.62	23.48	26.37	29.10	30.78	37.67	47.13	59.21	29.45
6	黑龙江	17.65	19.32	18.05	21.52	38.86	39.75	14.79	43.36	41.37	42.55	31.00
7	江苏	6.24	5.97	7.77	10.07	12.54	16.91	21.85	26.54	29.89	34.51	16.85
8	浙江	17.56	19.04	21.79	21.75	21.49	22.55	25.77	25.46	29.36	29.67	23.55

续表

序号	省（区、市）	2001	2002	2003	2004	2005	2006	2007	2008	2009	2010	平均值
9	安徽	3.72	9.27	7.82	8.12	9.73	11.56	13.30	14.55	19.48	19.27	11.87
10	山东	10.61	14.90	15.98	18.76	22.69	22.42	37.46	36.34	38.28	39.77	25.80
11	河南	8.49	11.16	15.11	15.05	18.41	20.38	18.68	30.56	24.39	27.12	19.24
12	湖北	4.32	3.27	4.03	6.49	7.60	9.69	14.33	17.77	22.16	25.05	12.25
13	湖南	7.49	13.15	12.14	14.00	14.22	20.00	28.58	30.87	24.37	23.67	18.52
14	广东	20.11	12.71	14.00	17.83	15.68	17.27	23.13	17.19	18.28	19.20	17.84
15	广西	4.04	5.32	5.36	5.50	5.92	7.36	8.65	10.57	11.89	12.12	7.86
16	四川	1.61	2.20	4.20	4.95	6.50	7.29	12.12	14.83	18.17	18.34	9.21
17	陕西	2.28	5.92	5.92	5.35	12.24	9.13	21.50	24.07	26.38	33.69	15.84
18	甘肃	5.18	3.46	5.30	5.48	7.44	8.41	16.63	15.21	18.95	20.52	10.47
19	宁夏	11.31	11.20	8.27	8.96	17.57	16.36	22.19	24.17	40.68	42.26	19.26
20	新疆	11.15	13.57	17.25	16.46	14.55	17.65	21.32	53.27	66.78	66.46	29.55
21	内蒙古	2.84	2.04	1.73	1.04	4.29	3.55	4.90	9.96	10.85	12.05	5.34
22	海南	5.53	5.22	3.64	4.75	5.12	5.17	10.43	6.87	9.63	12.56	7.20
23	重庆	1.03	2.18	2.38	4.37	5.99	7.43	11.46	11.40	13.60	14.88	7.65
24	贵州	0.89	0.83	0.80	6.73	4.32	3.30	3.77	3.54	4.85	5.53	3.56
25	云南	1.72	1.86	1.87	2.96	2.83	3.38	5.18	6.29	6.84	6.67	4.10
26	西藏	1.18	0.49	0.29	0.26	0.16	—	12.65	0.34	0.34	2.67	—
27	青海	1.08	1.88	1.78	4.33	5.68	4.66	4.67	5.48	5.01	6.09	4.20
28	北京	14.31	17.26	17.33	15.06	17.14	19.64	19.36	16.18	15.57	15.07	16.65
29	上海	7.98	9.95	10.76	33.87	12.87	14.74	14.10	11.36	10.91	13.42	12.09
30	福建	12.12	14.75	17.87	17.24	17.97	18.41	21.69	26.48	27.34	24.92	20.25
31	江西	4.13	7.09	9.09	11.32	1.39	13.33	14.43	15.83	13.34	13.16	10.68

注：1. 平均值 = $\frac{2001—2010 年各省份 100～499 头生猪出栏量总和}{2001—2010 年各省份生猪出栏总量}$，该指标计算的主要目的是用来说明 100～499 头这一生猪出栏规模在各省份生猪出栏规模中的重要性。

2. 表中各年的比值依据《中国畜牧年鉴》（2002—2011 年）数据计算获得。

2. 省（区、市）不含港澳台地区。

表 3-2 是 2001—2010 年全国 100～499 头生猪出栏量占全国生猪出栏总

量的比例，最小值为2001年的7.82%。在2002年后这一比例在波动中呈现上升趋势，以表3-2中的最小值为依据，对全国31省（区、市）的筛选结果如表3-3所示。

表3-2　2001—2010年100~499头生猪出栏量占全国生猪出栏总量比例　单位：%

规模	年份										最小值
	2001	2002	2003	2004	2005	2006	2007	2008	2009	2010	
100~499头	7.82	8.47	9.07	13.1	14.59	16.95	13.68	15.74	16.74	17.22	7.82

注：1. 表中比例计算公式：所占比例＝各省份100~499头规模生猪出栏量/全国生猪出栏总量。
2. 2001年、2004—2006年全国生猪出栏量指标来自《中国统计年鉴》与《中国畜牧年鉴》（2002、2005—2007）；2002—2003年、2007—2010年全国生猪出栏量依据《中国畜牧年鉴》各规模统计数据汇总而得。通过统计年鉴全国生猪出栏量（统计年鉴指标名称为"猪与肉猪"）与依据《中国畜牧年鉴》各规模统计数据指标值并不一致。例如，2007—2010年，按规模统计的全国生猪出栏量分别为80357.36万、85765.34万、88091.98万、93399.9万头，而同期《中国统计年鉴》与《中国畜牧年鉴》的这一指标值均为56508.3万、61016.6万、64538.6万、66686.4万头。

表3-3　2001—2010年100~499头生猪出栏量比例低于全国平均值的省（区、市）分布

序号	省（区、市）	年份										平均值
		2001	2002	2003	2004	2005	2006	2007	2008	2009	2010	
1	内蒙古	2.84	2.04	1.73	1.04	4.29	3.55	4.90	9.96	10.85	12.05	5.34
2	海南	5.53	5.22	3.64	4.75	5.12	5.17	10.43	6.87	9.63	12.56	7.20
3	重庆	1.03	2.18	2.38	4.37	5.99	7.43	11.46	11.40	13.60	14.88	7.65
4	贵州	0.89	0.83	0.80	6.73	4.32	3.30	3.77	3.54	4.85	5.53	3.56
5	云南	1.72	1.86	1.87	2.96	2.83	3.38	5.18	6.29	6.84	6.67	4.10
6	西藏	1.18	0.49	0.29	0.26	0.16	—	12.65	0.34	0.34	2.67	—
7	青海	1.08	1.88	1.78	4.33	5.68	4.66	4.67	5.48	5.01	6.09	4.20

注：表3-3筛选出的7个省（区、市）是100~499头这一规模生猪出栏量占各省份生猪出栏量比例低于全国平均值（7.82%）的省份。

如表3-4所示，虽然2001—2010年100~499头生猪出栏量比例高于全国平均值，但是由于北京、上海、福建、江西4省（区、市）的个别年份数据（非生猪出栏量数据）缺失，在分析影响因素时也会存在部分年份数据的缺失，所以将此4省份筛选出。

— 42 —

第3章 中规模生猪供给影响因素省际差异分析

表3-4　2001—2010年100~499头生猪出栏量影响因素数据缺失省（区、市）分布

序号	省（区、市）	2001	2002	2003	2004	2005	2006	2007	2008	2009	2010	平均数
1	北京	14.31	17.26	17.33	15.06	17.14	19.64	19.36	16.18	15.57	15.07	16.65
2	上海	7.98	9.95	10.76	33.87	12.87	14.74	14.10	11.36	10.91	13.42	12.09
3	福建	12.12	14.75	17.87	17.24	17.97	18.41	21.69	26.48	27.34	24.92	20.25
4	江西	4.13	7.09	9.09	11.32	1.39	13.33	14.43	15.83	13.34	13.16	10.68

注：1."数据缺失省份"是指自变量缺少研究年份相关指标（生猪出栏价格和仔畜价格等）数据。
2. 表中结果依据《中国畜牧年鉴》（2002—2011年）数据计算获得。

低于2001年全国平均水平而筛选出的省份有内蒙古、海南、重庆、贵州、云南、西藏和青海7省区；指标数据不全的省份有北京、上海、福建和江西4省份，此4省份所占百分比虽然较高，但是自变量的数据在研究年限内不全。所以在实证分析中仅对天津等20省（区、市）（序号1~20）进行了影响因素的分析，见表3-5。

表3-5　中规模生猪研究省份筛选结果

序号	省（区、市）	平均值	序号	省（区、市）	平均值
1	天津	32.76	11	河南	19.24
2	河北	18.75	12	湖北	12.25
3	山西	20.51	13	湖南	18.52
4	辽宁	23.28	14	广东	17.84
5	吉林	29.45	15	广西	7.86
6	黑龙江	31.00	16	四川	9.21
7	江苏	16.85	17	陕西	15.84
8	浙江	23.55	18	甘肃	10.47
9	安徽	11.87	19	宁夏	19.26
10	山东	25.80	20	新疆	29.55

注：依据"表3-1　2001—2010年各省份生猪（100~499）出栏量占全国生猪出栏总量比重"筛选，即高于全国平均值的省份。

通过本节的分析可知100~499头这一中规模生猪出栏量在2001—2010年是所有规模出栏量中所占比例最高，说明分析影响100~499头这一规模生猪

出栏量的影响因素对稳定生猪供给具有实践意义。同时，依据2001—2010年100~499头生猪出栏量占全国生猪出栏总量比例的值（7.82%）对全国31省（区、市）进行了筛选，平均值低于最小值的共有7省区；根据数据获得情况，又筛选出数据不全的北京、上海等4省份。最终确定100~499头这一生猪供给规模的研究对象为20省（区、市）。

3.2 中规模生猪供给影响因素弹性分析

3.2.1 变量选择依据

3.2.1.1 已选指标说明

在已有研究中，学者们研究的变量主要有精饲料（王中萍，2014；李桦等，2006;）、每头猪防疫费用（王中萍等，2014；梁小珍等，2011；周亮，2012；付兴军与李翠霞，2010；张慧玲，2009；冷继明2009；李响等，2007）、家庭用工（李桦等，2006）、仔畜进价（闫振宇等，2012；李静等2008）、仔畜重量（李桦等，2006）和上一期生猪价格（梁小珍等，2011）。以已有学者的研究为依据，对已有变量进行多次试检验后，采用上一期生猪价格、每头猪精饲料费用和仔畜千克价为模型自变量。其中，仔畜千克价指标的选择是对闫振宇、李静、李桦等研究的改进。需要补充说明的是，学者们均使用生猪出栏量作为生猪供给量。

3.2.1.2 未选指标说明

(1) 关于"家庭用工折价"与"雇工费用"指标的说明

由全《国农产品成本收益资料汇编》可知，2004—2010年相同年份中不同省份人工成本（家庭用工折价和雇工费用）的变化较大；对于同一省份的人工成本（家庭用工折价和雇工费用）在不同年份的波动也较大。没有使用已有研究中涉及的"家庭用工折价"与"雇工费用"指标的主要原因：一是因为个别年份与省份的数据不完整；二是因为在试检验时，对于选定的模型，这两个指标无论怎么调整都无法通过检验。"雇工费用"这一指标在其他作者的文献中也没有作为解释变量进入模型，只是在阐述生猪养殖的影响因素时被提及并分析（洪灵敏，2012；战立强，2014）。

（2）上一年生猪存栏量的说明

在数据收集过程中发现，饲养规模在 100~499 头的各省（区、市）的"上一年生猪存栏量"这一指标并未进行专门统计，而统计资料中都是以全国上一年生猪存栏量作为统计对象，故该指标未能进入回归模型。

3.2.2 模型选择依据

已有研究多采用多元线性模型，利用面板数据对生猪出栏量的影响因素进行分析。梁小珍等（2011）利用面板数据，采用线性回归模型，对全国生猪出栏量的研究表明上一年年末生猪存栏量与生猪养殖者对本期生猪价格的预期是影响生猪出栏量的主要因素。以这些因素作为自变量构建模型并利用 OLS 回归分析，模型如下

$$szchul_t = \alpha + \beta \times szprice_t + \gamma \times szprice_{t-1} \times \delta \times ymprice_t + \varsigma \times szcunl_{t-1} + \eta \times dummy_t + \mu_t$$

周晶等（2014）采用多元线性回归模型，利用省际面板数据，对影响生猪养殖业规模化的 14 个变量的分析结果表明影响因素有市场、交通基础设施、经营者文化素质和生产扶持政策 4 个，被解释变量用年出栏量 500 头以上规模养殖场出栏量占总出栏量比重表示，其模型具体形式如下

$$y_{it} = \alpha + \beta_1 X_{1it} + \beta_2 X_{2it} + \beta_3 X_{3it} + \cdots + \beta_{14} X_{14it} + \varepsilon_{it}$$

宋小青与欧阳竹（2012）采用双对数模型，利用 1999—2007 年共 9 年的省际面板数据，对我国粮食安全的关键影响因素进行了分析。其使用的模型为

$$\ln y_{it} = \alpha + c_i + \beta_1 \ln x_{szp_{it}} + \beta_2 \ln x_{jsl_{it}} + \beta_3 \ln x_{fyfy_{it}} + \beta_4 \ln x_{zxqkj_{it}}$$

根据对生猪出栏量影响因素的分析，对宋小青与欧阳竹（2012）的模型调整如下

$$\ln y_{it} = \alpha + c_i + \beta_1 \ln x_{szp_{it-1}} + \beta_2 \ln x_{jsl_{it}} + \beta_3 \ln x_{zxqkj_{it}} \quad t = 2002, 2003, \cdots, 2010$$

其中，y_{it}——生猪出栏量；$X_{szp_{it-1}}$——上一期生猪价格；c_i——变截距；

$X_{jsl_{it}}$——每头猪精饲料费用；$x_{zxqkj_{it}}$——仔畜千克价；β_1、β_2、β_3 为弹性值。

3.2.3 数据来源

由模型数据的时间年限界定可知，虽然研究的全部数据年限为2001—2010年共10年，但是由于要使用"上一期生猪价格"这一解释变量，这样与2002年生猪出栏量对应的生猪价格就是2001年的生猪价格平均值，所以面板数据的时间年限为9年。未使用2000年的生猪价格的原因是在2001年的统计年鉴中未统计2000年各省份生猪价格从而使2001年的出栏量无对应生猪价格平均值。

100~499头规模生猪出栏量数据来源于《中国畜牧年鉴》（2003—2011年）；上一期生猪价格是对《中国畜牧年鉴》（2002—2010年）中每年12个月份生猪或毛猪价格计算的平均数；每头猪精饲料费用来源于《全国农产品成本收益资料汇编》（2003—2011年）；仔畜千克价依据《全国农产品成本收益资料汇编》（2003—2011年）中仔畜进价和仔畜重量数据计算所得。

3.2.4 回归程序

基于以上变量选择的依据，采用2001—2010年我国省际面板数据，通过构建面板数据模型，利用回归估计方法来研究上一期生猪价格、每头猪精饲料费用和仔畜千克价对生猪供给量的影响。由于在2001—2010年的《中国畜牧年鉴》和《全国农产品成本收益资料汇编》中统计的省份有差别，并且不同年份、不同省份的数据存在缺失，因此，按照表3-5筛选之后的结果，选取了全国20个省（区、市）作为面板数据的截面，以9年作为时间段构建面板数据模型。①

3.2.4.1 20省（区、市）中规模生猪出栏量分组

(1) 分组依据

选择上一期生猪价格、每头猪精饲料费用、每头猪防疫费用和仔畜千克价

---

① 见"3.2.3 数据来源"中的说明。

这4个变量，根据双对数模型，对20省（区、市）2002—2010年面板数据试检验，自变量与因变量关系的多种组合检验如表3-6所示。由表3-6可知，在改变变量数量与组合方式的多种情况下，无论是随机效应，还是固定效应，都与模型的判定结果矛盾，导致无法进行20省（区、市）的面板数据统一回归，所以拟对20省（区、市）进行分组研究。在研究时主要参考了孙玉环和季晓旭（2014）的研究，二者在分析教育投入对中国经济增长影响的区域差异时对31省（区、市）进行了聚类分析，由于分析时使用的是教育投入一个影响因素，所以可以利用SPSS进行聚类分析。而本书使用的是多变量面板数据，无法进行聚类分析。按2001—2010年各省（区、市）生猪出栏总量进行排序分组（见图3-3）。

表3-6　　　　20省（区、市）面板数据变量组合检验结果

省（区、市）数量	变量个数	Hausman Test（豪斯曼检验）	效应判定	变量名称	检验统计量 F_2 值	临界值	F_1 值	临界值	模型判定
20	4	0.1004	随机效应	SZP/JSL/FYFY/ZXQKJ（上一期生猪价格/每头猪精饲料费用/每头猪防疫费用/仔畜千克价）	49.5808	1.4306	4.5205	1.4533	变系数
	3	0.0667	随机效应	SZP/JSL/FYFY（上一期生猪价格/每头猪精饲料费用/每头猪防疫费用）	29.7406	1.4205	2.3943	1.4576	变系数
		0.3516	随机效应	SZP/JSL/ZXQKJ（上一期生猪价格/每头猪精饲料费用/仔畜千克价）	56.8433		4.4916		
		0.0502	随机效应	JSL/FYFY/ZXQKJ（每头猪精饲料费用/每头猪防疫费用/仔畜千克价）	32.6366		2.7962		
		0.0655	随机效应	SZP/FYFY/ZXQKJ（上一期生猪价格/每头猪防疫费用/仔畜千克价）	27.8740		2.4734		

续表

省(区、市)数量	变量个数	Hausman Test (豪斯曼检验)	效应判定	变量名称	F₂值	临界值	F₁值	临界值	模型判定
20	2	0.9725	随机效应	SZP/JSL (上一期生猪价格/每头猪精饲料费用)	43.7633	1.4364	2.7612	1.5049	变系数
		0.0768	随机效应	SZP/FYFY (上一期生猪价格/每头猪防疫费用)	30.3221		2.4181		
		0.4305	随机效应	SZP/ZXQKJ (上一期生猪价格/仔畜千克价)	33.2161		2.1410		
		0.0264	固定效应	JSL/FYFY (每头猪精饲料费用/每头猪防疫费用)	32.0882		2.4762		
		0.2112	随机效应	JSL/ZXQKJ (每头猪精饲料费用/仔畜千克价)	52.9050		4.0901		
		0.1030	随机效应	FYFY/ZXQKJ (每头猪防疫费用/仔畜千克价)	18.9456		1.9012		
	1	0.9239	随机效应	SZP (上一期生猪价格)	42.4164	1.4908	2.3505	1.6613	变系数
		0.6999	随机效应	JSL (每头猪精饲料费用)	54.6229		4.1416		
		0.1311	随机效应	FYFY (每头猪防疫费用)	23.9130		2.1733		
		0.2336	随机效应	ZXQKJ (仔畜千克价)	15.3910		0.4724		变截距

注：1. SZP、JSL、FYFY、ZXQKJ 分别为上一期生猪价格、每头猪精饲料费用、每头猪防疫费用和仔畜千克价。

2. Hausman Test 值大于 0.05 为随机效应，小于 0.05 为固定效应。

3. 表3-6 中共有13个模型应为随机效应下的变系数模型，但是由于数据量不够多，不能进行变系数估计；有一个为固定效应下的变系数模型，但由于 p 值通过率较低 (41 个 p 值中仅有18 个 p 值小于 0.05)，变量及系数检验多数都处于未通过状态；表中单变量 (ZXQKJ) 是随机效应下的变截距模型，p 值通过率为 100%，但是未使用该变量进行 20 省份回归分析的原因是在后续的单位根检验中因变量单位根检验未通过。

（2）分组结果

依据2001—2010年20省份中规模生猪总出栏量，对20省份数据进行分组回归，分组结果如图3-3所示（图3-3是依据附表1-4绘制）。

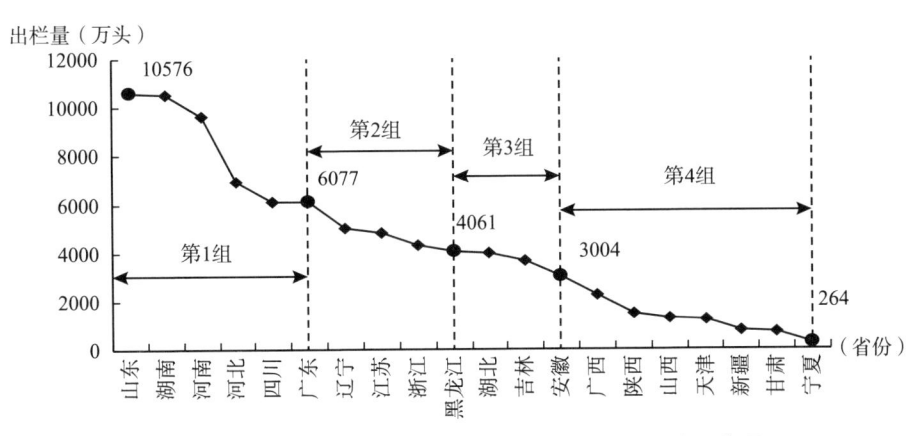

图3-3　2001—2010年20省份中规模生猪出栏量分组范围

资料来源：中国畜牧年鉴（2002—2011），数据统计见"附录A中附表1-4　2001—2010年20省份100~499头生猪出栏量排序及分组"。

第1组包括山东、湖南、河南、河北、四川和广东6省（区、市），10年内生猪总出栏量的变化范围为6000万~10999万头；第2组包括辽宁、江苏、浙江和黑龙江4省，10年内生猪总出栏量的变化范围为4000万~5999万头；第3组包括湖北、吉林和安徽3省（区、市），10年内生猪总出栏量的变化范围为3000万~3999万头；第4组包括广西、陕西、山西、天津、新疆、甘肃和宁夏7省（区、市），10年内生猪总出栏量为3000万头以下。

第1组为生猪出栏量在6000万头及以上的省份，选取的变量为每头猪精饲料费用和仔畜千克价；第2组为生猪出栏量在4000万~5999万头的省份，选取的变量为上一期生猪价格；第3组为生猪出栏量在3000万~3999万头的省份，选取的变量为上一期生猪价格和仔畜千克价；第4组为生猪出栏量在3000万头以下的省（区、市），选取的变量为上一期生猪价格、每头猪精饲料费用和仔畜千克价。

3.2.4.2 分组数据检验

在未分组之前由于省份数量（20省份）大于研究的时间截面9年，① 属于短面板数据，分组后短面板数据就转换为长面板数据，故在回归之前需要单位根检验与协整检验。在面板数据的回归估计过程中，为了避免伪回归，需要对模型的每一个变量进行单位根检验，以此确定变量是否平稳。由于本书选取的省（区、市）共有20个，而时间为9年，即N>T，因此，本书根据单位根检验的同质性和渐进性假设，采用LLC检验、IPS检验、ADF检验和PP检验（此4种检验方法原假设均为含有单位根）判断平稳性。

（1）分组数据单位根检验

第1~第4组变量差分前与差分后的单位根检验结果分别如表3-7、表3-8、表3-9和表3-10所示。未差分前，部分变量的单位根未通过检验，一阶差分后各组变量单位根均通过检验，具体分析如下。

第1组各变量一阶差分面板单位根检验包括山东、湖南、河南、河北、四川和广东6省份，第1组使用的变量为每头猪精饲料费用和仔畜千克价，对第1组的省份使用的变量（包括因变量——生猪供给量）取对数后并进行单位根检验，使用的检验方法为LLC、IPS、ADF和PP 4种，由表3-7可知，在对变量取对数，但未差分的数据进行单位根检验，只有少数变量通过了检验，如ln(y)；对变量进行一阶差分之后进行单位根检验，生猪出栏量、每头猪精饲料费用和仔畜千克价均通过了5%显著水平下的检验，说明变量一阶差分之后的数据表现出平稳性，可以进行模型回归估计。

表3-7　　　　　　　第1组变量单位根检验

检验方法	ln(y)（因变量对数）		Dln(y)（因变量对数一阶差分）		ln(JSL)（精饲料对数）		Dln(JSL)（精饲料对数一阶差分）		ln(ZXQKJ)（仔畜千克价对数）		Dln(ZXQKJ)（仔畜千克价对数一阶差分）	
	Statistic（统计值）	Prob.**（显著水平）	Statistic（统计值）	Prob.**（显著水平）	Statistic（统计值）	Prob.**（显著水平）	Statistic（统计值）	Prob.**（显著水平）	Statistic（统计值）	Prob.**（显著水平）	Statistic（统计值）	Prob.**（显著水平）
LLC	-4.5834	0.0000	-8.5110	0.0000	-2.5630	0.0052	-10.7027	0.0000	-6.8698	0.0000	-5.7727	0.0000
IPS	-0.6250	0.2660	-3.6688	0.0001	0.4923	0.6887	-3.6258	0.0001	-2.4284	0.0076	-2.1714	0.0150

---

① 实际使用的数据为10年，由于变量中选择了"上一期生猪出栏价格"，所以进入模型后就减少到9年；另见"3.2.3 数据来源"中的说明。

续表

检验方法	ln(y)(因变量对数)		Dln(y)(因变量对数一阶差分)		ln(JSL)(精饲料对数)		Dln(JSL)(精饲料对数一阶差分)		ln(ZXQKJ)(仔畜千克价对数)		Dln(ZXQKJ)(仔畜千克价对数一阶差分)	
	Statistic(统计值)	Prob.**(显著水平)	Statistic(统计值)	Prob.**(显著水平)	Statistic(统计值)	Prob.**(显著水平)	Statistic(统计值)	Prob.**(显著水平)	Statistic(统计值)	Prob.**(显著水平)	Statistic(统计值)	Prob.**(显著水平)
ADF	14.2351	0.2859	39.1885	0.0001	8.0199	0.7836	39.2492	0.0001	27.7317	0.0061	26.8868	0.0080
PP	25.0499	0.0146	47.6207	0.0000	10.7948	0.5466	52.5151	0.0000	18.6627	0.0970	27.9959	0.0055

注：1. 第1组包括山东、湖南、河南、河北、四川和广东6省；自变量为每头猪精饲料费用和仔畜千克价。

2. "Prob.**"表示Fisher检验的概率计算使用了渐近X_4分布，表3-8、表3-9、表3-10中的"Prob.**"与该表的意义相同。

3. ln(y)表示变量的对数；Dln(y)表示变量对数的一阶差分；同理，此表中其他列以及表3-8、表3-9、表3-10中各列均与此意义相同。

第2组各变量一阶差分面板单位根检验包括辽宁、江苏、浙江和黑龙江4省，第2组所使用的变量为上一期生猪价格，对第2组的省份使用的变量（包括因变量——生猪供给量）取对数后并进行单位根检验，由表3-8可知在对变量取对数，但未差分的数据进行单位根检验，结果没有通过检验，对变量进行一阶差分之后进行单位根检验，生猪出栏量和上一期生猪价格分别在5%和10%显著水平下通过了检验，说明第2组变量面板数据在一阶差分之后表现出平稳性，可以进行模型回归估计。

表3-8　　　　　　　　第2组变量单位根检验

检验方法	ln(y)(因变量对数)		Dln(y)(因变量对数一阶差分)		ln(SZP)(生猪价格对数)		Dln(SZP)(生猪价格对数一阶差分)	
	Statistic(统计值)	Prob.**(显著水平)	Statistic(统计值)	Prob.**(显著水平)	Statistic(统计值)	Prob.**(显著水平)	Statistic(统计值)	Prob.**(显著水平)
LLC	-32.6265	0.0000	-1.3393	0.0902	-1.5896	0.0560	-22.0521	0.0000
IPS	-12.3638	0.0000	-2.3609	0.0091	0.6847	0.7532	-8.4088	0.0000
ADF	23.7348	0.0025	22.3237	0.0044	3.2676	0.9165	53.9399	0.0000
PP	7.6127	0.4722	30.8684	0.0001	1.9773	0.9817	20.2036	0.0096

注：第2组包括辽宁、江苏、浙江和黑龙江4省；自变量为上一期生猪价格。

第3组各变量一阶差分面板单位根检验包括湖北、吉林和安徽3省份，第3组使用的变量为上一期生猪价格和仔畜千克价，对第3组的省份使用的变量（包括因变量——生猪供给量）取对数后并进行单位根检验，从表3-9可知在对变量取对数，但未差分进行单位根检验，只有部分变量在某一种检验方法下通过检验；对变量进行一阶差分后进行单位根检验，生猪出栏量在一阶差分之后，在IPS检验方法下p值为0.1011，在ADF检验方法下p值为0.0630，仔畜千克价（ZXQKJ）在IPS检验方法下p值为0.0562，但这三种情况均可以认为在10%的显著水平下通过了面板数据单位根检验，并不影响差分后数据的平稳性；在其他检验方法下，生猪出栏量、上一期生猪价格和仔畜千克价均通过了在5%显著水平下的检验。因此，第3组变量面板数据在一阶差分之后表现出平稳性，可以进行模型回归估计。

表3-9　　　　　　　　　　第3组变量单位根检验

检验方法	ln(y)（因变量对数） Statistic（统计值）	ln(y)（因变量对数） Prob.**（显著水平）	Dln(y)（因变量对数一阶差分） Statistic（统计值）	Dln(y)（因变量对数一阶差分） Prob.**（显著水平）	ln(SZP)（生猪价格对数） Statistic（统计值）	ln(SZP)（生猪价格对数） Prob.**（显著水平）	Dln(SZP)（生猪价格对数一阶差分） Statistic（统计值）	Dln(SZP)（生猪价格对数一阶差分） Prob.**（显著水平）	ln(ZXQKJ)（仔畜千克价对数） Statistic（统计值）	ln(ZXQKJ)（仔畜千克价对数） Prob.**（显著水平）	Dln(ZXQKJ)（仔畜千克价对数一阶差分） Statistic（统计值）	Dln(ZXQKJ)（仔畜千克价对数一阶差分） Prob.**（显著水平）
LLC	-1.8897	0.0294	-3.6528	0.0001	-1.3757	0.0845	-20.5619	0.0000	-3.7460	0.0001	-3.9388	0.0000
IPS	0.5997	0.7256	-1.2751	0.1011	0.6033	0.7268	-7.9281	0.0000	-1.3717	0.0851	-1.5873	0.0562
ADF	3.7528	0.7101	11.9557	0.0630	2.4155	0.8778	42.9512	0.0000	12.3144	0.0553	13.7863	0.0321
PP	14.2390	0.0271	24.0448	0.0005	1.4684	0.9616	14.1844	0.0276	8.6773	0.1926	14.1089	0.0284

注：第3组包括湖北、吉林和安徽3省；自变量为上一期生猪价格与仔畜千克价；表3-9中列出的变量组合是通过单位根检验、协整检验，并符合效应类型与模型类型判断的最终组合。

第4组各变量一阶差分面板单位根检验包括广西、陕西、山西、天津、新疆、甘肃和宁夏7省（区、市），第4组使用的变量为上一期生猪价格、每头猪精饲料费用和仔畜千克价，对第4组的省份使用的变量（包括因变量——生猪供给量）取对数后进行单位根检验，由表3-10可知，在对变量取对数，但未差分进行单位根检验，只有部分变量在某一种检验方法下通过了检验；对变量进行一阶差分后进行单位根检验，生猪出栏量、上一期生猪价格、每头猪精饲料费用和仔畜千克价均在5%显著水平下通过的检验。因此，可以说明第4组变量面板数据在一阶差分后表现出平稳性，可以进行模型回归估计。

表3-10　　　　　　　　第4组变量单位根检验

检验方法	ln(y)（因变量对数） Statistic（统计值）	ln(y)（因变量对数） Prob.**（显著水平）	Dln(y)（因变量对数一阶差分） Statistic（统计值）	Dln(y)（因变量对数一阶差分） Prob.**（显著水平）	ln(SZP)（生猪价格对数） Statistic（统计值）	ln(SZP)（生猪价格对数） Prob.**（显著水平）	Dln(SZP)（生猪价格对数一阶差分） Statistic（统计值）	Dln(SZP)（生猪价格对数一阶差分） Prob.**（显著水平）
LLC	-0.8936	0.1858	-9.8674	0.0000	-2.3623	0.0091	-22.0724	0.0000
IPS	1.7943	0.9636	-4.3306	0.0000	0.6939	0.7561	-9.2223	0.0000
ADF	3.5361	0.9977	48.4230	0.0000	6.7622	0.9435	84.7300	0.0000
PP	3.7529	0.9968	68.5901	0.0000	4.3578	0.9929	36.0249	0.0010

检验方法	ln(JSL)（精饲料对数） Statistic（统计值）	ln(JSL)（精饲料对数） Prob.**（显著水平）	Dln(JSL)（精饲料对数一阶差分） Statistic（统计值）	Dln(JSL)（精饲料对数一阶差分） Prob.**（显著水平）	ln(ZXQKJ)（仔畜千克价对数） Statistic（统计值）	ln(ZXQKJ)（仔畜千克价对数） Prob.**（显著水平）	Dln(ZXQKJ)（仔畜千克价对数一阶差分） Statistic（统计值）	Dln(ZXQKJ)（仔畜千克价对数一阶差分） Prob.**（显著水平）
LLC	-3.3818	0.0004	-8.4992	0.0000	-10.5160	0.0000	-7.0927	0.0000
IPS	0.6930	0.7559	-3.5158	0.0002	-4.2006	0.0000	-2.0286	0.0212
ADF	9.7785	0.7782	42.2009	0.0001	46.1189	0.0000	28.3032	0.0130
PP	10.6208	0.7155	55.3955	0.0000	31.1689	0.0052	24.0953	0.0446

注：第4组包括广西、陕西、山西、天津、新疆、甘肃和宁夏7省（区、市）；自变量为上一期生猪价格、每头猪精饲料费用与仔畜千克价。

（2）分组数据协整检验

由变量单位根检验结果可知，变量未差分前的单位根检验表现出不平稳性，而在一阶差分后各组变量数据均表现出平稳性。在对面板数据进行回归之前，还有要对各组变量进行协整检验，以确定变量间是否存在长期稳定的趋势。本书协整检验使用的方法为 Pedroni 检验法（共有7个统计量）与 KAO 检验法（1个统计量 ADF）。在已有的文献中，陈勇兵与曹亮（2012）在分析生产分割、垂直 FDI 与贸易增长关系时，使用的协整检验方法为 Pedroni 检验法和 KAO 协整检验法，其使用的统计量有 Pedroni 中的 Panel PP、Panel ADF、

Group PP、Group ADF 与 KAO 中的 ADF，共 5 个统计量。陈勇兵与曹亮未使用统计量 Panel v 和 Panel rho。本书第 1 组、第 2 组和第 3 组使用了与陈勇兵与曹亮（2012）相同的统计量；第 4 组组间统计量增加了 Group rho 这一统计量，虽然组内减少了 Panel ADF 统计量，但仍为 5 个统计量。

通过对 4 组变量进行协整检验，表 3-11 与表 3-12 分别列出了第 1~4 组各变量协整检验的统计量及各变量加权与未加权的统计结果与 p 值。由此可知，在加权后除第 3 组中的 Panel PP 检验在显著水平为 0.1（p = 0.0897）的条件下显著外（见表 3-11），其余 3 组均在显著水平为 0.05 的条件下通过检验。即第 1~4 组所有变量均通过了协整检验，各组变量间存在协整关系，说明变量间存在长期稳定趋势，可进行效应类型及模型类型的判定。

表 3-11　　　　　　　　第 1~3 组面板数据协整检验结果

检验方法	统计量	第 1 组变量：精饲料/仔畜千克价 统计值	加权统计值	第 2 组变量：生猪价格 统计值	加权统计值	第 3 组变量：生猪价格/仔畜千克价 统计值	加权统计值
佩德罗尼检验	面板 PP	-3.9164 (0.0002)	-5.0614 (0.0000)	-2.61893 (0.0129)	-2.9995 (0.0044)	-3.1437 (0.0029)	-1.7274 (0.0897)
	面板 ADF	-0.7777 (0.2948)	-2.2538 (0.0315)	-2.1588 (0.0388)	-2.8658 (0.0066)	-3.4195 (0.0012)	-2.5286 (0.0163)
	组内 PP	-8.3043 (0.0000)	—	-3.9897 (0.0001)	—	-2.2042 (0.0351)	—
	组内 ADF	-2.7697 (0.0086)	—	-3.9899 (0.0001)	—	-2.7774 (0.0084)	—
卡奥检验	组内 ADF	-1.8361 (0.0332)	—	-1.799989 (0.0359)	—	-3.9960 (0.0000)	—

注：1. 括号中数值表示该变量在此种协整检验方法下的 p 值，p 值 <0.05 则表示该变量通过了该方法下的协整检验，反之则未通过。

2. 统计值列的数值表示未加权时该检验统计量，"加权统计值"列的数值表示加权时该检验统计量。

3. 只有 Panel PP 和 Panel ADF 两种统计量有加权统计数值，其他统计量均没有该种统计结果。

表 3-12   第 4 组面板数据协整检验结果

协整检验方法	统计量	第 4 组变量：生猪价格/精饲料/仔畜千克价	
		统计值	加权统计值
佩德罗尼检验	面板 PP	-5.0864（0.0000）	-3.7313（0.0004）
	组内 rho	2.2082（0.0348）	—
	组内 PP	-8.2894（0.0000）	—
	组内 ADF	-2.0631（0.0475）	—
卡奥检验	组内 ADF	-1.6655（0.0479）	—

注：1. 括号中数值表示该变量在此种协整检验方法下的 p 值，p 值 <0.05 则表示该变量通过了该方法下的协整检验，反之则未通过。
2. "统计值"列的数值表示未加权下该检验统计量，"加权统计值"下的数值表示加权下该检验统计量。
3. 表中只有 Panel PP 统计量有加权统计值，其他统计量均没有该种统计结果。

3.2.4.3 效应类型及模型类型判定

按照面板数据的回归程序，通过相关检验后，就可进行拟回归方程的效应类型与模型类型的判定。

采用常用的 Hausman Test 对第 1~4 组变量效应类型的判断结果如表 3-13 所示。当 Hausman Test 结果的 p 值大于临界值 0.05 时为随机效应，小于 0.05 时为固定效应（高铁梅，2006），故表 3-13 中的 4 组均为随机效应。

表 3-13   20 省份分组后效应类型与模型类型判定结果

组名	变量		效应类型判定		模型类型判定				
	名称	数量	豪斯曼检验	判定结果	F_2 检验		F_1 检验		判定结果
					F_2	临界值	F_1	临界值	
1 组	精饲料/仔畜千克价	2	0.9451	随机效应	4.4103	1.9543	1.4348	2.1061	变截距模型
2 组	生猪价格	1	0.4919	随机效应	2.3001	2.4453	2.3739	—	不变参数模型
3 组	生猪价格/仔畜千克价	2	0.4798	随机效应	2.1356	2.6613	2.7397	—	不变参数模型

续表

组名	变量 名称	变量 数量	效应类型判定 豪斯曼检验	效应类型判定 判定结果	模型类型判定 F_2 检验 F_2	模型类型判定 F_2 检验 临界值	模型类型判定 F_1 检验 F_1	模型类型判定 F_1 检验 临界值	判定结果
4组	生猪价格/精饲料/仔畜千克价	3	0.8116	随机效应	19.6060	1.8332	1.7112	1.9073	变截距模型

注：1. "豪斯曼检验"列的值为 Hausman Test 的 p 值，Hausman Test 的原假设为随机效应，即在 p < 0.05 的情况下拒绝原假设，模型为固定效应；反之，在 p > 0.05 的情况下则接受原假设，模型为随机效应。

2. 在未进行单位根检验与协整检验之前，已经对第 1~4 组进行了不同自变量数量组合的多次检验，因效应类型与模型类型检验结果矛盾的组合较多，占用篇幅较大而没有将其列在表中。

3. 从表 3-7 开始，第 1~4 组各自变量的确定首先是以效应类型组合和模型组合的检验结果为依据；其次再进行单位根与协整检验，将没有通过单位根与协整检验的变量剔除后；再次进行效应类型与模型类型判断；最后对得出的变量组合进行了表 3-7~表 3-13 的检验过程。

利用 F 检验在既定的效应类型下进一步判断模型类型。判断的依据是 F_1 和 F_2 的检验结果与临界值的比较。如果 F_2 大于临界值，且 F_1 小于临界值，为变截距模型；如果 F_2 大于临界值，且 F_1 大于临界值，为变系数模型（所有分组数据中未出现此结果）；如果 F_2 小于临界值，为不变参数模型，且无须进行 F_1 检验（高铁梅，2006）。所以，第 1 组与第 4 组为变截距模型，第 2 组与第 3 组为不变参数模型。

由表 3-13 可知，依据对 20 省份 100~499 头这一规模生猪出栏量分组后效应类型与模型类型的判定结果可知，第 1 组生猪出栏量影响因素为每头猪精饲料费用和仔畜千克价，模型 Hausman Test 结果为 p = 0.9451，因此模型效应类型为随机效应。在之后的 F 检验中，由于 F_2 = 4.4103，置信区间在 0.05 情况下的临界值为 1.9543，因此，F_2 > 1.9543，所以按照 F 检验的原理，需要比较 F_1 与相应的临界值的大小，通过查询临界值可知，F_1 小于临界值，即 F_1 < 2.1061，根据 F 检验的原理可知模型为随机效应下的变截距模型。同理可判定第 4 组的效应类型和模型类型。在第 2 组效应类型判定和模型类型判定中，程序方法与第 1 组类似，只是在进行 F 检验时，由于 F_2 小于对应临界值，即 F_2 = 2.3001 < 2.4453，无须再进行 F_1 与临界值的比较，模型判定结束。模型为随机效应下的不变参数模型，同理可得第 3 组的效应类型和模型类型的判定结果。

3.3 结果分析

3.3.1 回归结果

依据分组数据，利用双对数模型对 4 组数据的回归结果如表 3-14、表 3-15、表 3-16 与表 3-17 所示。

表 3-14　　　　　　　　　第 1 组归回结果

变量名	系数	标准误	t 统计值	显著水平
C（常数）	0.9196	0.7415	1.2401	0.2206
JSL（精饲料）	1.0249	0.1118	9.1674	0.0000
ZXQKJ（仔畜千克价）	-0.1819	0.0530	-3.4333	0.0012
Random effects（随机效应截距值）				
HUNAN-C（湖南—截距）	0.0845	HEBEI-C（河北—截距）		-0.0462
HENAN-C（河南—截距）	0.1742	SICHUAN-C（四川—截距）		-0.1314
SHAND-C（山东—截距）	0.2583	GUANGD-C（广东—截距）		-0.3393
Weighted statistics（加权统计值）				
R-squared（R^2 值）	0.6891	Mean dependent var（因变量均值）		1.9468
Adjusted R-squared（修正 R^2 值）	0.6769	S. D. dependent var（因变量标准差）		0.4085
F-statistic（F 统计值）	56.5295	Durbin-Watson stat（D-W 统计值）		1.1366
Prob（F-statistic）（F 检验显著水平）	0.0000	—		—

注：表中常数项 C 的 p 值为 0.2206，在 0.1 的显著水平下未通过检验，但由于不使用该方程进行预测，所以不影响对弹性值的分析。

表 3-15　　　　　　　　　第 2 组归回结果

变量名	系数	标准误	t 统计值	显著水平
C（常数）	4.2005	0.3065	13.7036	0.0000
SZP（生猪价格）	0.8891	0.1420	6.2602	0.0000

续表

变量名	系数	标准误	t统计值	显著水平
Weighted statistics（加权统计值）				
R-squared（R^2值）	0.5355	Mean dependent var（因变量均值）	6.3615	
Adjusted R-squared（修正R^2值）	0.5218	S. D. dependent var（因变量标准差）	1.2575	
S. E. of regression（回归标准误）	0.2855	Sum squared resid（残差平方和）	2.7716	
F-statistic（F统计值）	39.1902	Durbin–Watson stat（D–W统计值）	1.1686	
Prob.(F-statistic)（F检验显著水平）	0.0000	—	—	

表3–16　　　　　　　　　　第3组归回结果

变量名	系数	标准误	t统计值	显著水平
C（常数）	3.1941	0.8346	3.8269	0.0008
SZP（生猪价格）	1.6665	0.2607	6.3917	0.0000
ZXQKJ（仔畜千克价）	-0.3492	0.1805	-1.9352	0.0648
Weighted statistics（加权统计值）				
R-squared（R^2值）	0.6736	Mean dependent var（因变量均值）	6.0975	
Adjusted R-squared（修正R^2值）	0.6464	S. D. dependent var（因变量标准差）	1.4956	
S. E. of regression（回归标准误）	0.4698	Sum squared resid（残差平方和）	5.2965	
F-statistic（F统计值）	24.7689	Durbin–Watson stat（D–W统计值）	1.1321	
Prob.(F-statistic) 显著水平（F统计值）	0.0000	—	—	

表3–17　　　　　　　　　　第4组归回结果

变量	系数	标准误	t统计值	显著水平
C（常数）	-2.5233	0.9971	-2.5307	0.0141
SZP（生猪价格）	0.5871	0.1950	3.0110	0.0038
JSL（精饲料）	0.9942	0.1896	5.2428	0.0000
ZXQKJ（仔畜千克价）	-0.1147	0.0673	-1.7058	0.0933
Random effects（随机效应截距值）				
GUANGX–C（广西—截距）	0.8417	XJ–C（新疆—截距）	-0.2307	

续表

变量	系数	标准误	t统计值	显著水平
SHANXI - C（陕西—截距）	0.3475	GANSU - C（甘肃—截距）		-0.3772
SHANX - C（山西—截距）	0.4352	NINGXIA - C（宁夏—截距）		-1.2546
TJ - C（天津—截距）	0.2381			
Weighted statistics（加权统计值）				
R-squared（R^2值）	0.7568	Mean dependent var（因变量均值）		0.4934
Adjusted R-squared（修正R^2值）	0.7445	S. D. dependent var（因变量标准差）		0.5504
S. E. of regression（回归标准误）	0.2783	Sum squared resid（残差平方和）		4.5680
F-statistic（F统计值）	61.2078	Durbin - Watson stat（D - W统计）		1.3589
Prob.（F-statistic）显著水平（F统计值）	0.0000	—		—

注：由第3组和第4组的回归结果可知仔畜千克价（ZXQKJ）这一变量均是在10%的显著水平下通过检验，即p=0.0648（第3组）与p=0.0933（第4组），两组其他变量均在5%的显著水平下通过检验；由于陕西与陕西的汉语拼音拼写方式相同，故分别写成：SHANXI - C（陕西）、SHANX - C（山西）。

由表3-14、表3-15、表3-16和表3-17面板数据回归结果可知：

第一，通过对4组的生猪出栏量与相应的影响因素进行面板数据回归分析，第3组和第4组的仔畜千克价（ZXQKJ）在置信区间为10%的条件下通过检验，其余各组的变量均在置信区间为5%条件下通过检验，说明此4组模型影响因素对生猪出栏量影响显著。

第二，第1组和第4组模型均为变截距模型。第1组和第4组回归方程分别为

$$\ln(Y_{it}) = C_i + 0.9196 + 1.0249 \times \ln(X_{JSL_{it}}) - 0.1819 \times \ln(X_{ZXQKJ_{it}})$$
$$\ln(Y_{it}) = C_i - 2.5233 + 0.5871 \times \ln(X_{SZP_{it-1}}) + 0.9942 \times \ln(X_{JSL_{it}}) - 0.1147 \times \ln(X_{ZXQKJ_{it}})$$

根据变截距模型的特征，第1组6省生猪出栏量的影响因素相同，且变量的系数也相同，但不同省份回归后的方程由于截距不同而使得方程不同，即不同省份在影响因素相同且变量系数相同的情况下生猪出栏量仍存在差异。

由以上两组回归方程可知，每一组方程都有一个共同的常数项，分别为0.9196和-2.5233，而各自又有不同的截距。这说明虽然各组的影响因素相

同，但截距的差异造成两组相同影响因素对 100~499 头这一规模生猪供给量的影响存在差异。

第三，第 2 组和第 3 组为不变参数模型。第 2 组和第 3 组回归方程分别为
$$\ln(Y_{it}) = 4.2005 + 0.8891 \times \ln(X_{SZP_{it-1}})$$
$$\ln(Y_{it}) = 3.1941 + 1.6665 \times \ln(X_{SZP_{it-1}}) - 0.3492 \times \ln(X_{ZXQKJ})$$

第 2 组和第 3 组为不变参数模型，即任何一组中影响因素对该组中各省份的生猪供给量影响均相同，组中每一个省份共用此方程。

由以上两组方程可知，每组中各省的变量系数及常数项均相同，这说明在每组各省影响因素相同的情况下，同组内各省份 100~499 头这一规模生猪供给量变化情况完全一致，但两组间存在差异。

3.3.2 组间差异分析

3.3.2.1 组间影响因素数量及种类差异分析

在 4 个分组中，对于假定的上一期生猪价格、每头猪精饲料费用和仔畜千克价 3 个影响因素，不同的组通过检验的变量数量和变量名称并不相同。例如，第 4 组中有 3 个变量通过检验，而第 2 组仅有上一期生猪价格 1 个变量通过检验；上一期生猪价格这一影响因素在第 1 组中没有通过检验，而其他 3 组中此变量均通过检验。

3.3.2.2 组间影响因素弹性差异分析

第一，上一期生猪价格（SZP）弹性分析。

在第 1 组的 6 省份中，由于上一期生猪价格未通过 F_1 检验，可见上一期生猪价格对山东等 6 省份中规模生猪出栏量不存在影响。可能的原因是第 1 组生猪 10 年[①]总出栏量均在 6000 万头以上，是 4 组中出栏量最多的一组，可以推测此 6 省的饲养规模应是中规模中饲养量较大的省份。一般来说，饲养量较大的养殖户其固定资产所占总资产的比例较高或拥有较成熟的技术，即使价格

---

① 实际使用的数据为 10 年，由于变量中选择了"上一期生猪出栏价格"，所以进入模型后就减少到 9 年；另见"3.2.3 数据来源"中的说明。

发生暂时性波动，也会继续经营养猪业。

在第 2~第 4 组中，上一期生猪价格均通过检验，其中弹性值最大的是第 3 组（湖北、吉林和安徽），其弹性值为 1.6665，说明此 3 省对上一期生猪价格的变化反应敏感，生猪出栏量对上一期生猪价格富有弹性，且表现出生猪出栏量与上一期生猪价格呈同方向变动。弹性值（0.5871）最小的为第 4 组，但其正的弹性值仍能体现出广西等 7 省（区、市）生猪出栏量与上一期生猪价格呈同方向变动。可见在研究的 20 个省（区、市）中，有 14 个省份生猪出栏量与上一期生猪价格呈同方向变动。

第二，每头猪精饲料费用（JSL）弹性分析。

每头猪精饲料费用这一指标在第 1 组和第 4 组（共 13 省份）通过了检验，其弹性值分别为 1.0249 和 0.9942。从弹性值上来看，第 4 组虽然表现为缺乏弹性，但其弹性值与第 1 组十分接近。

第三，仔畜千克价（ZXQKJ）弹性分析。

第 1 组、第 3 组和第 4 组中系数均为负值，说明在山东等 16 个省份中，仔畜千克价的上涨将会引起生猪出栏量的减少。因不同组别的弹性值不同，生猪出栏量对仔畜千克价变化的敏感程度不同。第 3 组（湖北、吉林和安徽）的弹性值为 -0.3492，敏感性程度最强，其次是第 1 组（弹性值为 -0.1819）和第 4 组（弹性值为 -0.1147）。说明仔畜价格上涨会引起研究对象中 80% 省份生猪出栏量下降，只是影响程度不同。

3.3.3 组内差异分析

对 20 省（区、市）的 4 组数据回归后得到两类模型，即混合模型与变截距模型。对第 2 组和第 3 组（共 7 省份）的混合模型来说，没有组内差异。每组的各省份均拥有相同的截距和变量系数，即第 2 组的 4 个省份拥有同一生猪供给模型（$\ln Y_{it} = 4.2005 + 0.8891 \ln X_{szp_{it-1}}$）；第 3 组的 3 个省份拥有同一生猪供给模型（$\ln Y_{it} = 3.1941 + 1.6665 \ln X_{szp_{it-1}} - 0.3492 \ln X_{zxqkj_{it}}$）。

由于组内差异主要体现在组内回归方程截距的变化上，故对拥有变截距模型的省份（第 1 组：山东、湖南、河南、河北、四川、广东；第 4 组：广西、陕西、山西、天津、新疆、甘肃、宁夏）进行分析。从第 1 组来看，在方程

$Y_{it} = C_i + 0.9196 + 1.0249\ln X_{jsl_{it}} + (-0.1819)\ln X_{zxqkj_{it}}$（i=1, 2, …, 6）中，$C_i$ 的取值分别为 0.0845（湖南）、0.1742（河南）、0.2583（山东）、-0.0462（河北）、-0.1314（四川）和 -0.3393（广东）。这一结果表现出在影响山东等6省生猪出栏量因素相同，且每个影响因素弹性也相同的情况下，其对生猪出栏量的影响值却各不相同。例如，山东省与广东省仔畜千克价的弹性值均为 -0.1819，每头猪精饲料费用弹性值均为 1.0249，但回归方程的常数项却分别为 1.1779（0.9196+0.2583）和 0.5803（0.9196-0.3393），即在仔畜千克价和每头猪精饲料费用相同的情况下，两省份生猪出栏量不同。依据该组双对数模型还原后的方程 $Y_{it} = E^{(c_i+0.9196)} X_{jsl_{it}}^{1.0249} X_{zxqkj_{it}}^{-0.1819}$（i=1, 2, …, 6）可知，$C_i$ 值越大，对生猪出栏量影响越大。同理，可对第4组进行分析，分析的过程与第1组一致。

3.4 本章小结

对全国20个省（区、市）100~499头生猪出栏规模的生猪供给量的影响因素进行了研究，按照各省份10年[①]生猪出栏量将20个省（区、市）分为4组。面板数据回归结果表明每头猪精饲料费用、仔畜千克价和上一年生猪价格是影响中规模生猪供给的因素，省际间生猪供给量的影响因素不同，组间各影响因素弹性不同，组内相同影响因素对不同省份生猪供给量影响不同。

---

① 实际使用的数据为10年，由于变量中选择了"上一期生猪出栏价格"，所以进入模型后就减少到9年；另见"3.2.3 数据来源"中的说明。

第4章

中规模生猪生产者盈亏平衡分析

从全国角度分组分析了中规模生猪生产者供给影响因素,在明确上一年生猪价格、仔畜千克价和每头猪精饲料费用是影响这一规模生猪出栏量的前提下,分析这一规模生猪生产者的盈亏状态以及这一规模的生猪生产者是否按照实际盈亏值的大小来决定养殖规模。

4.1 中规模生猪生产者盈亏现状分析

4.1.1 调研说明

4.1.1.1 调研时间、地点及调研对象说明

2015年5月6日—2015年5月19日,由黑龙江省畜牧局牵头组织,对黑龙江省安达市、鹤岗市、抚远县、富裕县、集贤县、克山县、兰西县、林口县、海伦市、林甸县、望奎县以及依兰县12个县(市)48个乡镇的生猪养殖场(户)的生猪出栏价格、生猪出栏量以及仔畜费等指标进行调研。

在调研的12个县(市)中,共调研217户(后续的第5章补充了龙江县31户生猪生者的数据,本章的分析未涉及龙江县生猪生产者),其中散户37户、小规模111户、中规模66户及大规模3户。由于抚远县和林甸县的生猪

生产者户均为小规模和散户，故 66 个中规模养殖场（户）覆盖安达等 10 个县（市）42 个乡镇。

4.1.1.2 调研内容

对 66 个生猪养殖场（户）成本以及生猪出栏价格情况进行调研，并依据《全国农产品成本收益资料汇编》对费用和用工的划分，对黑龙江省生猪养殖（场）户设计调研问卷（见附录 E）。调研问卷内容主要包括直接费用、间接费用、人工成本和土地成本（全部养殖户均未填写"土地成本"这项）。直接费用包括仔畜费、精饲料费、青粗饲料费、饲料加工费、水费、燃料动力费、医疗防疫费、死亡损失费、技术服务费、工具材料费、修理维护费和其他直接费用共 12 项；间接费用包括固定资产折旧、保险费、管理费、财务费和销售费共 5 项；人工成本包括家庭用工费用和雇工费用 2 项。

在统计实际调研数据时，由于生产者填写保险费（7 户）、管理费（2 户）、没有统计财务费、销售费以及雇工费用，所以在进行成本数据统计时，没有对这些成本项目进行统计（见附录 F 中附表 6-1 的表下注解说明）。

依据《全国农产品成本收益资料汇编》中的成本费用构成项目设计调研问卷的主要原因，是被调研的生猪养殖者均是农业部调研的定点调研对象，对上述调研指标比较熟悉，所以没有根据测算盈亏平衡点时需要的指标直接进行调研，而是在调研后，依据获得的调研数据，根据计算生产者盈亏平衡的需要又进行了重新整理（见附录 F 中附表 6-1、附表 6-2、附表 6-3）。

4.1.1.3 调研过程

对黑龙江省上述 10 个县（市）42 个乡镇农业部定点生猪养殖场（户）发放调研问卷，由黑龙江省畜牧局组织生猪生产者，再统一由课题组学生当场录入，然后将获得的电子版数据再返回到课题主持人邮箱，课题组成员再根据 66 份电子问卷填写的数据按照固定成本、变动成本、生猪出栏价格与生猪出栏量等项目分别汇总。

为方便核对和查询，已经将全部电子版数据输出，根据问卷中的姓名等信息，对有疑问的数据和指标进行了核对，故没有不合格问卷。

4.1.2 生猪生产者收益与成本计算

4.1.2.1 生猪生产者收益计算

每户生猪生产者一个批次的生猪出栏总收益（TR_i）等于其生猪出栏价格（P_i）、出栏量（Q_i）以及生猪出栏重量（G_i）的乘积，66个生猪养殖场（户）的总收益计算结果见附录F中附表6-8。依据该收益数据计算生产者理解的不同成本构成条件下的盈亏值和利润值（见4.1.3的分析）。在这里需要说明的是，表中的收益依据受调研时生猪价格、生猪出栏量和出栏重量计算，与其后月份生猪价格等变化无关。

4.1.2.2 生猪生产者成本计算

首先对固定成本与变动成本的划分进行说明。由于盈亏平衡分析涉及总固定成本（TFC）与总变动成本（TVC），而《全国农产品成本收益资料汇编》（在后面的分析中简称《汇编》）没有按照固定成本与变动成本的类别划分，故有必要对《汇编》中的成本费用（即调研问卷中的调研项目）按照盈亏平衡分析的需要重新划分。

（1）固定成本

依据第2章阐述的成本理论，被调研的66户中规模生猪生产者的固定成本是指在一定时期内，不受生猪出栏量增减变动影响的投入。依据会计准则划分标准，将《汇编》中成本费用项目中的固定资产折旧、保险费、管理费、财务费、技术服务费与医疗防疫费等6项成本费用划分为固定成本。调研对象的固定成本数据以及相应的统计说明见附录F中附表6-1的表下注解说明。

（2）变动成本

总变动成本是指随着生猪养殖规模的变动而变动的投入。[1] 根据生产者对成本投入与盈亏的不同理解，按生产者计算其生猪养殖盈亏的常用方法，将变

---

[1] 在运用总固定成本与总变动成本这一概念时，是在原有概念的基础上，将"产量"换成"生猪出栏量"。参见王新利，张广胜. 微观经济学 [M]. 北京：中国农业出版社，2013：172-174.

动成本分为两大类统计：第一类为仔畜与饲料成本，第二类为其他变动成本。在后续章节计算盈亏的过程中还对成本构成进行了细分。

1）仔畜与饲料成本

依据调研得到的 66 个中规模生猪养殖场（户）的仔畜重量、仔畜价格、浓缩饲料重量、浓缩饲料价格、玉米用量、玉米价格以及玉米用量与精饲料用量占饲料的比例，分别计算了仔畜与饲料成本，结果如表 4-1 所示。

表 4-1　　66 个中规模生猪养殖场（户）仔畜与饲料成本

农户序号	出栏量（头）	仔畜重量（千克/头）	仔畜价格（元/千克）	仔畜费（元）	精饲料量（千克/头）	精饲料价格（元/千克）	玉米量（千克/头）	饲料量（千克/头）	精饲料量所占比例（%）	玉米量所占比例（%）	饲料平均价格（元/千克）	总饲料费（元）	仔畜与饲料成本合计（元）
1	52	18	16	14976	85	5.20	215	300	28.33	71.67	3.04	47468.20	62444.20
2	52	17	14	12376	90	5.20	220	310	29.03	70.97	3.06	49389.60	61765.60
3	53	15	14	11130	100	5.40	190	290	34.48	65.52	3.30	50673.30	61803.30
4	80	22	15	26400	80	4.80	200	280	28.57	71.43	2.94	65760.00	92160.00
5	79	14	16	17696	90	5.20	220	310	29.03	70.97	3.06	75034.20	92730.20
6	86	15	20	25800	80	5.60	210	290	27.59	72.41	3.13	78079.40	103879.40
7	60	17	20	20400	100	5.60	200	300	33.33	66.67	3.33	59880.00	80280.00
8	50	15	14.6	10950	90	5.60	270	360	25.00	75.00	3.04	54765.00	65715.00
9	50	15	14.6	10950	95	5.60	265	360	26.39	73.61	3.09	55617.50	66567.50
10	60	13	20	15600	90	5.20	230	320	28.13	71.88	3.04	58302.00	73902.00
11	52	16	20	16640	80	5.60	230	310	25.81	74.19	3.07	49488.40	66128.40
12	52	10	16	8320	100	5.70	270	370	27.03	72.97	3.14	60387.60	68707.60
13	69	11	25	18975	100	5.20	220	320	31.25	68.75	3.13	69124.20	88099.20
14	59	9	25	13275	84	5.20	240	324	25.93	74.07	2.97	56781.60	70056.60
15	150	10	25	37500	105	5.40	195	300	35.00	65.00	3.31	149107.50	186607.50
16	160	10	25	40000	100	5.60	190	290	34.48	65.52	3.37	156176.00	196176.00
17	58	9	23	12006	104	5.60	220	324	32.10	67.90	3.28	61723.60	73729.60
18	63	10	23	14490	80	5.60	210	290	27.59	72.41	3.13	57197.70	71687.70
19	130	10	25	32500	80	5.60	240	320	25.00	75.00	2.99	124488.00	156988.00

续表

农户序号	出栏量（头）	仔畜重量（千克/头）	仔畜价格（元/千克）	仔畜费（元）	精饲料（千克/头）	精饲料价格（元/千克）	玉米量（千克/头）	饲料量（千克/头）	精饲料量所占比例（%）	玉米量所占比例（%）	饲料平均价格（元/千克）	总饲料费（元）	仔畜与饲料成本合计（元）
20	52	10	24	12480	90	4.80	230	320	28.13	71.88	2.92	48656.40	61136.40
21	230	10	24	55200	90	4.80	230	320	28.13	71.88	2.92	215211.00	270411.00
22	52	10	23	11960	75	5.20	235	310	24.19	75.81	2.92	47041.80	59001.80
23	50	12	19.5	11700	94	5.00	210	304	30.92	69.08	3.06	46495.00	58195.00
24	50	11.5	20	11500	100	5.00	260	360	27.78	72.22	2.97	53470.00	64970.00
25	50	15	15	11250	85	5.00	255	340	25.00	75.00	2.89	49172.50	60422.50
26	200	12.5	20	50000	90	5.20	260	350	25.71	74.29	2.96	207480.00	257480.00
27	142	13.5	20.5	39298.5	80	5.40	230	310	25.81	74.19	3.02	132869.40	172167.90
28	51	12.3	20.5	12859.65	90	5.60	240	330	27.27	72.73	3.12	52509.60	65369.25
29	60	12.5	20	15000	80	4.00	230	310	25.81	74.19	2.66	49422.00	64422.00
30	56	12.5	16	11200	100	5.20	190	290	34.48	65.52	3.23	52421.60	63621.60
31	65	12	18	14040	90	5.20	240	330	27.27	72.73	3.01	64584.00	78624.00
32	230	12	18	49680	90	5.20	240	330	27.27	72.73	3.01	228528.00	278208.00
33	50	25	16	20000	80	5.20	230	310	25.81	74.19	2.92	45185.00	65185.00
34	50	16	18	14400	101	4.80	247	348	29.00	71.00	2.95	51280.52	65680.52
35	200	19	18	68400	95	4.80	257	352	27.00	73.00	2.89	203933.46	272333.46
36	200	15	25	75000	90	5.00	210	300	30.00	70.00	3.03	181980.00	256980.00
37	150	15	25	56250	90	4.80	220	310	29.03	70.97	2.95	137070.00	193320.00
38	100	25	20	50000	85	4.80	200	285	29.82	70.18	2.97	84600.00	134600.00
39	73	19	13.2	18308.4	70	5.20	210	280	25.00	75.00	2.94	60144.70	78453.10
40	89	16	13.1	18654.4	80	5.20	210	290	27.59	72.41	3.02	77955.10	96609.50
41	62	15	13.2	12276	100	5.20	190	290	34.48	65.52	3.23	58038.20	70314.20
42	71	17	13.6	16415.2	80	5.40	200	280	28.57	71.43	3.11	61770.00	78185.20
43	104	18	13.3	24897.6	80	5.40	210	290	27.59	72.41	3.08	92757.60	117655.20
44	65	18	13.3	15561	80	5.40	200	280	28.57	71.43	3.11	56550.00	72111.00
45	107	16	13.2	22598.4	85	5.40	215	300	28.33	71.67	3.10	99493.95	122092.35
46	53	17	13.5	12163.5	80	5.20	210	290	27.59	72.41	3.02	46422.70	58586.20

续表

农户序号	出栏量（头）	仔畜重量（千克/头）	仔畜价格（元/千克）	仔畜费（元）	精饲料量（千克/头）	精饲料价格（元/千克）	玉米量（千克/头）	饲料量（千克/头）	精饲料量所占比例（%）	玉米量所占比例（%）	饲料平均价格（元/千克）	总饲料费（元）	仔畜与饲料成本合计（元）
47	143	16	13.4	30659.2	80	5.72	210	290	27.59	72.41	3.16	131202.50	161861.70
48	74	18	13.4	17848.8	80	5.20	210	290	27.59	72.41	3.02	64816.60	82665.40
49	192	17	13.2	43084.8	80	5.20	210	290	27.59	72.41	3.02	168172.80	211257.60
50	93	16	13.2	19641.6	100	5.20	200	300	33.33	66.67	3.19	89094.00	108735.60
51	220	16	13.3	46816	80	5.40	210	290	27.59	72.41	3.08	196218.00	243034.00
52	58	15	13.2	11484	85	5.20	205	290	29.31	70.69	3.13	52661.10	64145.10
53	120	15	13.4	24120	85	5.40	215	300	28.33	71.67	3.10	111582.00	135702.00
54	62	17	13.3	14018.2	85	5.40	195	280	30.36	69.64	3.16	54935.10	68953.30
55	170	15	13.1	33405	90	5.40	210	300	30.00	70.00	3.15	160803.00	194208.00
56	55	9	20	9900	85	5.00	220	305	27.87	72.13	2.97	49874.00	59774.00
57	60	11	20	13200	85	5.00	226	311	27.33	72.67	2.90	54176.40	67376.40
58	50	12	24	14400	95	5.00	235	330	28.79	71.21	3.00	49482.50	63882.50
59	70	13	23	20930	90	5.00	210	300	30.00	70.00	3.03	63693.00	84623.00
60	60	15	24	21600	90	5.00	210	300	30.00	70.00	2.97	53514.00	75114.00
61	61	13	24	19032	90	4.80	200	290	31.03	68.97	3.00	53070.00	72102.00
62	52	13	24	16224	90	4.80	220	310	29.03	70.97	2.95	47517.60	63741.60
63	60	15	25	22500	90	5.20	210	300	30.00	70.00	3.09	55674.00	78174.00
64	61	15	25	22875	82	5.20	189	271	30.26	69.74	3.10	51258.91	74133.91
65	63	14	25	22050	82	5.20	189	271	30.26	69.74	3.10	52939.53	74989.53
66	70	15	25	26250	90	5.40	220	310	29.03	70.97	3.12	67746.00	93996.00

注：1. 表中数据依据附录E中的调研问卷整理获得；饲料平均价格＝饲料价格×浓缩饲料所占比例＋玉米价格×玉米所占饲料比例。

2. 在计算"饲料平均价格"时，是将保留两位小数后的"饲料平均价格"列在表4-1中，而运用Excel电子表格在运算时是运用小数点后六位数据计算。如果运用表中的"饲料平均价格"计算就会与"总饲料费"的计算结果存在误差。如44号生产者的饲料平均价格为5.40×28.57%＋2.19×71.43%＝3.107097（元/千克），依据该价格计算的总饲料费为3.107097×280×65＝56549.1654＝56550元。而直接运用表中饲料平均价格则有3.11×280×65＝56602元，二者相差52元，故表4-1饲料平均价格是保留两位小数后的结果，表中的总饲料费不是表中保留两位小数的价格进行计算的结果。

第一，关于"饲料平均价格"的说明。生猪饲喂的饲料价格取决于浓缩饲料价格与当期玉米价格，故根据调研中获得的生产者购买的浓缩饲料（生产者称之为精饲料）量、粮食（玉米）量及其价格计算生猪饲料价格。但是在调研时，通过与生产者的交流获知，生产者理解的"浓缩饲料"与《汇编》中的"精饲料"含义不同。《汇编》上的精饲料是生猪饲喂中的全价饲料，生产者购买的浓缩饲料需要与粮食（主要是玉米）进行按比例混合后才能称为全价饲料。被调研生产者为节省饲料成本均采用浓缩饲料与玉米进行配置，而不直接购买精饲料（全价饲料）。为了获得生猪饲料的平均价格，根据生产者在问卷上填写的浓缩饲料与玉米重量，分别计算其所占比例后计算饲料平均价格。

  第二，关于玉米价格的说明。由于调研结束的时间为 2015 年 5 月 19 日，生产者填写的最近一批生猪出栏的时间均为 4—5 月间，所以其给出的玉米价格是 2014 年 12 月—2015 年 5 月的玉米平均价格，虽然不同生产者给出的玉米价格略有差别，但是波动较小。需要说明的是，在调研中了解到，生产者给出的玉米价格不是其购买玉米的实际价格，因为被调研生产者是利用自己家种植的玉米配制饲料，而生产者承包的土地面积与能够种植和收获的玉米量对生猪养殖量具有重要影响。这就容易理解为什么生产者是按一定时间内的玉米平均价格给出。

  因此，在依据玉米价格计算饲料成本时，按照生产者的思路，根据官方网站上公布的该期间的玉米价格计算平均玉米价格为 2.19 元/千克。计算依据是"截至 2014 年末，黑龙江省玉米的价格变化情况为 2080～2100 元/吨"。[1] "2015 年上半年国内玉米价格小幅上涨后整体振荡前行，1 月 1 日国内 3 等黄玉米均价为 2260.67 元/吨，较 2014 年同期上涨 0.39%，6 月 30 日玉米价格为 2337.33 元/吨，较 2014 年同期下跌 1.71%，2015 年上半年国内玉米价格整体上涨 3.39%"。[2] 由于调研生猪出栏时间为 4—5 月，所以计算结果为以上统计玉米的平均价格，即 4 个数据的平均值。

---

[1] 2015 年上半年玉米价格行情分析 [EB/OL]. (2015 - 03 - 30) [2016 - 03 - 25]. http://www.360doc.com/content/15/0330/15/13676299_459314770.shtml.
[2] 2015 年上半年玉米价格行情分析 [EB/OL]. (2015 - 07 - 01) [2016 - 03 - 25]. http://feed.aweb.com.cn/20150701/685479.html.

2) 其他变动成本

这里计算的"其他变动成本"是指除仔畜费与饲料费之外的水费、燃料动力费等8项成本,66个生猪养殖场(户)的其他变动成本数据见附录F中附表6-2。

4.1.3 生猪生产者盈亏值及利润值计算

为了分析方便,对生产者进行盈亏分析时,将依据生产者理解的成本计算的"挣钱"称为盈亏值,将按总成本计算的"挣钱"称为利润值。故计算了4种成本构成条件下的盈亏值与总成本条件下的利润值。

4.1.3.1 基于不同成本构成计算的生产者盈亏值

在调研中了解到,不但不同生产者对盈亏值的理解不同,① 而且即使是同一生产者也讲述了"要是算上人工那就不挣钱""我们只算仔猪和饲料"等对盈亏值的多种理解。利用调研获得的66个中规模生猪养殖场(户)每千克生猪出栏价格(见附录F中附表6-4)、出栏量和出栏重量,依据生产者理解的成本构成,分别计算了不同成本构成条件下的盈亏值(见附录F中附表6-4~附表6-8)。

一是基于仔畜与饲料成本构成计算盈亏值的依据。从理论上来说,利润应该是销售生猪的总收益减去总固定成本与总变动成本后的差额,但在调研中了解到部分生产者主要考虑销售收入能否弥补仔畜与饲料成本。如果刚好能够弥补这两项成本,生产者就认为是"不赔钱";如果弥补后还有余额,生产者就认为是"赚钱";当不能弥补这两项成本时,大多数生产者才认为是"赔钱",就存在该生产者不再继续从事养猪业的可能性。当问及望奎县生产者(调研时的出栏量为70头,序号为59)"你们计算挣不挣钱时,为什么不考虑人工和水电等投入呢?"生产者回答说,"水费用不了多少钱,一年也就1000元左右;人工不算钱,挣的钱就是人工钱;大养殖场雇人养猪,扣除人工就是赔钱。"由此可推算:第一,仔畜与饲料占生猪养殖成本的比例高,生产者根本

---

① 生产者所理解的"盈亏值"为文中基于4种不同成本构成计算获得,而"利润值"为基于总成本计算获得。

就不关心这两项成本以外的其他成本。这一点从调研的统计数据中也可得到证明（见附录 F 中附表 6-3）。在表中饲料费占变动成本的比例为 54.23% ~ 74.15%，而仔畜与饲料费占 76.82% ~ 96.74%，其中，5 户仔畜与饲料费超过 90% 的原因是这些生产者提供的除仔畜与饲料成本外的其他变动成本过少。第二，更多的生产者认为弥补了仔畜与饲料成本就是平衡，即其理解的盈亏标准是销售生猪的总收益和仔畜与饲料成本的差额是否大于零。可见，有必要计算仅扣除仔畜与饲料成本的盈亏值，只有这两项成本能够得到弥补才能使生产者持续留在生猪养殖行业，为市场提供生猪供给。基于仔畜与饲料成本的 66 个生猪养殖场（户）的盈亏值见附录 F 中附表 6-4。

二是基于仔畜费、饲料成本和死亡损失计算盈亏值的依据。在对望奎县生产者进行补充调研中获知，2015 年 10 月后，生猪出栏价格开始上涨。为此对 2015 年 10 月后的玉米价格进行了调研。依据官方网站数据，2015 年 10 月 29 日，黑龙江省哈尔滨市的玉米价格为 1830 ~ 1850 元/吨，集贤县的玉米价格为 1800 ~ 1820 元/吨，[①] 这一价格与生产者描述价格相符。随着玉米价格的下降，部分存在雇工的生猪养殖场开始有了盈利。但是仔畜价格开始成倍上涨，使仔畜成本占生猪饲养总成本的比例进一步上升，出栏价格上涨和玉米价格下降给生产者带来的收益空间虽然大于仔畜费的上涨，但是却受到仔畜死亡的巨大影响。部分生产者因防疫措施不当、饲养经验缺乏以及购买仔畜的信息不对称都会降低仔畜的成活率，这使部分生产者更加关心死亡损失。故依据后续调研的实际情况，在仔畜、饲料成本的基础上又补充了包含死亡损失这一成本项目的成本合计。该条件下的盈亏值为生猪出栏销售收益与仔畜费、饲料费以及死亡损失费的差额。基于仔畜、饲料与死亡损失成本构成计算的 66 个生猪养殖场（户）的盈亏值见附录 F 中附表 6-5。

三是基于仔畜费、饲料成本、死亡损失和人工成本构成计算的盈亏值。在调研时了解到，生产者在养猪的同时还能种自己的地，也不用离开家，即使养猪挣钱没有在外打工挣钱多，但是心中仍然很满足，无论养猪的盈利是否超过人工投入的回报，生产者都能接受。也就是说，在调研的当时，生产者计算盈亏时是不考虑生猪出栏收入能否弥补人工成本的，生产者认为挣的钱就是人工钱。

---

① 中国玉米网. 2015 年 10 月 29 日国内玉米价格汇总 [EB/OL]. (2015-10-29) [2016-04-25]. http://www.yumi.com.cn/html/2015/10/20151029100930182480.html.

这里补充人工成本计算盈亏的依据是近年来劳动报酬有不断上升的趋势，当市场劳动力价格上涨到生产者能够接受，并足以使其离开生猪养殖行业时，生产者可能就会放弃生猪经营，改作其他行业。基于仔畜费、饲料费、死亡损失费以及人工成本构成计算的 66 个生猪养殖场（户）的盈亏值见附录 F 中附表 6-6。在这里将人工成本（家庭用工折价）作为成本计算盈亏值，实际上是将人工成本作为一种机会成本，如果生产者不能获得人工成本补偿，按照机会成本理论，生产者将会离开生猪养殖行业。

四是基于总变动成本（TVC）计算盈亏值的依据。依据经济学理论（见第 2 章 2.2.2 的理论阐述），如果生猪养殖场（户）不能弥补总变动成本，其就无法继续经营，此时的价格为生产者能够接受的最低价格（见第 2 章 2.2.2 中的 P_0），此时的供给量为停止营业点。

故计算这一成本构成条件下盈亏值的主要目的，是分析生猪出栏的总收益能否弥补总变动成本，从而将生产者分成两类，一类是需要计算盈亏平衡价格的生产者，另一类是需要计算盈亏平衡出栏量的生产者。对于总收益不能弥补总变动成本的生产者，为了让其继续从事生猪养殖业，就需要计算其盈亏平衡价格（只能是提高价格）。如果生猪养殖场（户）不能够弥补其总变动成本，即其生猪出栏的总收益不能弥补包括劳动力报酬、仔畜费和饲料费、水电费等在内的总变动成本，那么就会出现养殖的生猪越多、赔钱越多的情况，也就是其生猪出栏价格在前述理论分析的 P_0 价格以下，这部分生产者的生猪出栏价格至少应该提高到 P_0 的水平，即第一类生产者。对于能够弥补总变动成本的生产者才能计算其盈亏平衡出栏量，即第二类生产者。基于总变动成本构成计算的 66 个生猪养殖场（户）的盈亏值见附录 F 中附表 6-7。

4.1.3.2 基于总成本计算的利润值

基于总成本计算的利润值是指生产者销售生猪的总收益不仅能弥补总变动成本，而且还能够弥补固定成本，是理论意义上的利润。只有当这项利润值大于零时，才能是理论意义上的"挣钱"。计算利润的公式如下：

利润 = 总收益 - 总成本

= 单价 × 销售量 - 单位变动成本 × 销售量 - 固定成本

上述公式用字符表示为：

$$\pi = TR_i - TC_i = TR_i - TVC_i - TFC_i = P_{0i} \times Q_i \times G_i - AVC_i \times Q_i - TFC_i$$

其中，π 为利润，P_{0i} 为每千克生猪价格，TFC_i 为固定成本，AVC_i 为单位变动成本（元/头），Q_i 为生猪出栏量。

基于总成本计算的 66 个生猪养殖场（户）的利润值见附录 F 中附表 6-8。

4.1.3.3 结果分析

依据上述 5 种情况的成本构成，分别计算了 66 个生猪养殖场（户）的盈亏值与利润值，5 种情况的成本构成分别为仔畜和饲料成本，仔畜、饲料和死亡损失成本，仔畜、饲料、死亡损失和人工成本，总变动成本以及总成本，盈亏值与利润值的计算结果见附录 F 中附表 6-4、附表 6-5、附表 6-6、附表 6-7、附表 6-8。依据各附表的计算结果，对不同成本构成条件下农户的盈亏情况统计如表 4-2 所示。

表 4-2　基于不同成本构成的不同级别盈亏的生产者数量分布

成本构成	饲料+仔畜 农户数量（户）	饲料+仔畜 所占比例（%）	饲料+仔畜+死亡 农户数量（户）	饲料+仔畜+死亡 所占比例（%）	饲料+仔畜+死亡+人工 农户数量（户）	饲料+仔畜+死亡+人工 所占比例（%）	总变动成本（TVC）农户数量（户）	总变动成本（TVC）所占比例（%）	总成本（TC）农户数量（户）	总成本（TC）所占比例（%）
<0	2	3.03	2	3.03	16	24.24	18	27.27	26	39.39
0~199	10	15.15	12	18.18	47	71.21	47	71.21	40	60.60
200~249	9	13.64	16	24.24	3	4.55	1	1.52	0	0
250~299	21	31.82	16	24.24	0	0.00	0	0.00	0	0
300~349	16	24.24	16	24.24	0	0.00	0	0.00	0	0
350 以上	8	12.12	4	6.06	0	0.00	0	0.00	0	0
合计	66	100.00	66	100	66	100.00	66	100.00	66	100

注：依据附录 F 中附表 6-4、附表 6-5、附表 6-6、附表 6-7、附表 6-8 统计。

依据表 4-2 中的统计结果绘制图 4-1、图 4-2、图 4-3、图 4-4 和图 4-5。

如图4-1、图4-2、图4-3、图4-4、图4-5所示的生产者数量分布的变化趋势可知，随着成本构成种类的增加，能够获得盈利的生产者数量不断减少。在调研中了解到，生产者之所以能够继续从事生猪养殖业，主要是因为大多数生产者依据仔畜与饲料成本来考虑自己的盈亏情况。但是随着仔畜价格的上涨，生产者就开始关心死亡损失。随着劳动力价格的上涨，生产者就会关心人工获得的报酬。为此，为了让生产者持续地留在生猪养殖行业而保障生猪的供给，就有必要合理地计算生产者生猪养殖的成本，为从成本角度提出保障生猪供给的建议提供参考依据。故依据经济学中的生产决策理论（见2.2.2阐述），还需要计算依据总变动成本与总成本的盈亏值与利润值。

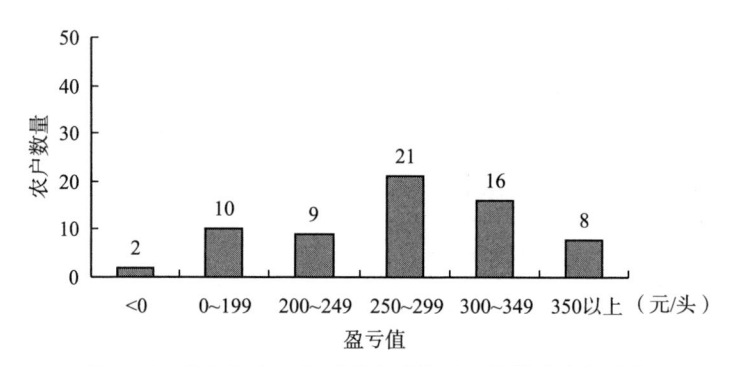

图4-1 基于仔畜、饲料成本计算盈亏值的生产者分布

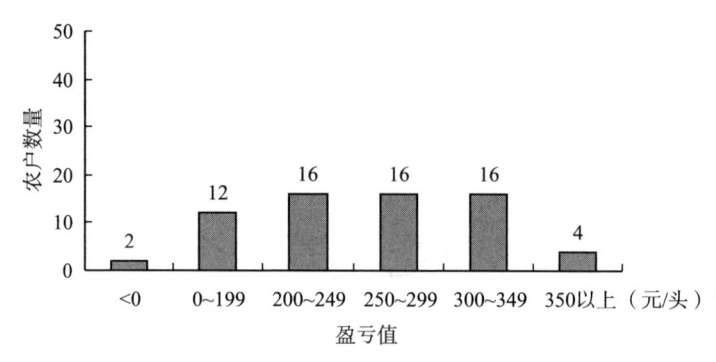

图4-2 基于仔畜、饲料和死亡损失成本计算盈亏值的生产者分布

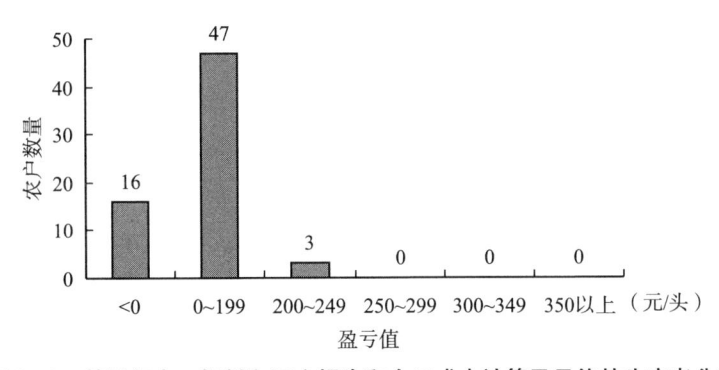

图 4-3 基于仔畜、饲料和死亡损失和人工成本计算盈亏值的生产者分布

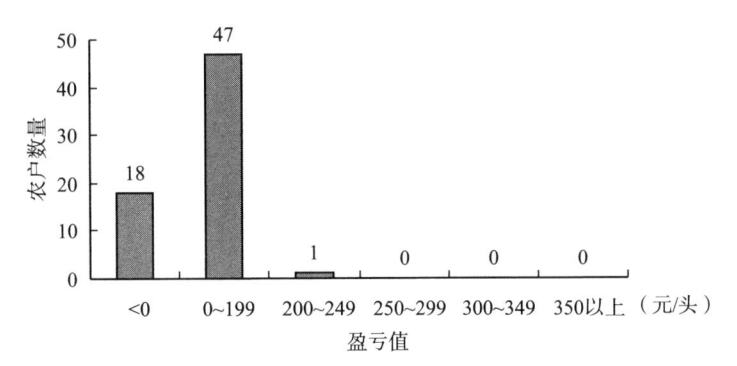

图 4-4 基于总变动成本计算盈亏值的生产者分布

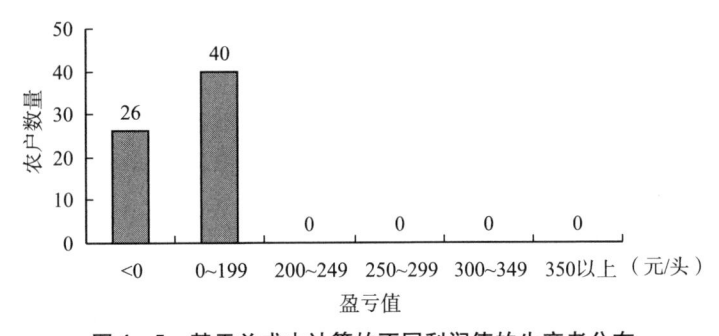

图 4-5 基于总成本计算的不同利润值的生产者分布

现对依据上述不同成本构成计算的盈亏值与利润值分析如下：第一，基于仔畜与饲料成本的盈亏值分析。测算的结果是有 2 个生猪养殖场（户）赔钱，即销售生猪的总收益不能弥补仔畜费用和饲料成本；有 64 个即 96.97% 的生猪

养殖场（户）处于盈利状态，每头猪赚350元以上的生猪养殖场（户）有8个，每头猪赚300～349元的生猪养殖场（户）有16个，每头猪赚250～299元的生猪养殖场（户）有21个，每头猪赚200～249元的生猪养殖场（户）有9个，每头猪赚0～199元的生猪养殖场（户）有10个。由图4-1可知，68.18%的生产者每头猪能赚250元以上，其中，每头猪能赚250～299元的生产者最多，有21户。如果赔钱的2户生产者没有其他资金维持该户的负利润，就可能退出生猪产业。生产者之所以能够持续经营养猪行业，主要是由于生产者依照此方法进行测算，只要能够弥补仔畜和饲料成本，生产者就愿意提供可持续的供给。让生产者能够弥补仔畜和饲料成本，是生产者能够留在养猪行业最基本的条件。

第二，基于仔畜、饲料与死亡损失成本的盈亏值分析。除了考虑仔畜饲料成本，同时还考虑死亡损失的成本，有2个生猪养殖场（户）赔钱，即销售生猪的总收益不能弥补仔畜、饲料与死亡损失成本；每头猪赚0～199元的生猪养殖场（户）有12个，每头猪赚200～249元的生猪养殖场（户）有16个，每头猪赚250～299元的生猪养殖场（户）有16个，每头猪赚300～349元的生猪养殖场（户）有16个，依然有4户生产者赚的利润超过了350元/头。由图4-2可以看出，除赔钱生产者2户及每头猪赚350元以上4户，其余级别的盈亏分布较为均衡。加上死亡损失费依然获得高利润的原因是生产者购买仔畜的价格低，且该批仔畜健康易活，所以死亡率较低，而出栏价格高的猪是因为品种较好，相对其他猪可多卖0.5～1.0元/千克。

第三，基于仔畜、饲料、死亡损失和人工成本的盈亏值分析。测算的结果是有16个生猪养殖场（户）赔钱，即有24.24%的生产者无法回收人工成本，有71.21%的生产者每头猪能赚0～199元，仅4.55%的生产者能赚到200～249元/头，没有生产者每头猪能赚250元以上。由图4-3可以看出，考虑人工成本后，赔钱生产者增加，多数生产者能够赚到的钱在0～199元/头之间。

第四，基于全部变动成本的盈亏值分析。这里的全部变动成本（TVC）不但包括仔畜、饲料、死亡损失费，而且还包括水电费、工具维修费等共8项（数据见附录F中附表6-2）。测算的结果是有27.27%处于赔钱状态，即有72.73%的生产者能够回收总变动成本，但大多数生产者（71.21%）仅能挣

0~199元/头，由图4-4可以看出，赔钱生产者进一步增加，仅1户生产者每头猪能收益219.6元。部分生产者盈利高的主要原因是除变动成本中的饲料费相对偏低外，水费、工具材料费以及修理维护费这三项费用为零或者偏低也是主要影响因素（见附录F中附表6-2）。

第五，基于总成本的利润分析。由表4-2及图4-5可以看到，在核算理论意义上的利润时，39.39%的生产者为亏损状态，而处于盈利状态的生产者的盈利值均分布在0~199元/头，没有生产者赚的钱能达到200元以上。生产者能够获得净利润主要原因是除了变动成本中的饲料费偏低，水费、工具材料费以及修理维护费这三项费用较低，固定成本也较小，从而使生猪养殖场（户）获得利润。同时，能够弥补总变动成本的生产者中有8户（26-18=8户）生产者不能弥补总成本。由表4-2可知，在没有考虑固定成本时有18户生产者的盈亏值为负，当考虑固定成本时，利润值为负的生产者增加到26户。

为了分析总成本条件下，不同利润范围内盈亏农户的数量及其百分比，按平均收益在0~49元/头、50~99元/头、100~199元/头的组距对生产者进行了细分，统计结果如表4-3和图4-6所示。

表4-3　　　　　　基于总成本的不同级别盈亏的生产者数量分布

利润值 （元/头）	<0	0~199				200~249	250~299	300~349	350以上	合计
		0~49	50~99	100~199	小计					
农户数量 （户）	26	16	14	10	40	0	0	0	0	66
所占比例 （%）	39.39	24.24	21.21	15.15	60.61	0.00	0.00	0.00	0.00	100

注：依据附录F中附表6-8进行统计。

统计的66个中规模生猪养殖场（户）生产者数量分布分析如下：

在66个中规模生猪养殖场（户）中，有26户生产者利润小于0，即有39.39%的养殖场（户）在总成本条件下处于亏损状态；而在获利的60.61%生产者中，其平均收益均在0~199元之间；在获利的40户生产者中，有16户生产者每头生猪赚0~49元，占总数的24.24%；14户生产者每头生猪赚

50~99元，占总数的21.21%；10户生产者每头生猪赚100~199元，占总数的15.15%。随着利润值的增加，生产者频数逐渐减少。

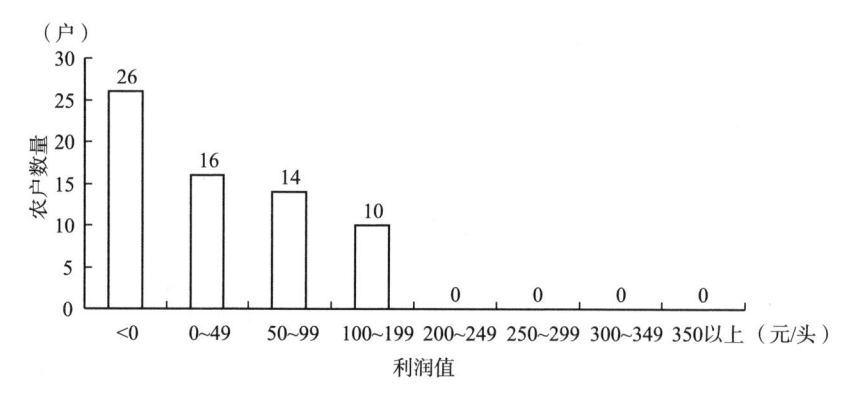

图4-6 基于总成本计算的利润值的生产者数量细分

要想使生猪生产者继续从事养猪业，收入至少应达到一个其可以接受的水平，如弥补仔畜和饲料成本后，还应弥补死亡损失和人工成本。生猪生产者会将自己养猪的收入与从事其他工作获得的收入，例如，外出打工收入相比较，如果从事养猪业的收入远低于从事其他工作的收入，那么生猪生产者就有可能会离开养猪行业。随着劳动力价格不断上涨，如果养殖场（户）的盈利不能弥补人工成本（依据生产者目前给出的家庭用工折价，该成本目前处于较低水平），那么该规模的生猪养殖场（户）就会离开养猪行业，不利于为生猪市场提供稳定的供给。

4.2 中规模生猪生产者盈亏平衡价格与出栏量分析

在依据不同生产者对盈亏的不同理解，计算了基于4种不同成本构成的盈亏值和利润值，明确了生猪生产者的盈亏状态。以4.1.3.1中基于总变动成本构成的盈亏值正负为依据，比较平均收益与平均变动成本的大小，对生产者进行了分类，计算了盈亏值为负数生产者的盈亏平衡出栏价格和盈亏值为正数生产者的盈亏平衡出栏量。

4.2.1 盈亏平衡

4.2.1.1 盈亏平衡出栏量的含义

盈亏平衡的一般意义是指在某一既定的市场价格下，生产者应生产多少产量才能使总收益等于总成本，即利润为零时的产出量。在生猪市场中，当生猪养殖场（户）的生猪出栏收入能够弥补其全部成本（总固定成本与总变动成本）时，经济利润为零，即已经弥补了包括劳动力报酬在内的全部成本，此时生猪养殖场（户）的生猪出栏量就是盈亏平衡时的出栏量，即盈亏平衡点。

关于生猪养殖场（户）盈亏平衡的含义，依据已有研究对盈亏平衡点的解释如图4-7所示。在生猪出栏价格（P_0）既定的条件下，用横轴表示生猪出栏量，纵轴表示收益和成本，则总收益曲线（$TR = P_0 \times Q \times G$）和总成本线（$TC = TVC + TFC$）的交点为生猪养殖场（户）的盈亏平衡出栏量$Q^*$。在盈亏平衡点$Q^*$的左侧，总成本大于总收益，生猪养殖场（户）处于亏损状态，利润为负；在盈亏平衡点Q^*右侧，总收益大于总成本，生猪养殖场（户）处于盈利状态，利润为正，例如，当$Q = Q'$时就可获得盈利。

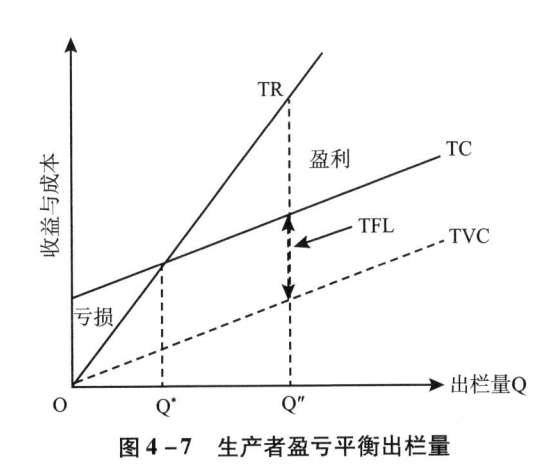

图4-7 生产者盈亏平衡出栏量

4.2.1.2 生产者关于盈亏平衡的理解

在调研中获知，生产者是否养殖生猪主要取决于生猪的总收益能否收回仔畜与饲料的支出，而不关心在生猪养殖过程中付出的劳动（即附表5问卷中的"家庭用工折价"，其认为家庭用工的报酬就是自己"挣"的钱），同时，在问及水费、电费、固定资产折旧等对其生猪饲养是否存在影响时，生产者表达的含义是"电费用不了多少，一次出栏50头一年两批次，全部的粉碎饲料电费以及照明等也就不超千元"；对于固定资产折旧这一成本，生产者则认为是自己的房子，也从未考虑；对于其使用的小型玉米粉碎机器折旧时，生产者也表示机器可用多年不会影响对生猪的饲养。

可见生产者理解的盈亏平衡与图4-7所示的收益弥补总固定成本与总变动成本的含义是不同的。可以理解为生产者不用弥补固定成本、人工成本等，只要生猪的总收益可弥补仔畜费及饲料费就可视为盈亏平衡，如果销售收益超过仔畜费与饲料费，那么就认为自己获得盈余。在对望奎县生产者进行电话回访时，生产者十分确定在2015年5月生猪出栏时每头生猪"挣"300元左右，在问及其是否扣除人工和折旧时，其回答"这些都不算"。需要补充说明的是，虽然在4.1.3中依据生产者的理解计算了4种成本构成条件下的盈亏值，但是本章在进行盈亏平衡分析（盈亏平衡价格与盈亏平衡出栏量）时，是依据理论公式，即总收益能否弥补总成本计算。这主要是为了说明生产者目前的总收益与其实际总支出的关系，为将来劳动力价格上涨或其他投入增加后稳定中规模生猪供给建议的提出给出依据。

4.2.2 需要计算盈亏平衡价格与盈亏平衡出栏量生产者的筛选

根据图4-7对盈亏平衡含义的解释，盈亏平衡时有 $\pi = 0$ 时，则盈亏平衡的生猪出栏量计算公式为：

$$Q^* = \frac{TFC_i}{P_{0i} \times G_i - AVC_i} \tag{1}$$

由公式（1）可知，当 $P_{0i} \times G_i - AVC_i < 0$ 时，生产者的平均收益不能弥补平均变动成本，对于这部分生产者就需要计算生猪出栏价格应提高到多少才能达到盈亏平衡。也就是说只有生产者的平均收益（$P_{0i} \times G_i$）大于平均变动成

本（AVC_i）时，才有计算盈亏平衡出栏量的必要；如果平均收益（$P_{0i} \times G_i$）小于平均变动成本，那首先需要计算生猪出栏价格应该上涨到多少才能弥补变动成本。$P_{0i} \times G_i$ 与 AVC_i 的计算如表 4-4 所示，依据该结果对生产者进行了分类。

表 4-4　　　　　　　　　平均收益与平均变动成本的比较

县（市）	镇（区）	农户序号	出栏量（头）	出栏重量（千克）	生猪出栏价格（元/千克）	平均收益 $P_{0i} \times G_i$（元/头）	平均变动成本 AVC_i（元/头）	$P_{0i} \times G_i - AVC_i$（元/头）
安达	羊草	1	52	110	13.40	1474.00	1459.15	14.85
		2	52	111	13.40	1487.40	1450.80	36.6
		3	53	115	12.80	1472.00	1423.60	48.4
		4	80	110	13.60	1496.00	1358.00	138
		5	79	110	13.00	1430.00	1404.00	26
鹤岗	东山	6	86	105	10.40	1092.00	1415.82	-323.82
		7	60	110	13.20	1452.00	1596.83	-144.83
		8	50	125	13.60	1700.00	1642.30	57.7
		9	50	125	13.60	1700.00	1621.95	78.05
富裕	富裕	10	60	110	13.40	1474.00	1516.67	-42.67
		11	52	116	13.50	1566.00	1497.14	68.86
		12	52	126	12.40	1562.40	1598.88	-36.48
集贤	兴安	13	69	112	13.40	1500.80	1527.80	-27
		14	59	112	13.60	1523.20	1452.40	70.8
	福利	15	150	110	13.60	1496.00	1396.45	99.55
		16	160	110	13.60	1496.00	1376.50	119.5
	升昌	17	58	110	13.60	1496.00	1530.20	-34.2
	永安	18	63	100	13.40	1340.00	1400.90	-60.9
	腰屯	19	130	110	13.30	1463.00	1354.10	108.9
		20	52	110	13.60	1496.00	1437.20	58.8
		21	230	110	13.60	1496.00	1317.60	178.4
	太平	22	52	110	13.60	1496.00	1396.15	99.85

续表

县 (市)	镇 (区)	农户 序号	出栏量 (头)	出栏重量 (千克)	生猪出栏 价格 (元/千克)	平均收益 $P_{0i} \times G_i$ (元/头)	平均变动 成本 AVC_i (元/头)	$P_{0i} \times G_i - AVC_i$ (元/头)
克山	发展	23	50	115	14.00	1610.00	1494.10	115.9
		24	50	130	14.00	1820.00	1600.40	219.6
	古北	25	50	120	10.80	1296.00	1506.75	-210.75
		26	200	120	10.80	1296.00	1443.30	-147.3
	河北	27	142	110	13.20	1452.00	1388.25	63.75
	向华	28	51	115	13.60	1564.00	1546.58	17.42
	河南	29	60	110	12.00	1320.00	1337.80	-17.8
兰西	长江	30	56	110	12.20	1342.00	1388.10	-46.1
	康荣	31	65	113	13.40	1514.20	1443.60	70.6
	长江	32	230	115	11.60	1334.00	1340.00	-6
林口	莲花	33	50	125	13.00	1625.00	1549.70	75.3
	三通道	34	50	130	11.60	1508.00	1687.61	-179.61
		35	200	135	11.60	1566.00	1592.07	-26.07
	朱家	36	200	110	11.60	1276.00	1423.10	-147.1
		37	150	110	12.00	1320.00	1427.40	-107.4
	刁翎	38	100	120	14.00	1680.00	1560.00	120
海伦	爱民	39	73	105	13.40	1407.00	1312.96	94.04
	扎音河	40	89	106	13.50	1431.00	1317.17	113.83
	百祥	41	62	106	13.40	1420.40	1399.49	20.91
	海北	42	71	104	13.60	1414.40	1343.76	70.64
	福民	43	104	104	13.40	1393.60	1318.47	75.13
	海伦	44	65	105	13.40	1407.00	1360.79	46.21
	爱民	45	107	112	13.40	1500.80	1331.53	169.27
	百祥	46	53	104	13.40	1393.60	1379.34	14.26
		47	143	103	13.50	1390.50	1280.35	110.15
	海兴	48	74	107	13.40	1433.80	1349.08	84.72
	长发	49	192	104	13.30	1383.20	1240.82	142.38

续表

县 (市)	镇 (区)	农户 序号	出栏量 (头)	出栏重量 (千克)	生猪出栏 价格 (元/千克)	平均收益 $P_{0i} \times G_i$ (元/头)	平均变动 成本 AVC_i (元/头)	$P_{0i} \times G_i - AVC_i$ (元/头)
海伦	爱民	50	93	107	13.40	1433.80	1371.99	61.81
	海伦	51	220	104	13.20	1372.80	1244.37	128.43
	海兴	52	58	105	13.44	1411.20	1381.67	29.53
	福民	53	120	105	13.30	1396.50	1303.35	93.15
	永和	54	62	104	13.30	1383.20	1367.89	15.31
	双录	55	170	108	13.60	1468.80	1283.15	185.65
望奎	通江	56	55	111	13.70	1520.70	1374.39	146.31
		57	60	115	13.60	1564.00	1433.93	130.07
	火箭	58	50	115	14.00	1610.00	1527.65	82.35
		59	70	105	14.00	1470.00	1426.05	43.95
		60	60	110	13.80	1518.00	1486.06	31.94
		61	61	105	14.00	1470.00	1401.48	68.52
		62	52	110	14.00	1540.00	1462.29	77.71
依兰	达连河	63	60	110	13.00	1430.00	1602.21	-172.21
	三道岗	64	61	100	13.00	1300.00	1256.22	43.78
		65	63	100	13.80	1380.00	1549.56	-169.56
	宏克力	66	70	110	14.00	1540.00	1488.34	51.66

注：1. 平均收益（$P_{0i} \times G_i$）为调研时生猪出栏价格与每头生猪出栏重量的乘积。
2. 平均变动成本 AVC（元）等于 TVC 与出栏量的比值，计算的原始数据见附录 F 中附表 6-3。

依据表 4-4 中平均收益与平均变动成本的大小关系将生产者分为两类：一类是平均收益小于平均变动成本的生产者，需要计算盈亏平衡价格；另一类是平均收益大于平均变动成本的生产者，可计算其盈亏平衡出栏量，分类结果如表 4-5 所示。

表 4-5　　　　　　　　　　生猪生产者分类统计

分类标准	$P_i \times G_i - AVC_i < 0$ （价格×重量-平均可变成本<0）			$P_i \times G_i - AVC_i > 0$ （价格×重量-平均可变成本>0）		
名称	农户序号	农户数量（户）	所占比例（%）	农户序号	农户数量（户）	所占比例（%）
统计结果	6、7、10、12~13、17~18、25~26、29~30、32、34~37、63、65	18	27.27	1~5、8~9、11、14~16、19~24、27~28、31、33、38~62、64、66	48	72.73

注：依据表 4-4 的计算结果进行统计。

被调研的 66 个养殖场（户）在其生猪出栏量既定时，有 18 个生猪养殖场（户）的平均收益不能弥补平均变动成本，占总数量的 27.27%，需要计算盈亏平衡价格；有 48 个生猪养殖场（户）的平均收益大于平均变动成本，占总数量的 72.73%，可计算盈亏平衡出栏量。

在生猪生产者出栏量既定的条件下，依据总变动成本与总固定成本计算能够使生产者达到盈亏平衡的生猪出栏价格 P_{e_i}。在已经介绍了盈亏平衡出栏量含义的前提下，依据盈亏平衡出栏量公式推出盈亏平衡价格的计算公式如下：

$$P_{e_i} = \frac{AVC_{0i} \times Q_i + TFC_i}{Q_i \times G_i} \quad i = 1, 2, 3, \cdots, 66 \tag{2}$$

4.2.3　盈亏平衡价格分析

依据平均收益能否弥补平均变动成本，计算筛选出的 18 个中规模生猪生产者的盈亏平衡价格，结果如表 4-6 所示。

表 4-6　　　　　　　　18 个生猪生产者盈亏平衡出栏价格

农户序号	总固定成本 TFC_i（元）	平均变动成本 AVC_i（元/头）	出栏重量 G_i（千克）	实际出栏量 Q_i（头）	实际出栏价格 P_{0i}（元/千克）	盈亏平衡价格 P_{e_i}（元/千克）	盈亏平衡价格与实际出栏价格差 $(P_i - P_{e_i})$	实际出栏价格应上涨幅度（%）
6	969.2	1415.82	105	86	10.40	13.59	3.19	30.69
7	692.4	1596.83	110	60	13.20	14.62	1.42	10.77

续表

农户序号	总固定成本 TFC$_i$（元）	平均变动成本 AVC$_i$（元/头）	出栏重量 G$_i$（千克）	实际出栏量 Q$_i$（头）	实际出栏价格 P$_{0_i}$（元/千克）	盈亏平衡价格 P$_{e_i}$（元/千克）	盈亏平衡价格与实际出栏价格差（P$_i$ – P$_{e_i}$）	实际出栏价格应上涨幅度（%）
10	2692.2	1516.67	110	60	13.40	14.20	0.80	5.94
12	1081.6	1598.88	126	52	12.40	12.85	0.45	3.67
13	1854.0	1527.80	112	69	13.40	13.88	0.48	3.59
17	1384.5	1530.20	110	58	13.60	14.13	0.53	3.88
18	1251.8	1400.90	100	63	13.40	14.21	0.81	6.03
25	1793.5	1506.75	120	50	10.80	12.86	2.06	19.03
26	4174.0	1443.30	120	200	10.80	12.20	1.40	12.98
29	2692.2	1337.80	110	60	12.00	12.57	0.57	4.75
30	2512.7	1388.10	110	56	12.20	13.03	0.83	6.78
32	11010.1	1340.00	115	230	11.60	12.07	0.47	4.04
34	1493.5	1687.61	130	50	11.60	13.21	1.61	13.89
35	5974.0	1592.07	135	200	11.60	12.01	0.41	3.57
36	6374.0	1423.10	110	200	11.60	13.23	1.63	14.03
37	4765.5	1427.40	110	150	12.00	13.27	1.27	10.54
63	1672.2	1602.21	110	60	13.00	14.82	1.82	13.99
65	741.5	1549.56	110	70	14.00	14.18	0.18	1.31

注：1. 上述计算出的盈亏平衡价格仅限于对2015年5月6日—2015年5月19日调研数据的分析。

2. 盈亏平衡价格（元/千克）计算公式为：盈亏平衡价格 =（固定成本 + 平均变动成本×出栏量）/（出栏重量×出栏量）。例如，鹤岗市东山区（序号6）的盈亏平衡价格为：(969.2 + 1415.82 × 86)/(105 × 86) = 13.59（元/千克）。

3. 总固定成本为黑龙江省66个中规模生猪养殖场（户）当期折算的固定成本。

资料来源：总固定成本、平均变动成本来源于附录F中附表6-1、附录6中附表6-3；出栏重量来源于附录F中附表6-4。

对18个中规模生猪养殖场（户）在既定出栏量条件下计算的盈亏平衡价格如表4-6所示，依据表4-6绘制图4-8。对生猪生产者需要达到盈亏平衡的价格分析如下。

在需要调整实际出栏价格的18个生猪养殖场（户）中，价格绝对数应调整的范围为 0.18~3.19 元/千克（见表 4-6），出栏价格应上涨的幅度为 1.31%~30.69%，生产者需要调整的出栏价格波动幅度差异大，原因是生产者的生猪出栏重量低且出栏价格低。因此需要调整生猪出栏价格才能达到盈亏平衡。生产者的价格上涨幅度不同，一类是价格需要较大幅度的上涨，另一类是价格需要较小幅度的上涨。例如东山区（序号为 6 号）的生猪出栏重量为 105 千克，生猪实际出栏价格为 10.4 元/千克，该出栏价格是调研时 66 个生猪养殖场（户）中最低的，要想其达到盈亏平衡，就需要使其生猪出栏价格上涨 30.69%。此外，生产者（序号分别为 25 号、34 号、36 号和 63 号）的价格调整幅度均在 13% 以上；其他生产者生猪出栏价格的上涨幅度在 1.31%~13%，需要上涨的幅度较小。

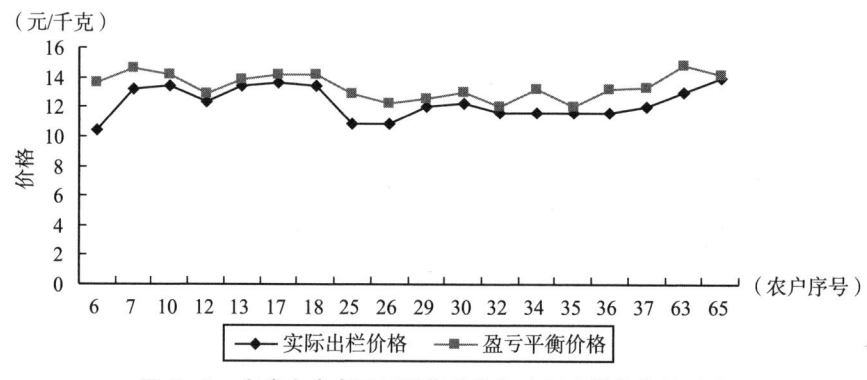

图 4-8　生猪生产者盈亏平衡价格与实际出栏价格的对比

4.2.4　盈亏平衡出栏量分析

运用盈亏平衡出栏量公式计算生猪在出栏价格 P_{0_i} 既定条件下（调研时的生猪实际出栏价格）平均收益大于平均变动成本的 48 个中规模生猪养殖场（户）达到盈亏平衡时的出栏量 Q_i^*，结果如表 4-7 所示。①

---

① 由于生产者理解的盈亏平衡与理论上常用的计算盈亏平衡的方法不同，所以在上述文字表述中，使用"一般理论意义上的盈亏平衡出栏量"，即能够弥补全部的固定成本与总变动成本时的出栏量。而一般生产者理解的盈亏平衡仅考虑能弥补仔畜费与饲料成本就认为自身的养殖已经实现了盈亏平衡。在对部分县（市）的生产者进行电话回访时，生产者都强调自己养猪"挣钱"，详细询问后获知，其成本的计算仅包括这两项。当问及水费以及固定资产折旧等时，生产者均说不考虑。

第4章 中规模生猪生产者盈亏平衡分析

表4-7　　　　　　　　　　　48个生猪生产者盈亏平衡出栏量

农户序号	总固定成本 TFC$_i$（元）	平均变动成本 AVC$_i$（元/头）	出栏重量 G$_i$（千克）	实际出栏价格 P$_{0i}$（元/千克）	实际出栏量 Q$_i$（头）	盈亏平衡出栏量 Q$_i^*$（头）	安全边际（头）
1	1813.2	1459.15	110	13.40	52	122	-70
2	2541.2	1450.80	111	13.40	52	69	-17
3	2749.1	1423.60	115	12.80	53	57	-4
4	1749.6	1358.00	110	13.60	80	13	67
5	4729.7	1404.00	110	13.00	79	182	-103
8	493.5	1642.30	125	13.60	50	9	41
9	543.5	1621.95	125	13.60	50	7	43
11	1558.4	1497.14	116	13.50	52	23	29
14	1408.3	1452.40	112	13.50	59	20	39
15	3730.5	1396.45	110	13.60	150	37	113
16	3979.2	1376.50	110	13.60	160	33	127
19	2843.1	1354.10	110	13.30	130	26	104
20	1033.2	1437.20	110	13.60	52	18	34
21	5030.1	1317.60	110	13.60	230	28	202
22	1033.2	1396.15	110	13.60	52	10	42
23	1793.5	1494.10	115	14.00	50	15	35
24	1743.5	1600.40	130	14.00	50	8	42
27	6371.5	1388.25	120	10.80	50	100	-50
28	2135.4	1546.58	120	10.80	200	123	77
31	2721.6	1443.60	113	13.40	65	39	26
33	1393.5	1549.70	125	13.00	50	19	31
38	987.0	1560.00	120	14.00	100	8	92
39	1875.4	1312.96	105	13.40	73	20	53
40	2480.4	1317.17	106	13.50	89	22	67
41	1561.8	1399.49	106	13.40	62	75	-13
42	1731.0	1343.76	104	13.60	71	25	46
43	2556.3	1318.47	104	13.40	104	34	70

续表

农户序号	总固定成本 TFC$_i$（元）	平均变动成本 AVC$_i$（元/头）	出栏重量 G$_i$（千克）	实际出栏价格 P0$_i$（元/千克）	实际出栏量 Q$_i$（头）	盈亏平衡出栏量 Q$_i^*$（头）	安全边际（头）
44	1651.7	1360.79	105	13.40	65	36	29
45	2736.0	1331.53	112	13.40	107	16	91
46	1397.1	1379.34	104	13.40	53	98	-45
47	3600.7	1280.35	103	13.50	143	33	110
48	1870.7	1349.08	107	13.40	74	22	52
49	4815.4	1240.82	104	13.30	192	34	158
50	2341.7	1371.99	107	13.40	93	38	55
51	5570.4	1244.37	104	13.20	220	43	177
52	1467.4	1381.67	105	13.44	58	50	8
53	2934.0	1303.35	105	13.30	120	31	89
54	1591.5	1367.89	104	13.30	62	104	-42
55	4158.2	1283.15	108	13.60	170	22	148
56	1917.9	1374.39	111	13.70	55	13	42
57	1792.2	1433.93	115	13.60	60	14	46
58	1193.5	1527.65	115	14.00	50	14	36
59	1691.9	1426.05	105	14.00	70	38	32
60	1390.2	1486.06	110	13.80	60	44	16
61	1602.5	1401.48	105	14.00	61	23	38
62	1313.0	1462.29	110	14.00	52	17	35
64	901.6	1256.22	100	13.00	61	21	40
66	2890.3	1488.34	110	14.00	70	56	14

注：1. 表中48户生猪生产者总固定成本来源于附录F中附表6-1；

2. 平均变动成本见附录F中附表6-3；出栏重量、实际出栏价格见附录F中附表6-4。

3. 盈亏平衡出栏量（头）计算公式为：盈亏平衡出栏量=总固定成本/（实际出栏价格×出栏重量-平均变动成本）。例如，安达市羊草区（序号1）的盈亏平衡出栏量为：1813.2/（13.40×110-1459.15）=122（头）。

表4-7计算的48个中规模生猪生产者盈亏平衡出栏量结果分析如下：

第一，部分生产者盈亏平衡出栏量偏低，安全边际值较高。造成上述现象

第4章 中规模生猪生产者盈亏平衡分析

的原因:一方面,几乎没有生产者填写固定成本中的保险费、管理费以及财务费(见附录F中的附表6-1的表下注解说明),这些统计项目没有被统计在固定成本之中;就算是将上述项目统计在固定成本中,也有部分生产者因这部分成本数额不大,且自己不关心这部分成本,在问卷上填写的数额也非常小,导致总固定成本偏低,盈亏平衡出栏量过小;另一方面,在调研时获知,生产者主要使用自产粮食(玉米)作为生猪所需饲料的主要来源,生产者给定的玉米价格是自己根据玉米价格行情给出的估计价,虽然与本书所用的查询官方网站的价格差距不大,但也存在误差,造成总变动成本和平均变动成本偏低,进一步导致其盈亏平衡时出栏量偏低。部分生产者的盈亏平衡出栏量甚至不符合一般的盈亏平衡常理,例如,生产者(序号分别为8号、9号、24号、38号)在生猪出栏量非常低(小于10头)时生猪养殖场(户)就可达到盈亏平衡点,这部分生产者占调研总数的6.06%,占需要计算盈亏平衡出栏量的21.05%。说明这部分平均收益大于平均变动成本的生产者对其固定成本不关心。

第二,部分生产者盈亏平衡出栏量又远超实际出栏量,即安全边际为负。造成这种现象的原因是每头猪的出栏价格($P_i \times G_i$)与其平均变动成本(AVC_i)相近,体现为盈亏平衡出栏量公式中分母过小而盈亏平衡出栏量过大,这与第2章理论分析中的2.2.2内容具有一致性。例如,羊草镇5号生产者的实际出栏量为79头,而依据盈亏平衡出栏量公式计算的盈亏平衡点的出栏量为182头,该生产者每头猪出栏的价格为13.0元/千克×110千克=1430元,与其平均变动成本(1404.00元)相近,从而当运用固定成本(TFC_i)与($P_i \times G_i - AVC_i$)相除时就获得了较大的盈亏平衡出栏量。这说明生产者的销售收益在弥补了总变动成本后仅能弥补极少部分的固定成本,从而使其盈亏平衡出栏量远高于实际出栏量,具有这一特点的生产者共有8户(序号分别为1号、2号、3号、5号、27号、41号、46号和54号),占生产者总数的12.12%。

第三,实际出栏量相近的生产者盈亏平衡时的出栏量却有很大差距。原因是这些生产者的总固定成本差距大。例如,序号1与序号8的生产者的实际出栏量分别为52头和50头,而盈亏平衡点应达到的出栏量却分别为122头与9头,差距大。例如,羊草镇生产者1号固定成本(1813.2元)与东山区生产者 8 号固定成本（493.5 元）差距大。

第四，从测算结果可以看出，在能够弥补总变动成本的 48 个中规模生猪养殖场（户）中，有 8 户没有达到盈亏平衡，即不能回收固定成本，从总成本角度看，这些生产者处于亏损状态；40 户生产者的盈亏平衡出栏量小于实际出栏量（见表 4-7），即有 60.61% 的生猪养殖场（户）能够回收全部成本，具有正利润。亏损的主要原因是这部分生产者在弥补了总变动成本后无法弥补其全部固定成本，即相当于第 2 章理论分析中图 2-3 中价格 P_1 所处位置的出栏量 Q_2。

4.3 本章小结

通过对调研数据的整理，计算了中规模生猪养殖场（户）在 5 种不同成本构成条件下的盈亏值与理论上的利润值，分析了中规模生猪生产者的盈亏现状。依据平均收益能否弥补平均变动成本对生产者筛选出需要计算盈亏平衡价格的生产者与需要计算盈亏平衡出栏量的生产者，分别计算出达到盈亏平衡时的盈亏平衡价格与盈亏平衡出栏量，并对两种盈亏平衡从总变动成本与总固定成本角度进行了分析。

结果表明生产者对生猪养殖的预期盈利值较低是其继续从事生猪养殖的原因；较多生产者依据仔畜与饲料成本合计计算盈亏值，表明仔畜费和饲料费是生产者最关心的变动成本，同时表明生产者是在不关心固定成本以及很少关心除仔畜费和饲料费以外的其他变动成本的条件下认为自己获利；生产者盈利能力差异大，对盈利的理解与理论研究中的利润存在差异，按生产者理解的"挣钱"使其可继续从事养猪业；部分生产者因提供的固定成本较小而使其在生猪出栏量较低时就达到了盈亏平衡的出栏量，进一步表明生产者不关心固定成本。

第 5 章

中规模生猪生产者风险偏好类型分析

5.1 调研说明

调研目的：获得生猪生产者的基本信息及投入成本。

调研时间及对象：2015 年 5 月 6 日—5 月 19 日，对黑龙江省 13 个县市 87 个乡镇 248 户生猪生产者进行调研。在实地调研时，是对调研乡镇的生猪养殖户随机调研，不是直接选择中规模进行调研，而是在调研后进行了各种规模的分类。在调研的总户数中，安达市 20 户、东山区 20 户、抚远县 20 户、富裕县 15 户、集贤县 20 户、克山县 20 户、兰西县 20 户、林口县 20 户、海伦市 20 户、林甸县 1 户、望奎县 20 户、依兰县 21 户和龙江县 31 户，共 248 户。与第 4 章的生猪生产者数量相比，这部分补充了龙江县的 31 户数据。在被调研生产者中，养殖规模为 100~499 头的中规模生猪生产者共有 76 户（本研究的研究对象），30 头以下共有 43 户，30~99 头共有 126 户，500 头以上共有 3 户。问卷设计见附录 E，问卷原始数据见附录 G。[①] 电子问卷及生产者手填问卷的回收时间截至 2015 年 5 月 19 日，后续问卷统计中对部分生产者、专家进

[①] 问卷中"政府补贴"这一指标所有被调研生产者均未填写，这主要由于被调研生产者均为育肥猪饲养农户，而补贴仅给予能繁母猪。

行电话回访与咨询等至 2016 年 1 月结束，在此期间完成了对调研数据的核对及统计。

采用的 76 户调研数据来自 11 县市 45 个乡镇的中规模生猪生产者，分别为安达市 5 户、东山区 4 户、富裕县 3 户、集贤县 10 户、克山县 7 户、兰西县 3 户、林口县 6 户、海伦市 17 户、望奎县 7 户、依兰县 4 户和龙江县 10 户。对 248 户调研数据出栏量总头数进行分类计算，得出散户、小规模、中规模、大规模出栏量占出栏量总头数的比例分别为 12.11%、28.16%、50.75%、8.89%。被调研的 248 户生产者的生猪出栏总量为 12804 头，即散户（1551 头）、小规模（3605 头）、中规模（6498 头）、大规模（1150 头）；将 4 种规模出栏量分别除以 248 户生猪出栏总量，计算出各规模出栏量占出栏总量的比例。由此可见，中规模生猪出栏量在各规模中所占比例最高，因此，将研究对象确定为中规模生猪养殖户，且这一统计结果与刘清淳（2015）、姜法竹（2016）对全国各省、各规模生猪养殖比例的统计排序具有一致性。

调研内容：依据《全国农产品成本资料收益汇编》设计调研问卷内容，调研内容主要包括两部分：一是黑龙江省生猪生产者养殖生猪的基本信息，包括最近一次生猪实际出栏量、生猪出栏时间、平均饲养天数、生猪出栏售价、生猪出栏重量、仔畜（小猪）平均重量、仔畜进价、每头出栏生猪消耗精饲料量、精饲料购买价格、耗粮数量及政府补贴。二是黑龙江省生猪生产者饲养生猪的成本信息，包括每户物质与服务费用（直接费用和间接费用）、每户人工成本（家庭用工和雇工）和土地成本。

实施过程：一部分调研问卷是课题主持人委托黑龙江省畜牧局协助完成，即由省畜牧局工作人员将电子版问卷下发至基层单位，由各基层单位工作人员与当地生猪生产者联系，通过询问生产者获得所需要的信息，并直接录入到 Word 文档，然后由省畜牧局工作人员统一收集问卷，并发至课题组主持人手中，主持人将问卷分发给课题组成员进行整理。另一部分问卷为课题组成员带着打印的问卷采用面对面集中填答式的方法进行调研，由指导教师统一讲解调研目的、问卷的填答方法等注意事项，再由生猪生产者填写。课题组成员将问卷收回后，将数据统一整理到 Excel 表格中。

5.2 投入要素风险类型分析

5.2.1 研究前提

5.2.1.1 生猪生产者是生猪出栏价格的接受者

已有研究指出,如果生猪生产者饲养的生猪在瘦肉率、饲养方式以及品种等方面没有明显区别,那么生猪生产者为价格接受者(南灵和张大海,2005;申超等,2012)。生猪出栏价格是由市场供求关系决定,在后续的计算过程中,生猪出栏价格均以调研时生猪生产者提供的市场收购价格为依据。

5.2.1.2 被调研的生产者均为中规模生猪养殖户

被调研的生产者均为中规模生猪(100~499头)个体经营者,且均使用自有资源进行生产,无须雇佣其他劳动力。被调研对象中仅有6户的年出栏量较大(400头及400头以上),但也未雇佣劳动力。

5.2.1.3 关于生产者固定资产的相关假设

一是假设被调研时生产者拥有的固定资产接近充分利用,即生产者有能力依据自有资源,包括猪舍面积、耕地面积(种植玉米的耕地)等进行生产。在调研中了解到,生产者决定生猪饲养数量时考虑猪舍面积以及拥有可种植玉米的耕地面积,即结合双方来决定生猪养殖数量;二是书中分析的是生猪生产者短期[①]生产决策行为,即生产者不能改变固定资产的时期。

5.2.1.4 关于效用值影响生猪生产者决策的假设

孙家乐(1989)指出"虽然收益期望值相同,不同的决策者(或群体)

[①] "短期"是指不能改变所有生产要素的时期,与时间长短无关,当生产者改变了包括固定资产在内的所有要素的投入量,其将进入长期生产过程。

对风险承受力的不同就会有不同的决策。效用函数就是对决策者风险态度的定量描述。采用效用值决策比较符合现实生活中的决策过程"。

所以假设生猪生产者依据预期利润的效用值来决定其养殖规模，而不是按照预期利润值决定其养殖规模。仔畜价格、饲料价格与生猪出栏价格变化可通过影响生猪生产者平均风险规避系数及盈亏值而影响生产者的效用值，进而影响其生猪供给决策。

5.2.2 模型与变量选择依据

5.2.2.1 模型选择依据

学者们运用贾斯特与波珀（1978）随机生产函数模型 [y = f(X) + h(X)ε, E(ε) = 0] 对农户平均风险进行了较多研究 [格里菲斯与安德森（1982）、库姆巴卡（2002）、塞拉等（2008）、库杜里（2009）、加德布鲁克等（Gardebroek et al., 2010）、毕加索—塔德奥与沃尔（2011）]。该模型由平均生产函数 f(X) 与风险函数 h(X)ε 两部分构成。x 是投入，y 是产出，ε 是误差项并服从正态分布 N(0, 1)。依据毕加索—塔德奥与沃尔（2011）和哈维（1976）的研究，将随机生产函数模型定义为：

$$y = f(x_{ki};\ \alpha) + g(x_{ki};\ \beta) \cdot \varepsilon \tag{1}$$

投入 x_{ki} 为第 i 个生产者第 k 个要素投入量，其对平均产出 [$E(y) = f(x_{ki};\ \alpha)$] 和产出的方差 [$u^2 = (y - f(x_{ki};\ \alpha))^2 = (g(x_{ki};\ \beta) \cdot \varepsilon)^2$] 都有影响。边际风险产量值 $\partial Var(y)/\partial x_{ki} = 2 \cdot g(x_{ki};\ \beta) \cdot \partial g(x_{ki};\ \beta)/\partial x_{ki}$ 的正负取决于 $\partial g(x_{ki};\ \beta)/\partial x_{ki}$ 的符号，如果 $\partial g(x_{ki};\ \beta)/\partial x_{ki}$ 大于零（或小于零），则 x_{ki} 为风险产量增加型（或风险产量减少型）投入要素 [毕加索—塔德奥与沃尔（2011）；库姆巴卡（2002）]。萨哈等（Saha et al., 1994）的研究表明生产函数参数与效用函数参数的结合估计比每个单独估计更加有效。

平均生产函数选择二次线性函数 $f(x_{ki};\ \alpha) = \alpha_0 + \sum_{k=1}^{K} \alpha_k x_{ki} + \frac{1}{2} \sum_{k=1}^{K} \sum_{h=1}^{K} \alpha_{kh} x_{ki} x_{hi} + u_i$ [加德布鲁克等（2010）；毕加索—塔德奥与沃尔（2011）；赫德（Hurd, 1994）；埃格特与特万特拉斯（Eggert & Tveteras, 2004）]；风险函数

选择双对数化后的柯布—道格拉斯生产函数 $\ln(\hat{u}_i^2) = \beta_0 + \sum_{k=1}^{K} \beta_k \ln x_{ki} + v_i$ [加德布鲁克等（2010）；毕加索—塔德奥与沃尔（2011）]。$f(x_{ki}; \alpha)$ 与 $g(x_{ki}; \beta)$ 函数形式选择依据如下：

第一，有学者在运用贾斯特与波珀（1978）随机生产函数模型时，平均生产函数及风险函数均采用柯布—道格拉斯（Cobb-Douglas）生产函数。格里菲斯与安德森（Griffiths & Anderson，1982）运用贾斯特与波珀（1978）随机生产函数模型 $y = f(X) + \varepsilon h(X)$，依据面板数据估计了正负边际风险，平均生产函数 $f(X)$ 采用了 $f(X) = \gamma \prod_{k=1}^{k} X_k^{\alpha h}$ 的形式，风险函数 $h(X)$ 采用了 $h(X) = \prod_{k=1}^{k} X_k^{\beta h}$ 的形式。库姆巴卡（2002）在研究挪威鲑鱼农场农户的生产风险、风险偏好和技术效率时运用的随机生产函数模型为 $y = f(x, z) + g(x, z)\varepsilon - q(x, z)u$，其中，$f(x, z)$，$g(x, z)$ 和 $q(x, z)$ 均使用了柯布—道格拉斯生产函数。其最初运用二次线性函数①回归上述3个风险函数，但平方项和交叉项未通过检验，因此其选择了柯布—道格拉斯生产函数代替了二次线性函数。

第二，学者在运用贾斯特与波珀（1978）随机生产函数模型时，平均生产函数采用二次线性函数形式，风险函数采用柯布—道格拉斯生产函数形式或其对数化后的函数形式。赫德（1994）和埃格特与特万特拉斯（2004）指出，选择二次线性函数 $f(x; \alpha) = \alpha_0 + \sum_{k=1}^{K} \alpha_k x_{ki} + \frac{1}{2} \sum_{k=1}^{K} \sum_{h=1}^{K} \alpha_{kh} x_{ki} x_{hi} + u_i$，$u \equiv g(x; \beta) \cdot \varepsilon$ 为平均生产函数可避免非线性计算方法的麻烦，并且在估计贾斯特与波珀（Just-Pope）生产函数中能更容易通过检验。塞拉等（2008）运用贾斯特与波珀（1978）提出的随机生产函数模型 $y^I = f(x^I, z^I, \alpha^I) + \sqrt{g(x^I, z^I, \beta^I)}\varepsilon$，基于西班牙耕种农民的案例，对种植作物的传统农场和有机农场农户的风险态度进行了对比研究。平均生产函数采用

---

① $f(x, z) = \alpha_0 + \sum_j \alpha_j x_j + \sum_q \delta_q z_q + \sum_j \sum_k \alpha_{jk} x_j x_k + \sum_q \sum_l \delta_{ql} z_q z_l + \sum_j \sum_q \gamma_{jq} x_j z_q$

$g(x, z) = \alpha_0 + \sum_j \alpha_j x_j + \sum_q d_q z_q + \sum_j \sum_k \alpha_{jk} x_j x_k + \sum_q \sum_l d_{ql} z_q z_l + \sum_j \sum_q c_{jq} x_j z_q$

$$f(x, z, \alpha) = (\alpha_0 + \alpha_0^o o) \sum_{i=1}^{2} (\alpha_i + \alpha_i^o o) x_i + (\alpha_3 + \alpha_3^o o) z_I$$
$$+ \sum_{i=1}^{2} \sum_{j=1}^{2} (\alpha_{ij} + \alpha_{ij}^o o) x_{ij} + \sum_{j=1}^{2} (\alpha_{i3} + \alpha_i^o o) x_i z_I$$

风险函数采用

$$g(x, z, \beta) = (\beta_0 + \beta_0^o o) x_1^{(\beta_1 + \beta_1^o o)} x_2^{(\beta_2 + \beta_2^o o)} z_1^{(\beta_3 + \beta_3^o o)}$$

即二次线性函数和柯布—道格拉斯生产函数的结构其中"o"为虚拟变量。库杜里（2009）通过贾斯特与波珀（1978）随机生产函数模型 $y = f(x, A; z) + g(x, A)e$，分析了农业政策变化对农民风险态度的影响。其中，$f(x, A; z)$ 采用二次线性函数，$g(x, A)$ 采用柯布—道格拉斯生产函数。加德布鲁克等（2010）运用贾斯特与波珀（1978）随机生产函数模型 $y_{it}(X_{it}, \varepsilon_{it}) = f(X_{it}) + \varepsilon_{it}\sqrt{h(X_{it})}$，$E(\varepsilon_{it}) = 0$，$var(\varepsilon_{it}) = \sigma_\varepsilon^2 > 0$，分析了有机农场主和传统农场主的生产技术和生产风险。$f(X_{it})$ 采用 $y_{it} = \alpha_i + \sum_{k=1}^{7} \alpha_i X_{kit} + \frac{1}{2}\sum_{k=1}^{7}\sum_{j=i}^{7} \alpha_{kj} X_{kit} X_{jit} + u_{it}$，$h(X_{it})$ 采用 $h(X_{it}) = \beta_i \prod_{k=1}^{7} X_{kit}^{\beta_k} \prod_{k=1}^{7} \prod_{j=1}^{7} e^{1/2 \beta_{kj} \ln x_j}$。毕加索—塔德奥与沃尔（2011）运用贾斯特与波珀（1978）随机生产函数模型 $y = f(x; \alpha) + g(x; \beta) \cdot \varepsilon$，以水稻产值为因变量，以土地面积、劳动力工时、资本成本、种子成本、肥料成本等为自变量，估计了西班牙东部潟湖沼泽自然公园（Albufera Natural Park）水稻种植户的随机生产函数。其中，$f(x; \alpha)$ 采用 $f(x; \alpha) = \alpha_0 + \sum_{k=1}^{K} \alpha_k x_{ki} + \frac{1}{2}\sum_{k=1}^{K}\sum_{h=1}^{K} \alpha_{kh} x_{ki} x_{hi} + u_i$，$g(x; \beta)$ 采用对数化后的柯布—道格拉斯生产函数 $\ln(\hat{u}_i^2) = \beta_0 + \sum_{k=1}^{K} \beta_k \ln x_{ki} + v_i$。在比较二次线性函数和柯布—道格拉斯生产函数时，由于3个投入变量都是负边际产量，最终选择二次线性函数估计平均生产函数。在风险函数的估计中，其最初也使用了二次线性函数，但由于所有回归结果均不显著，故其建立在AIC[①]和BIC[②]准则上最

[①] 赤池信息量准则（Akaike Information Criterion，AIC），是衡量统计模型拟合优良性的一种标准，是由日本统计学家赤池弘次创立和发展的。赤池信息量准则建立在熵的概念基础上，可以权衡所估计模型的复杂度和此模型拟合数据的优良性。

[②] BIC（Bayesian Information Criterion）贝叶斯信息准则与AIC相似，用于模型选择，1978年由施瓦茨（Schwarz）提出。

终选用了对数化后的柯布—道格拉斯生产函数。

5.2.2.2 变量选择依据

已有研究在分析生猪生产投入与产出时，无论是对散户还是对规模养殖户，涉及的投入指标主要有仔畜重量、饲料用量、劳动力和医疗防疫等。周咏（1999）选取精饲料、仔猪、劳动用工、其他投入要素以及技术变量（饲料转化率），运用超对数生产函数比较了生猪养殖的散户和专业户的生产效率。王明利和李威夷（2011）运用随机前沿方法，选取精饲料数量、劳动力、投入费用作为投入变量，运用超对数生产函数模型，基于《全国农产品成本收益资料汇编》数据，测算了2002—2009年全国15个生猪主产区的技术效率，从而计算出不同地区、不同规模的生猪生产率。闫振宇和徐家鹏（2012）运用DEA方法，选取精饲料数量、耗粮数量、家庭用工数和医疗防疫费为投入变量，测算我国2002—2009年东、中、西部地区29个省（区、市）生猪4种规模（散户、小规模、中规模和大规模）养殖方式的生产效率，指出我国生猪生产效率最高的养殖方式逐步由散养向大规模转变。王杜春和刘士奇（2013）选取国内畜牧业产值、国内农民人均纯收入、人均生猪出售量、玉米产量作为投入指标，运用柯布—道格拉斯生产函数对生猪生产波动的影响进行理论性分析，并提出可行的对策建议。

在以上分析投入产出的变量中既有数量指标（精饲料数量、耗粮数量和生猪出栏量等），又有价值指标（每头生猪的投入费用和医疗防疫费等），此外国外学者在运用柯布—道格拉斯生产函数分析投入产出时也涉及数量指标（土地面积、劳动力工时等）和价值指标（化肥费、种子费、植物保护费、总可变成本等）［毕加索—塔德奥与沃尔（2011）；库杜里（2009）］。

以上述文献对变量的选择为依据，以最近一次生猪实际出栏总重量为产出变量 y，仔畜重量（X_1）、饲料用量（X_2）、其他直间接总费用（X_3）和人工成本（X_4）为投入变量，总观察数为76户生猪养殖户。其中，生猪喂养的饲料是生产者采用精饲料与玉米混合而成；仔畜重量、饲料用量均以千克为单位计算；其他直间接总费用包括饲料加工费、水费、燃料动力费、医疗防疫费、死亡损失费、技术服务费、工具材料费和修理维护费等，因此，变量属于学者们研究的变量范围；每户用工成本由家庭用工折价和雇工费用组成，但雇工费用有 97.2% 的生产者未进行填写（见附录 G 中附表 7-2 的说明），因此只计算了家庭用工折价费用，其他直间接总费用及每户用工成本均以元为单位计算。

5.2.3 回归程序

5.2.3.1 描述性统计

依据调研时获得的 76 户中规模生猪生产者的出栏总重量、仔畜重量、饲料用量、其他直间接总费用、人工成本的数据进行描述性统计（见表 5-1）。

表 5-1　　　　　　　　　　生产变量的数据描述

变量	单位	均值 生猪重量/户	均值 生猪重量/每头	标准差 生猪重量/户	标准差 生猪重量/每头	最小值 生猪重量/户	最小值 生猪重量/每头	最大值 生猪重量/户	最大值 生猪重量/每头
y	千克	9585.43	112.62	5544.71	9.83	5512	100	27000	150
X_1	千克	1223.91	14.33	726.417	3.04	495	9	3800	25
X_2	千克	26571.44	311.86	15548.22	29.78	15000	250	75900	406
X_3	元	6281.30	72.49	4730.24	29.68	1195	23.29	31574	179.87
X_4	元	14149.22	191.09	2766.93	47.57	11200	102.40	23552	240

注：表中的描述性统计值分别为每户生猪与每头生猪的指标。

由表 5-1 可知，每户饲料用量的均值为 26571.44 千克，说明饲料在投入选择时的影响较大，而其每头的标准差为 29.78 千克，说明每头生猪饲料用量的差异较小；每头的其他直间接总费用的标准差差异较小，表明农户对于每头生猪的其他直间接总费用的投入基本相似；每户的人工成本的均值为 14149.22 元，标准差为 2766.927 元，差异较大，说明每户生猪生产者的劳动力投入有很大不同，每头生猪的人工成本的标准差较大；劳动力的投入波动幅度较大，说明劳动力投入存在明显的差异。

每头生猪的出栏重量（y）、仔畜重量（x_1）、饲料用量（x_2）、其他直间接总费用（x_3）和人工成本（x_4）的均值标准差等如表 5-1 所示。

5.2.3.2 数据检验

毕加索—塔德奥与沃尔（2011）和库杜里（2009）等在对二次线性函数、柯布—道格拉斯生产函数回归时，虽然对数据进行了描述性统计分析，但是未对数据进行 dw 检验。国内有部分学者在运用截面数据回归时对数据进行了自相关性检验。陈池波和张攀峰（2012）运用 dw 检验法分别对 2008 年和 2009 年 31 个省（区、市）居民消费支出、居民可支配收入、个人财富存量、社会保障支出的截面数据进行了相关性检验。李立威和李丹丹（2015）利用 2013 年 110 个国家的跨国截面数据对移动互联网扩散的影响因素进行实证检验时，也运用了 dw 检验法检验数据的相关性。

运用 Eviews 6.0 软件分别对 2 个变量组合（仔畜重量、饲料用量）、3 个变量组合（仔畜重量、饲料用量、其他直间接总费用；仔畜重量、饲料用量、人工成本）和 4 个变量组合（仔畜重量、饲料用量、其他直间接总费用、人工成本）的 ln(y)，ln(X_1)，ln(X_2)，ln(X_3) 和 ln(X_4) 的相关性进行了 dw 检验，结果如表 5 – 2 所示。依据 dw 检验表均可查到临界值 dl 和 du，可知所有检验结果残差序列无自相关，因此可对 4 组数据进行回归分析。

表 5 – 2　　　　　　　　　　dw 检验结果

变量组合	k	s	dl	du	dw	4 – du	4 – dl
①X_1、X_2	2	76	1.57	1.68	2.163171	2.32	2.43
②X_1、X_2、X_3	3	76	1.54	1.71	2.041959	2.29	2.46
③X_1、X_2、X_4	3	76	1.54	1.71	1.939523	2.29	2.46
④X_1、X_2、X_3、X_4	4	76	1.51	1.74	2.184305	2.26	2.49

注：1. 如果 0≤dw≤dl，残差序列正相关；如果 du＜dw＜4 – du，残差序列无自相关；如果 4 – dl＜dw≤4，残差序列负相关。其中，k 为变量数量，s 为样本容量。

2. X_1 为仔畜重量，X_2 为饲料用量，X_3 为其他直间接总费用，X_4 为人工成本。

5.2.4　结果分析

在确定平均生产函数 f(x_{ki}；α) 形式后，先估计平均生产函数，并获得平均生产函数预测值；用生产者实际产出减预测值得出余差值 û = y – f(x_{ki}；α) =

$g(x_{ki}; \beta) \cdot \varepsilon$，再将余差值 $\hat{u}$ 作为因变量估计风险函数，可通过风险函数的 p 值判断变量是否通过检验。

对于贾斯特与波珀（1978）的随机生产函数表达式可以通过最大似然法（ML）或可行广义最小二乘法（FGLS）进行估计。毕加索—塔德奥与沃尔（2011）指出 ML 估计可以更有效的估计方差函数参数，但其在研究中并未使用该方法进行估计，而是采用了 FGLS 进行估计。特万特拉斯与万（Tveteras & Wan, 2000）指出，ML 估计可能存在参数估计分散问题。此外，萨哈等（1997）发现，在小样本估计中 ML 估计优于 FGLS 估计，ML 更适用于 48～60 的样本数据。故选用 FGLS 估计法对 76 户生猪生产者估计随机生产函数，即分别估计平均生产函数和风险函数。

5.2.4.1 平均生产函数回归结果与分析

依据 FLGS 估计原理，对表 5-2 中 4 种不同的投入变量组合分别估计平均生产函数，结果如表 5-3 所示。依据表 5-3 的回归结果，对平均生产函数分析如下：

在平均生产函数回归中，变量组合①的一阶参数中 X_2 以 1% 水平显著，平方项中 X_1^2 以 1% 水平显著，交叉项 X_1X_2 以 5% 水平显著，其他均未通过检验；变量组合②的一阶参数中 X_2 以 1% 水平显著，平方项中 X_2^2 以 1% 水平显著，其他均未通过检验；变量组合③的一阶参数中 X_2 以 1% 水平显著，交叉项中 X_1X_2 以 1% 水平显著，X_1X_4 以 5% 水平显著，其他均未通过检验；变量组合④的一阶参数中 X_1 以 10% 水平显著，X_2 以 1% 水平显著，平方项中 X_3^2 以 5% 水平显著，X_4^2 以 10% 水平显著，交叉项中 X_1X_2、X_1X_4 以 5% 水平显著，其他均未通过检验。即投入要素 4 种不同组合条件下的平均生产函数均有变量的 p 值未通过检验。

这一结果与毕加索—塔德奥与沃尔（2011）的研究结果具有一致性，其在研究西班牙水稻种植户的生产风险、风险规避和风险态度中，平均生产函数估计有多项变量（劳动力、劳动力平方项、种子平方项、土地与资本交叉项等）的 p 值未通过检验。平均生产函数未通过检验说明 $y - f(x_{ki}; \alpha)$ 不是残差，随机波动的期望值不等于 0，故依据毕加索—塔德奥与沃尔（2011）的研究程序，可将 $y - f(x_{ki}; \alpha)$ 作为因变量回归风险函数。

第5章 中规模生猪生产者风险偏好类型分析

表 5-3　4 种组合平均生产函数 $f(x_{ki}; \alpha)$ 回归结果

	X_1, X_2 (变量组合①) 参数	标准差	t值	p值	X_1, X_2, X_3 (变量组合②) 参数	标准差	t值	p值	X_1, X_2, X_3, X_4 (变量组合③) 参数	标准差	t值	p值	X_1, X_2, X_3, X_4 (变量组合④) 参数	标准差	t值	p值
常数	175.5299	225.8188	0.7773	0.4396	-98.5113	220.5422	-0.4466	0.6566	-2913.39	3037.517	-0.959	0.3410	-3171.49	2691.474	-1.1784	0.2432
X_1	0.0215	0.3139	0.0684	0.9457	0.4253	0.3053	1.3928	0.1683	-2.1803	1.1618	-1.8766	0.0650	-2.0263	1.1344	-1.7862	0.0790
X_2	0.34735	0.0195	17.786	1.13E-27	0.3491	0.0186	18.8081	3.26E-28	0.3564	0.1083	3.2918	0.0016	0.3483	0.1036	3.3616	0.0013
X_3	—	—	—	—	-0.0048	0.0349	-0.1384	0.8904	—	—	—	—	-0.2106	0.1812	-1.1620	0.2497
X_4	—	—	—	—	—	—	—	—	0.6089	0.6004	1.0143	0.3142	0.7508	0.5306	1.4149	0.1622
X_1^2	0.00065	0.0002	2.6675	0.0094	0.0006	0.0002	2.9709	0.0041	0.0004	0.0003	1.5991	0.1146	0.0003	0.0002	1.2700	0.2089
X_2^2	6.03E-07	4.35E-07	1.3880	0.1695	2.06E-07	7.26E-07	0.2834	0.7778	1.79E-06	1.28E-06	1.3983	0.1667	1.62E-07	1.55E-06	0.1048	0.9169
X_3^2	—	—	—	—	8.53E-06	5.93E-06	1.4377	0.1552	—	—	—	—	1.4E-05	6.39E-06	2.1934	0.0321
X_4^2	—	—	—	—	—	—	—	—	-2.8E-05	3.12E-05	-0.9123	0.3649	-5E-05	2.76E-05	-1.8050	0.0760
X_1X_2	-4E-05	1.93E-05	-2.0721	0.0419	-3.2E-05	2.36E-05	-1.3685	0.1758	-6.2E-05	2.15E-05	-2.8936	0.0052	-5.8E-05	2.91E-05	-2.0010	0.0498
X_1X_3	—	—	—	—	-0.0001	7.8E-05	-1.4232	0.1594	—	—	—	—	-0.0001	9.89E-05	-1.3368	0.1863
X_1X_4	—	—	—	—	—	—	—	—	0.0002	0.0001	2.0226	0.0472	0.0003	0.0001	2.4765	0.0161
X_2X_3	—	—	—	—	1.84E-06	3.53E-06	0.5219	0.6035	—	—	—	—	-3E-06	3.92E-06	-0.7533	0.4542
X_2X_4	—	—	—	—	—	—	—	—	-3.3E-05	1.18E-05	-0.2807	0.7798	5.57E-06	1.09E-05	0.5086	0.6129
X_3X_4	—	—	—	—	—	—	—	—	—	—	—	—	2.09E-05	1.76E-05	1.1863	0.2401
R^2	0.9965				0.9973				0.9968				0.9979			
调整	0.9962				0.9970				0.9964				0.9974			

— 101 —

5.2.4.2 风险函数回归结果与分析

依据余差表达式 $\hat{u} = y - f(x_{ki}; \alpha) = g(x_{ki}; \beta) \cdot \varepsilon$（毕加索—塔德奥与沃尔，2011；哈维，1976）获得风险函数因变量值。毕加索—塔德奥与沃尔（2011）和哈维（1976）在运用柯布—道格拉斯生产函数回归风险函数时，对余差 $\hat{u}$ 平方且取自然对数线性化后的表达式为 $\ln(\hat{u}_i^2) = \beta_0 + \sum_{k=1}^{K} \beta_k \ln x_{ki} + v_i$，可获得 $g(\cdot)$ 和 $\partial g(\cdot)/\partial x_k$ 的连续估计。依据因变量值 $\hat{u}^2$，对表5-3中4种情况下的自变量组合分别回归，结果如表5-4所示。对 $[g(x_{ki}; \beta)]^2$ 取自然对数有 $\ln[g(x; \beta)]^2 = 2\ln[g(x; \beta)]$，有 $\ln[g(x; \beta)] = \frac{1}{2}\ln g[(x; \beta)]^2$。

表5-4 4种组合风险函数 $g(x_{ki}; \beta)$ 回归结果

变量组合		常数	$\ln(X_1)$	$\ln(X_2)$	$\ln(X_3)$	$\ln(X_4)$	R^2	调整 R^2
X_1、X_2	参数	-7.9321	-1.3666	2.2169	—	—	0.1396	0.1161
	标准差	3.8251	0.6041	0.6828	—	—		
	t值	-2.0737	-2.2623	3.2470	—	—		
	p值	0.0416	0.0267	0.0018	—	—		
X_1、X_2、X_3	参数	-6.7748	-0.3666	1.3534	0.0603	—	0.1740	0.1396
	标准差	3.1999	0.4977	0.6301	0.2919	—		
	t值	2.1171	-0.7366	2.1481	0.2066	—		
	p值	0.0377	0.4638	0.0351	0.8369	—		
X_1、X_2、X_4	参数	10.9311	-0.6321	1.9198	—	-2.2064	0.0941	0.0564
	标准差	12.1501	0.5316	0.7593	—	1.8652		
	t值	0.8997	-1.1890	2.5285	—	-1.1829		
	p值	0.3713	0.2383	0.0136	—	0.2407		
X_1、X_2、X_3、X_4	参数	-1.8765	0.8497	-0.7016	-0.0887	0.8802	0.0383	-0.0159
	标准差	16.2420	0.7112	1.0888	0.3988	2.4915		
	t值	-0.1155	1.1948	-0.6443	-0.2225	0.3533		
	p值	0.9083	0.2362	0.5214	0.8246	0.7249		

依据表5-4的回归结果，对风险函数分析如下：

第一，仔畜重量和饲料用量通过风险函数检验。

在生猪生产者风险函数估计中，当投入变量为仔畜重量与饲料用量2个变量时，仔畜重量与饲料用量分别以5%和1%的水平均通过显著性检验（见变量组合①）；在3个投入变量组合的两种条件下只有饲料用量以5%显著水平通过检验（见变量组合②和③）；而在4个投入变量组合的条件下所有变量均未通过检验（见变量组合④）。故仔畜重量、饲料用量影响中规模生猪生产者的生产投入决策。

第二，仔畜重量是风险产量减少型投入要素，即相对于平均产量（平均生产函数）来说，仔畜重量的增加会减少风险产量；饲料用量是风险产量增加型投入要素，即相对于平均产量来说，饲料用量的增加会增加风险产量；且风险产量对仔畜重量与饲料用量变化敏感（弹性绝对均大于1）。

依据投入要素对产出方差的影响是增加、减少或无影响，投入要素可分为风险产量增加型、风险产量减少型与风险产量中立型［贾斯特与波珀（1978）；毕加索—塔德奥与沃尔（2011）；库姆巴卡（2002）；库杜里（2009）］。

由通过检验的风险函数 $g(x_{ki}; \beta)$ 回归结果可知，仔畜重量这一要素的产出弹性值为 -1.3666，这表明仔畜重量的变化方向与风险产量的变化方向相反，仔畜重量的增加会减少产量的波动程度，风险产量会在平均风险产量水平上减少，属于风险产量减少型投入要素。

饲料用量这一要素的产出弹性值为2.2169，这表明饲料用量的变化方向与风险产量的变化方向相同，饲料用量的增加会增加风险产量，风险产量会在平均产量水平上增加，属于风险产量增加型投入要素。

加德布鲁克等（2010）指出，有机肥料在有机农场中是风险产量增加型投入要素，在传统农场中是风险产量减少型投入要素；而劳动力和其他可变投入对于两种类型的农场都是风险产量增加型投入要素，资金和土地对于两种类型的农场来说都是风险产量减少型投入要素。毕加索—塔德奥与沃尔（2011）指出，土地面积、药剂、劳动力工时的增加会减少水稻的风险产值，属于风险产量减少型投入要素，即土地、药剂和劳动力的减少能增加风险产量；资本成本、种子成本、肥料成本的增加会增加水稻产值，属于风险产量增加型投入要素，即这些生产要素的增加可以使风险产量增加。

由于风险产量的饲料用量的弹性值大于风险产量的仔畜重量弹性值,故风险产量对饲料用量的变化更加敏感,即与仔畜重量相比,饲料用量更容易使生猪出栏量发生波动。

5.3 生猪生产者平均风险规避系数分析

5.3.1 生产者平均风险规避系数计算

依据公式(1)计算的预期利润为

$$\pi_i = p_i \cdot y_i - \sum_{k=1}^{2}\omega_{ki}x_{ki} = p_i \cdot [f(x_{ki}; \alpha) + g(x_{ki}; \beta)\varepsilon] - \sum_{k=1}^{2}\omega_{ki}x_{ki} \quad (i = 1, 2, 3, \cdots, 76)$$

ω_{ki} 为投入要素价格,p_i 为产出价格。假设生产者利润的预期效用最大化 $\{Max[U(\pi)]\}$,且 $U(\cdot)$ 为预期利润连续可微函数 [库姆巴卡(2002);库杜里(2009);毕加索—塔德奥与沃尔(2011);库姆巴卡(2010)]。依据库姆巴卡(2010)推导过程,预期利润最大化 $[Max(\pi)]$ 与预期效用最大化 $\{Max[U(\pi)]\}$ 的一阶条件为

$$E[U'(\pi)] \cdot \left[p_i \cdot \frac{\partial f(x_{ki}; \alpha)}{\partial x_{ki}} + p_i \cdot \frac{\partial g(x_{ki}; \beta)}{\partial x_{ki}} \cdot \varepsilon - \omega_{ki}\right] = 0$$

$$E[U'(\pi)] \cdot p_i \cdot \frac{\partial f(x_{ki}; \alpha)}{\partial x_{ki}} + E[U'(\pi)] \cdot p_i \cdot \frac{\partial g(x_{ki}; \beta)}{\partial x_{ki}} \cdot \varepsilon - E[U'(\pi)] \cdot \omega_{ki} = 0$$

除以 $E(U'(\pi)) \cdot p_i$,有:$\frac{\partial f(x_{ki}; \alpha)}{\partial x_{ki}} + \frac{E[U'(\pi) \cdot \varepsilon]}{E[U'(\pi)]} \cdot \frac{\partial g(x_{ki}; \beta)}{\partial x_{ki}} - \frac{\omega_{ki}}{p_i} = 0$

$$\frac{\partial f(x_{ki}; \alpha)}{\partial x_{ki}} - \frac{\omega_{ki}}{p_i} + \frac{\partial g(x_{ki}; \beta)}{\partial x_{ki}}\theta(\cdot) = 0 \quad (2)$$

依据泰勒展开式有

$$\theta(\cdot) = \frac{E[U'(\pi) \cdot \varepsilon]}{E[U'(\pi)]} = \frac{E\{[U'(\pi) + U''(\pi) \cdot p_i \cdot g(x_{ki}; \beta) + \cdots]\varepsilon\}}{E\{[U'(\pi) + U''(\pi) \cdot p_i \cdot g(x_{ki}; \beta) + \cdots]\}} =$$

$\frac{U''(\pi) \cdot p_i \cdot g(x_{ki}; \beta)}{U'(\pi)}$ (库姆巴卡,2001;毕加索—塔德奥与沃尔,2011;库

姆巴卡，2010）。

$r_{A_{ki}}(\pi) = -\dfrac{U''(\pi)}{U'(\pi)}$ 为 Arrow – Pratt 绝对风险规避系数（阿罗，Arrow，1971；普拉特，Pratt，1964），且当 $r_{A_{ki}}(\pi) < 0(>0， =0)$ 生产者表现为对该投入要素风险追求（风险规避、风险中立），即 $\theta(\cdot) = -r_{A_{ki}}(\pi) \cdot p_i \cdot g(x_{ki}; \beta)$。可见，风险偏好函数 $\theta(\cdot)$ 值的正负也可反映生产者的风险态度，$\theta(\cdot)$ 大于 0 表明生产者为风险追求型，$\theta(\cdot)$ 小于 0 表明生产者为风险规避型，$\theta(\cdot)$ 等于 0 表明生产者为风险中立型［查姆贝尔斯（Chambers，1983）；库姆巴卡（2002）］。

把 $\theta(\cdot)$ 代入效用最大化公式（2）中，可得效用最大化投入公式

$$\frac{\partial f(x_{ki}; \alpha)}{\partial x_{ki}} = \frac{\omega_{ki}}{p_i} + r_{A_{ki}}(\pi) \cdot g(x_{ki}; \beta) \cdot p_i \frac{\partial g(x_{ki}; \beta)}{\partial x_{ki}} \qquad (3)$$

由于要依据 $f(x_{ki}; \alpha)$ 与 $g(x_{ki}; \beta)$ 的估计函数计算 $r_{A_{ki}}(\pi)$，故将 $r_{A_{ki}}(\pi)$ 的表达式写为公式（4）的形式：

$$r_{A_{ki}}(\pi) = \frac{\dfrac{\partial f(x_{ki}; \hat{\alpha})}{\partial x_{ki}} - \dfrac{\omega_{ki}}{p_i}}{p_i \cdot g(x_{ki}; \hat{\beta}) \cdot \dfrac{\partial g(x_{ki}; \hat{\beta})}{\partial x_{ki}}} \qquad (4)$$

依据生产者投入要素风险规避系数的平均值可获得其平均风险规避系数 $r_{A_i} = \dfrac{1}{2} \sum_{k=1}^{k} r_{A_{ki}}$（k = 1，仔畜重量；k = 2，饲料用量）［毕加索—塔德奥与沃尔（2011）］，且依据 r_{A_i} 的正负号可判断生产者的风险偏好类型，依据其大小可判断其风险规避程度。依据平均生产函数 $f(x_{ki}; \alpha)$（见表 5 - 3）和风险函数 $g(x_{ki}; \beta)$（见表 5 - 4）以及 $\partial g(x_{ki}; \beta)/\partial x_{ki}$，根据公式（4）计算的仔畜重量风险规避系数（$r_{Ax_{1i}}$）、饲料用量风险规避系数（$r_{Ax_{2i}}$）及中规模生猪生产者平均风险规避系数（$r_{Ai}^0$），[1] 结果如表 5 - 5 所示。

由于在第 6 章分析生猪生产者供给决策时需调整仔畜价格、饲料价格与生猪出栏价格，通过生猪生产者的平均风险规避系数和盈亏值的变化，进而分析变化的效用值对决策的影响，故将平均风险规避系数称为初始平均风险

---

[1] 该系数为初始平均风险规避系数 r_{Ai}^0，因为在第 6 章中还需计算调整风险规避系数，初始风险规避系数的标志为"0"，调整后则用"1、2、3、4、5"表示，见表 6 - 2、表 6 - 3 和表 6 - 4。

表 5-5　生猪生产者平均风险规避系数

农户序号	出栏量（头）	p_i	$\dfrac{\partial f(x_{1i})}{\partial x_{1i}}$	$\dfrac{\partial f(x_{2i})}{\partial x_{2i}}$	$g(x)$	$\dfrac{\partial g(x_{1i})}{\partial x_{1i}}$	$\dfrac{\partial g(x_{2i})}{\partial x_{2i}}$	ω_{1i}	$\dfrac{\omega_{1i}}{p_i}$	ω_{2i}	$\dfrac{\omega_{2i}}{p_i}$	$r_{Ax_{1i}}$	$r_{Ax_{2i}}$	r_{Ai}^0
1	52	13.4	0.5838	0.3288	63.2156	−0.0923	0.0090	16	1.19	3.04	0.23	0.0078	0.0134	0.0106
2	52	13.4	0.4972	0.3315	73.5050	−0.1136	0.0101	14	1.04	3.06	0.23	0.0049	0.0103	0.0076
3	53	12.8	0.4144	0.3341	76.4585	−0.1314	0.0110	14	1.09	3.30	0.26	0.0053	0.0071	0.0062
4	80	13.6	1.3559	0.3041	59.4818	−0.0462	0.0059	15	1.10	2.94	0.22	−0.0068	0.0185	0.0059
5	79	13.0	0.4439	0.3327	136.7677	−0.1690	0.0124	16	1.23	3.06	0.24	0.0026	0.0044	0.0035
6	86	10.4	0.6590	0.3259	115.3931	−0.1222	0.0103	20	1.92	3.13	0.30	0.0086	0.0020	0.0053
7	60	13.2	0.5943	0.3283	77.1956	−0.1034	0.0095	20	1.52	3.33	0.25	0.0087	0.0079	0.0083
8	50	13.6	0.2523	0.3391	117.5121	−0.2141	0.0145	14.6	1.07	3.04	0.22	0.0024	0.0050	0.0037
9	50	13.6	0.2523	0.3391	117.5121	−0.2141	0.0145	14.6	1.07	3.09	0.23	0.0024	0.0048	0.0036
10	60	13.4	0.2423	0.3394	128.5114	−0.2252	0.0148	20	1.49	3.04	0.23	0.0032	0.0044	0.0038
11	52	13.5	0.4313	0.3336	79.8541	−0.1312	0.0110	20	1.48	3.07	0.23	0.0074	0.0090	0.0082
12	52	12.4	−0.0886	0.3498	224.6914	−0.5905	0.0259	16	1.29	3.14	0.25	0.0008	0.0013	0.0011
13	69	13.4	0.1006	0.3437	181.8441	−0.3274	0.0183	25	1.87	3.13	0.23	0.0022	0.0025	0.0023
14	59	13.6	−0.0697	0.3492	215.2473	−0.5540	0.0250	25	1.84	2.97	0.22	0.0012	0.0018	0.0015
15	150	13.6	0.1234	0.3417	347.4475	−0.3165	0.0171	25	1.84	3.31	0.24	0.0011	0.0012	0.0012
16	160	13.6	0.1942	0.3394	340.4730	−0.2908	0.0163	25	1.84	3.37	0.25	0.0012	0.0012	0.0012
17	58	13.6	−0.0682	0.3492	212.1411	−0.5554	0.0250	23	1.69	3.28	0.24	0.0011	0.0015	0.0013

续表

农户序号	出栏量(头)	p_i	$\frac{\partial f(x_{1i})}{\partial x_{1i}}$	$\frac{\partial f(x_{2i})}{\partial x_{2i}}$	$g(x)$	$\frac{\partial g(x_{1i})}{\partial x_{1i}}$	$\frac{\partial g(x_{2i})}{\partial x_{2i}}$	ω_{1i}	$\frac{\omega_{1i}}{p_i}$	ω_{2i}	$\frac{\omega_{2i}}{p_i}$	$r_{Ax_{1i}}$	$r_{Ax_{2i}}$	r_{Ai}^0
18	63	13.4	0.0895	0.3442	154.1327	-0.3343	0.0187	23	1.72	3.13	0.23	0.0024	0.0029	0.0026
19	130	13.3	0.9940	0.3144	186.7396	-0.1227	0.0100	25	1.88	2.99	0.23	0.0029	0.0036	0.0033
20	52	13.6	0.0153	0.3467	162.8577	-0.4280	0.0217	24	1.76	2.92	0.22	0.0018	0.0027	0.0023
21	230	13.6	-0.0060	0.3442	576.5993	-0.3426	0.0174	24	1.76	2.92	0.22	0.0007	0.0009	0.0008
22	52	13.6	0.0360	0.3460	151.7894	-0.3989	0.0209	23	1.69	2.92	0.21	0.0020	0.0031	0.0025
23	50	14.0	0.1742	0.3417	109.5807	-0.2496	0.0160	19.5	1.39	3.06	0.22	0.0032	0.0050	0.0041
24	50	14.0	0.0306	0.3461	168.9569	-0.4016	0.0208	20	1.43	2.97	0.21	0.0015	0.0027	0.0021
25	50	10.8	0.2922	0.3379	103.5266	-0.1886	0.0135	15	1.39	2.89	0.27	0.0052	0.0046	0.0049
26	200	10.8	0.3912	0.3319	460.3673	-0.2516	0.0146	20	1.85	2.96	0.27	0.0012	0.0008	0.0010
27	142	13.2	0.6908	0.3239	236.6511	-0.1687	0.0119	20.5	1.55	3.02	0.23	0.0016	0.0026	0.0021
28	51	13.6	0.1436	0.3426	129.2416	-0.2816	0.0170	20.5	1.51	3.12	0.23	0.0028	0.0038	0.0033
29	60	12.0	0.2283	0.3398	126.3723	-0.2303	0.0151	20	1.67	2.66	0.22	0.0041	0.0052	0.0047
30	56	12.2	0.2593	0.3390	102.7933	-0.2007	0.0140	16	1.31	3.23	0.26	0.0042	0.0042	0.0042
31	65	13.4	0.3994	0.3343	121.1148	-0.1698	0.0125	18	1.34	3.01	0.22	0.0034	0.0054	0.0044
32	230	11.6	0.4848	0.3286	481.1646	-0.2382	0.0141	18	1.55	3.01	0.26	0.0008	0.0009	0.0008
33	50	13.0	0.6055	0.3281	61.0691	-0.0878	0.0087	16	1.23	2.92	0.22	0.0090	0.0150	0.0120
34	50	11.6	0.3395	0.3364	99.8174	-0.1705	0.0127	18	1.55	2.95	0.25	0.0061	0.0056	0.0059

续表

农户序号	出栏量(头)	p_i	$\dfrac{\partial f(x_{1i})}{\partial x_{1i}}$	$\dfrac{\partial f(x_{2i})}{\partial x_{2i}}$	$g(x)$	$\dfrac{\partial g(x_{1i})}{\partial x_{1i}}$	$\dfrac{\partial g(x_{2i})}{\partial x_{2i}}$	ω_{1i}	$\dfrac{\omega_{1i}}{p_i}$	ω_{2i}	$\dfrac{\omega_{2i}}{p_i}$	$r_{Ax_{1i}}$	$r_{Ax_{2i}}$	r_{Ai}^0
35	200	11.6	2.0200	0.2805	263.5047	−0.0948	0.0083	18	1.55	2.89	0.25	−0.0016	0.0012	−0.0002
36	200	11.6	1.4242	0.2999	254.9675	−0.1161	0.0094	25	2.16	3.03	0.26	0.0021	0.0014	0.0018
37	150	12.0	0.2535	0.3375	328.0141	−0.2717	0.0156	25	2.08	2.95	0.25	0.0017	0.0015	0.0016
38	100	14.0	2.0495	0.2819	62.8001	−0.0343	0.0049	20	1.43	2.97	0.21	−0.0206	0.0163	−0.0022
39	73	13.4	0.9617	0.3166	67.2323	−0.0662	0.0073	13.2	0.99	2.94	0.22	0.0004	0.0148	0.0076
40	89	13.5	0.7940	0.3216	108.7775	−0.1044	0.0093	13.1	0.97	3.02	0.22	0.0012	0.0071	0.0041
41	62	13.4	0.4811	0.3319	87.3665	−0.1284	0.0108	13.2	0.99	3.23	0.24	0.0034	0.0072	0.0053
42	71	13.6	0.7561	0.3231	76.4419	−0.0865	0.0085	13.6	1.00	3.11	0.23	0.0027	0.0107	0.0067
43	104	13.4	1.1877	0.3090	105.7191	−0.0772	0.0078	13.3	0.99	3.08	0.23	−0.0018	0.0072	0.0027
44	65	13.4	0.7763	0.3226	65.5848	−0.0766	0.0080	13.3	0.99	3.11	0.23	0.0032	0.0129	0.0081
45	107	13.4	0.9075	0.3177	137.1508	−0.1095	0.0095	13.2	0.99	3.10	0.23	0.0004	0.0050	0.0027
46	53	13.5	0.3472	0.3363	84.0180	−0.1547	0.0121	13.5	1.01	3.02	0.23	0.0038	0.0081	0.0060
47	143	13.5	1.2627	0.3060	162.8009	−0.0972	0.0087	13.4	0.99	3.16	0.23	−0.0013	0.0037	0.0012
48	74	13.4	0.8513	0.3200	79.1546	−0.0812	0.0082	13.4	1.00	3.02	0.23	0.0017	0.0109	0.0063
49	192	13.3	1.9313	0.2841	192.5248	−0.0806	0.0077	13.2	0.99	3.02	0.23	−0.0045	0.0029	−0.0008
50	93	13.4	0.7916	0.3216	121.7345	−0.1118	0.0097	13.2	0.99	3.19	0.24	0.0011	0.0053	0.0032
51	220	13.2	1.0950	0.3101	311.8683	−0.1490	0.0108	13.3	1.01	3.08	0.23	−0.0001	0.0017	0.0008

第 5 章　中规模生猪生产者风险偏好类型分析

续表

农户序号	出栏量(头)	p_i	$\dfrac{\partial f(x_{1i})}{\partial x_{1i}}$	$\dfrac{\partial f(x_{2i})}{\partial x_{2i}}$	$g(x)$	$\dfrac{\partial g(x_{1i})}{\partial x_{1i}}$	$\dfrac{\partial g(x_{2i})}{\partial x_{2i}}$	ω_{1i}	$\dfrac{\omega_{1i}}{p_i}$	ω_{2i}	$\dfrac{\omega_{2i}}{p_i}$	$r_{Ax_{1i}}$	$r_{Ax_{2i}}$	r_{Ai}^0
52	58	13.4	0.4514	0.3329	82.5500	−0.1297	0.0109	13.2	0.98	3.13	0.23	0.0037	0.0083	0.0060
53	120	13.3	0.8631	0.3189	165.1371	−0.1254	0.0102	13.4	1.01	3.10	0.23	0.0005	0.0038	0.0022
54	62	13.3	0.6630	0.3262	68.1203	−0.0883	0.0087	13.3	1.00	3.16	0.24	0.0042	0.0112	0.0077
55	170	13.6	1.2138	0.3070	222.0593	−0.1190	0.0097	13.1	0.96	3.15	0.23	−0.0007	0.0026	0.0009
56	55	13.7	−0.0218	0.3478	177.3495	−0.4896	0.0234	20	1.46	2.97	0.22	0.0012	0.0023	0.0018
57	60	13.6	0.1119	0.3435	151.5727	−0.3138	0.0180	20	1.47	2.90	0.21	0.0021	0.0035	0.0028
58	50	14.0	0.3756	0.3353	88.7170	−0.1515	0.0119	24	1.71	3.00	0.21	0.0071	0.0082	0.0076
59	70	14.0	0.3351	0.3363	126.9787	−0.1907	0.0134	23	1.64	3.03	0.22	0.0039	0.0050	0.0044
60	60	13.8	0.4423	0.3331	91.5959	−0.1391	0.0113	24	1.74	2.97	0.22	0.0074	0.0083	0.0078
61	61	14.0	0.3191	0.3370	104.7779	−0.1806	0.0131	24	1.71	3.00	0.21	0.0053	0.0064	0.0058
62	52	14.0	0.2337	0.3398	106.0547	−0.2144	0.0146	24	1.71	2.95	0.21	0.0047	0.0060	0.0053
63	60	13.0	0.4423	0.3331	91.5959	−0.1391	0.0113	25	1.92	3.09	0.24	0.0089	0.0071	0.0080
64	61	13.0	0.6745	0.3259	62.4909	−0.0824	0.0084	25	1.92	3.10	0.24	0.0187	0.0128	0.0157
65	63	13.8	0.4565	0.3327	83.7453	−0.1298	0.0109	25	1.81	3.10	0.22	0.0090	0.0086	0.0088
66	70	14.0	0.4845	0.3316	112.2977	−0.1462	0.0115	25	1.79	3.12	0.22	0.0057	0.0060	0.0058
67	75	8.6	0.6074	0.3278	95.0287	−0.1154	0.0100	20	2.33	2.84	0.33	0.0182	−0.0003	0.0089
68	50	9.0	0.1022	0.3439	140.4385	−0.3199	0.0183	20	2.22	3.03	0.34	0.0052	0.0003	0.0028

— 109 —

续表

农户序号	出栏量(头)	p_i	$\frac{\partial f(x_{1i})}{\partial x_{1i}}$	$\frac{\partial f(x_{2i})}{\partial x_{2i}}$	$g(x)$	$\frac{\partial g(x_{1i})}{\partial x_{1i}}$	$\frac{\partial g(x_{2i})}{\partial x_{2i}}$	ω_{1i}	$\frac{\omega_{1i}}{p_i}$	ω_{2i}	$\frac{\omega_{2i}}{p_i}$	$r_{Ax_{1i}}$	$r_{Ax_{2i}}$	r_{Ai}^0
69	60	8.4	0.2984	0.3375	137.2181	-0.2084	0.0141	25	2.98	3.04	0.36	0.0112	-0.0015	0.0048
70	70	16.0	0.4660	0.3319	148.6305	-0.1707	0.0124	20	1.25	2.94	0.18	0.0019	0.0050	0.0035
71	80	8.0	0.2437	0.3386	228.7816	-0.2605	0.0156	25	3.13	3.08	0.39	0.0060	-0.0016	0.0022
72	52	8.5	-0.0263	0.3479	186.2844	-0.4896	0.0234	25	2.94	2.93	0.35	0.0038	0.0001	0.0020
73	50	8.4	0.0457	0.3455	180.4891	-0.3795	0.0200	25	2.98	3.30	0.39	0.0051	-0.0016	0.0018
74	60	14.0	0.1622	0.3420	129.8109	-0.2688	0.0165	25	1.79	2.95	0.21	0.0033	0.0044	0.0038
75	70	16.0	0.2839	0.3378	161.4958	-0.2252	0.0146	25	1.56	3.07	0.19	0.0022	0.0039	0.0030
76	60	10.0	0.5622	0.3295	61.1421	-0.0928	0.0090	25	2.50	2.98	0.30	0.0341	0.0058	0.0199

注：1. x_{1i} 为仔畜重量，x_{2i} 为饲料用量；ω_{1i} 为生猪出栏价格，ω_{2i} 为仔畜价格，p_i 为饲料价格；ω_{1i}/p_i 为生猪出栏价格与饲料价格相对值，ω_{2i}/p_i 为仔畜价格与生猪出栏价格相对值；$r_{Ax_{1i}}$ 为生猪出栏价格风险规避系数，$r_{Ax_{2i}}$ 为仔畜重量风险规避系数，r_{Ai}^0 为生产者平均风险规避系数，$i=1,\cdots,76$。

2. $y=f(x_{1i};\alpha)+g(x_{ki};\alpha)\cdot\varepsilon$;

$f(x;\alpha)=\alpha_0+\alpha_1x_1+\alpha_2x_2+\alpha_3x_1^2+\alpha_4x_2^2+\alpha_5x_1x_2 = 175.53+0.02x_1+0.35x_2+0.0006x_1^2+(6.03E-0.7)x_2^2+(-4E-0.5)x_1x_2$ (见表5-3)；

$\frac{\partial f(x_{1i})}{\partial x_{1i}}=0.02+(0.0006)\cdot2x_1+(-4E-0.5)x_2$；$\frac{\partial f(x_{2i})}{\partial x_{2i}}=0.35+(6.03E-0.7)\cdot2x_2+(-4E-0.5)x_1$；$\hat{u}_i^2=g(x;\beta)$ (见表5-4)；

$\ln g(x;\beta)=\ln A+\beta_1\ln x_1+\beta_2\ln x_2=-7.93+(-1.37)\ln x_1+2.22\ln x_2$；$\ln A=e^{-7.93}=0.000359$；

$g(x;\beta)=Ax_1^{\beta_1}x_2^{\beta_2}=0.000359\cdot x_1^{(-1.37)}\cdot x_2^{2.22}$；$\frac{\partial g(x_{1i})}{\partial x_{1i}}=0.000359\cdot(-1.37)x_1^{(-1.37-1)}\cdot x_2^{2.22}$；$\frac{\partial g(x_{2i})}{\partial x_{2i}}=0.000359\cdot2.22x_2^{(2.22-1)}\cdot x_1^{-1.37}$。

3. 在上述函数表达式中，部分系数在本书写时仅保留了两位小数，但是在实际计算时，在电子表格中均保留六位以上，然后四舍五入后，保留四位小数列入表中。

规避系数（r_{Ai}^0）、盈亏值为初始盈亏值（π_i^0）、效用值为初始效用值（U_i^0），调整后如表6-2、表6-3、表6-4所示。

表5-6是仔畜重量、饲料用量风险规避系数及生产者平均风险规避系数的平均数、标准差、最小值和最大值的描述性统计。

表5-6　　　　　　　　　风险规避系数描述性统计

风险规避系数	平均值	标准差	最小值	最大值
r_{Ai}^0	0.0036	0.0060	-0.0206	0.0341
$r_{Ax_1i}^0$	0.0052	0.0043	-0.0016	0.0185
$r_{Ax_2i}^0$	0.0044	0.0036	-0.0022	0.0199

注：参照毕加索—塔德奥与沃尔（2011）在研究西班牙水稻种植户风险偏好时对要素和生产者风险规避系数的描述性统计，将计算的黑龙江省中规模生猪生产者的上述指标进行描述。

如表5-6所示，r_{Ai}的最小值与最大值整体波动幅度较小，说明风险规避程度差异较小生猪养殖户的风险规避表现出趋同性。其中，r_{Ai}的波动范围是-0.0022~0.0199，平均值为0.0044。这一结果与毕加索—塔德奥与沃尔（2011）的研究结果具有一致性，其测算的农户平均风险规避系数范围为-0.00043~0.2767，平均值为0.0027。76户的仔畜重量风险规避系数最大值与最小值的差为0.0547，大于饲料用量风险规避系数最大值与最小值的差0.0201，说明生产者对仔畜重量的风险规避波动幅度大于饲料用量。仔畜重量风险规避系数r_{Ax_1i}的平均值比饲料用量风险规避系数r_{Ax_2i}的平均值大，表明生产者对饲料用量的风险规避程度高于仔畜重量。r_{Ax_2i}的标准差小于r_{Ax_1i}的标准差，说明生产者对饲料用量风险规避程度的差异小于仔畜重量。

5.3.2　结果分析

5.3.2.1　关于投入要素风险规避系数分析

由表5-5可知，有8户生猪生产者对仔畜重量这一要素表现为风险追求，即这些生猪生产者仔畜重量这一要素的风险规避系数$r_{Ax_1i}<0$（农户序号分别为4号、35号、38号、43号、47号、49号、51号、55号），有68户生猪生

产者对仔畜重量表现为风险规避（$r_{Ax_{1i}} > 0$）；有 4 户生猪生产者对饲料用量这一要素表现为风险追求，即这些生猪生产者饲料用量这一要素的风险规避系数 $r_{Ax_{2i}} < 0$（农户序号分别为 67 号、69 号、71 号、73 号），有 72 户生猪生产者对饲料用量表现为风险规避（$r_{Ax_{2i}} > 0$）。

由 5.3.1 节中的公式（4）可导出 $r_{A_{k}(i)}(\pi) = \dfrac{p_i \cdot \dfrac{\partial f(x_{ki};\ \hat{\alpha})}{\partial x_{ki}} - \omega_{ki}}{p_i^2 \cdot g(x_{ki};\ \hat{\beta}) \cdot \dfrac{\partial g(x_{ki};\ \hat{\beta})}{\partial x_{ki}}}$。

从分母来看 p_i^2 为生猪出栏价格的平方，为正值，$g(x_{ki};\ \hat{\beta})$（数值见表 5-5）为正数，$\dfrac{\partial g(x_{ki};\ \hat{\beta})}{\partial x_{ki}}$ 为风险函数边际产量表达式（数值见表 5-5），当 $k=1$（仔畜重量）时，该边际产量值为负数，当 $k=2$（饲料用量）时，该边际产量值为正数。从分子来看，$p_i \cdot \dfrac{\partial f(x_{ki};\ \hat{\alpha})}{\partial x_{ki}}$ 的含义是每增加一单位仔畜重量或饲料用量而带来的生猪养殖边际收益。当该边际收益大于（小于）ω_{ki} 时，分子就分别表现为正数与负数。

第一，关于仔畜重量风险规避系数的分析。

当仔畜要素风险规避系数 $r_{Ax_{1i}}$ 为正数时，$p_i \cdot \dfrac{\partial f(x_{ki};\ \hat{\alpha})}{\partial x_{ki}} < \omega_{ki}$，表明一单位仔畜重量的投入带来的产出小于一单位仔畜重量的投入成本，即该种要素给生猪生产者带来负收益。这一结果表明，当仔畜重量这一要素表现为风险规避时，倾向于购买体重小的仔畜或者减少仔畜购买数量。这样仔畜投入较少，防止生猪出栏价格过低影响收益。同理，当仔畜要素风险规避系数 $r_{Ax_{1i}}$ 为负数时 $p_i \cdot \dfrac{\partial f(x_{ki};\ \hat{\alpha})}{\partial x_{ki}} > \omega_{ki}$，表明一单位仔畜重量的投入带来的产出大于一单位仔畜重量的投入成本，即该种要素给生猪生产者带来正收益。这一结果表明，当仔畜重量这一要素表现为风险追求时，倾向于购买体重大的仔畜或者增加仔畜购买数量。这样仔畜投入虽然较多，但并不担心生猪出栏价格过低影响收益。

第二，关于饲料用量风险规避系数的分析。

当 $k=2$（饲料用量）时，由于 $\dfrac{\partial g(x_{ki};\ \hat{\beta})}{\partial x_{ki}}$ 为正，所以导出式的分母为正，

即当饲料用量风险规避系数为正时 $p_i \cdot \frac{\partial f(x_{ki};\hat{\alpha})}{\partial x_{ki}} > \omega_{ki}$，表明一单位饲料用量的投入带来的产出大于一单位饲料用量的投入成本，即该种要素给生猪生产者带来正收益。这一结果表明，当饲料用量这一要素表现为风险追求时，倾向于增加饲料购买数量。同理，当饲料用量风险规避系数 $r_{Ax_{1i}}$ 为负数时，$p_i \cdot \frac{\partial f(x_{ki};\hat{\alpha})}{\partial x_{ki}} < \omega_{ki}$，表明一单位饲料用量的投入带来的产值小于一单位饲料用量的投入成本，即该种要素给生猪生产者带来负收益。这一结果表明，当饲料用量这一要素表现为风险规避时，生产者倾向于减少饲料投入数量这一现象主要体现在生猪将要出栏时，饲料转化率低，饲料用量的增加，对生猪出栏重量的贡献较低，同时，也受生猪出栏价格与饲料平均价格的影响。

5.3.2.2　关于中规模生猪生产者风险偏好类型的分析

生猪生产者平均风险规避系数 r_{Ai} 是投入要素风险规避系数的平均值，故 r_{Ai} 值处于 $r_{Ax_{1i}}$ 与 $r_{Ax_{2i}}$ 之间。在76户生猪生产者中，平均风险规避系数 r_{Ai} 值为正数的有73户，占调研生产者的96%；平均风险规避系数为负数的有3户（农户序号为35号、38号和49号），占调研生产者的4%。

5.4　讨　　论

5.4.1　关于函数形式的讨论

5.4.1.1　随机生产函数构成形式的讨论

本章分别运用柯布—道格拉斯生产函数和二次线性函数对平均生产函数与风险函数进行多次估计。在平均生产函数使用二次线性函数，风险函数使用柯布—道格拉斯生产函数时通过检验，该结果与毕加索—塔德奥与沃尔(2011)、加德布鲁克等(2010)和塞拉等(2008)选择的平均生产函数与风险函数形式一致。而其他3种形式（二次线性函数—二次线性函数；柯布—道格拉斯生产函数—二次线性函数；柯布—道格拉斯生产函数—柯布—道格拉斯生产函数）未能通过检验。

5.4.1.2 财富或利润表达式的讨论

在毕加索—塔德奥与沃尔（2011）和塞拉等（2006）的研究中，其运用的是含有初始财富的预期利润表达式，而本章运用预期利润表达式不含初始财富 W_0，其原因是本章的调研数据为生猪生产者已经做出的行为选择，生产者在做出投入选择时已经考虑了其拥有的初始财富。另外，生猪生产者的初始财富对其生产决策的影响已经由平均生产函数 $f(x_{ki};\alpha)$ 与风险函数 $g(x_{ki};\beta)$ 体现，即使表达式中含有初始财富 W_0，在获得效用最大化一阶条件时也不会出现在风险规避系数中。标准化（除以产出价格）预期财富表达式为 $\pi = \omega_0 + y - \omega \cdot x$ ［毕加索—塔德奥与沃尔（2011）］，与其相比本章预期利润（预期财富）表达式 $\pi_i = p_i \cdot y_i - \sum_{k=1}^{2}\omega_{ki}x_{ki} = p_i \cdot [f(x_{ki};\alpha) + g(x_{ki};\beta)\varepsilon] - \sum_{k=1}^{2}\omega_{ki}x_{ki}$ ［塞拉等（2006）；库杜里（2009）；库姆巴卡（2010）］可依据生猪实际出栏与投入要素绝对价格的变化分析生猪生产者风险规避度的变化，通过分析要素投入的变化反映生产者对要素的风险态度及生猪生产者的平均风险态度。

5.4.2 关于投入要素的讨论

5.4.2.1 在研究中仅有两个变量 X_1（仔畜重量）、X_2（饲料用量）使风险函数 $g(x_{ki};\beta)$ 通过检验

一是这一结果与生产者电话沟通的结果具有一致性。生产者表示在生猪养殖生产投入中只考虑仔畜和饲料成本，其他成本所占比例较小，对盈亏值影响较小。同时，生产者又指出占饲料成本最大部分的玉米价格不断下降会导致饲料成本降低，从而会使风险规避型生产者对养殖生猪的积极性提高；但仔畜价格不断上涨，生产者对生猪的生产投入总量将取决于对二者的综合考虑。二是这一结果与已有研究结果也具有一致性。尹春洋和王桂霞（2014）依据2001—2012年统计年鉴数据，通过协整检验法分析了影响吉林省规模生猪养

殖效益的因素，指出精饲料费、仔畜费和生猪主产品价格是影响生猪养殖规模效益的主要因素，同时指出生猪主产品产量对生猪养殖的成本收益率存在影响。姜会明和王振华（2012）也在生猪供给波动的研究中指出，饲料是生猪生产的重要成本，将影响生产者的生产决策。

5.4.2.2 关于未通过检验要素的讨论

一是其他直间接总费用未通过检验的分析。毕加索—塔德奥与沃尔（2011）指出，当分析风险偏好时，农户自由调整的投入变量是唯一被考虑的因素，强调区分固定要素与可变要素对分析农户风险偏好是重要的，即不考虑固定要素对其风险偏好的影响。本章包含固定资产折旧、防疫费、技术服务费三项固定成本在内的"其他直间接总费用"，在风险函数回归中未通过检验，主要原因是除仔畜和饲料成本外的人工、其他直间接总费用（包括固定资产折旧、防疫费、燃料动力费等共10项）分别占总成本的11.37%和5%。可见，其他直间接总费用占全部养殖成本的比例较低，农户不关心这部分成本对其收益的影响。二是劳动力未通过检验的分析。毕加索—塔德奥与沃尔（2011）在研究西班牙水稻种植户的风险规避度时，有土地、资金、劳动力等6个要素通过风险函数检验。塞拉等（2008）在研究传统农场和有机农场农户的风险态度时，采用了种子、化肥等4种可变投入要素和一种准固定投入（quasi-fixed input）—劳动，且所有这些要素均通过了检验。库姆巴卡（2002）在鲑鱼生产风险、风险偏好和技术效率的研究中，选择了资金、劳动力和饲料这3个要素且通过检验。维兰诺与弗莱明（Villano & Fleming，2006）在研究水稻种植技术效率和生产风险时，有土地面积、杀虫剂、劳动力等5个要素通过检验。可见，在已有研究中，劳动力是风险函数中的重要变量，这主要与研究国的劳动力数量少且价格高导致较高的就业机会成本有关，从而使劳动力这一要素成为影响农户风险态度的重要因素。然而本书中的被调研生产者在计算其盈亏值时，并不将人工成本计算在内。也就是说生产者从事生猪养殖所获得的盈利可以理解为是劳动力的报酬。与雇佣劳动力进行生猪养殖的企业相比，企业需要将雇佣工人的劳动报酬计入成本相比，生猪养殖户则将其看成是"挣钱"。同时，对于生猪饲养规模较小的生产者来说，其还会兼业从事种植业，生猪养殖并不是其收入的唯一来源，即使养猪获得收益较少，生产者不用背井离乡也可得到心理上的满足。

5.4.3 关于变量通过显著性水平的讨论

斯图尔特等（Stuart et al., 2010）在分析美国东部伐木业规模收益时，保险变量的 p 值为 0.054，行政管理变量的 p 值为 0.065，其他 5 项变量的 p 值均小于 0.01，可认为这 7 个变量是在 6.5% 显著水平下通过检验。毕加索—塔德奥与沃尔（2011）在研究西班牙水稻种植户的生产风险、风险规避和风险态度时，种子变量的 p 值为 0.149，药剂变量的 p 值为 0.068，可认为模型中的 6 个变量是在 14.9% 的显著水平下通过检验。在回归风险函数 $g(x_{ki}; \beta)$ 时，当变量为仔畜重量（p = 0.0267）与饲料用量（p = 0.0018）时，风险函数在 5% 的显著水平下通过检验。其他三种组合均有个别变量的 p 值不能达到已有研究 15% 显著水平，$\ln(X_3)$（p = 0.8369）、变量组合③中的 $\ln(X_4)$（p = 0.2407）和变量组合④中的 $\ln(X_2)$（p = 0.5214）。

5.4.4 关于中规模生猪生产者风险偏好类型为风险规避的讨论

已有研究也表明农户更倾向于风险规避。陶尔（Tauer, 1986）在运用线性回归模型和间断的绝对风险规避系数测试纽约乳制品农场主的风险偏好时，指出在被测试的 72 位农场主中，有 26% 是风险追求型，39% 是风险中立型，34% 是风险规避型。诸亥尔等（Zuhair et al., 1992）通过指数效用函数、二次效用函数和三次效用函数测算了坎迪农场和马塔莱农场（Kandy farm & Matale farm）30 个农户的风险规避系数，在测算出的 90 个绝对风险规避系数中有 72 个为正，即 80% 的农户为风险规避型。彭宁斯与加西亚（2001）运用负指数效用函数和幂效用函数在研究荷兰生猪生产者风险偏好时，指出有 73% 的农户为风险规避型。伊斯克与哈纳（Isik & Khanna, 2003）也证明了农民可能不是风险中立的，而是更倾向于风险规避。王宁和翟印礼（2013）在研究生态林与经济林个体经营者风险偏好类型时，指出有 74% 的林地个体经营者是风险规避的。侯麟科等（2014）在分析玉米农户风险偏好对要素投入的影响时，指出有 80% 的农户是风险规避的。

5.5 本章小结

运用贾斯特与波珀（1978）随机生产函数模型，估计了黑龙江省76户中规模生猪生产者平均生产函数及风险函数，分别测算了仔畜重量与饲料用量的风险规避系数，并判断了投入要素的风险类型；计算了生猪生产者的平均风险规避系数并判断了其风险偏好类型。

仔畜重量和饲料用量通过了风险函数检验，二者的弹性值分别为-1.3666、2.2169。结果表明，前者为风险产量减少型投入要素，后者为风险产量增加型投入要素。在76户生猪生产者中，有73户平均风险规避系数值为正，占调研生产者的96%。中规模生猪生产者为风险规避型，但是规避风险的程度不同。将本章计算出的中规模生猪生产者平均风险规避系数带入负指数效用函数，就可获得第6章的中规模生猪生产者的效用值。

第6章

效用值对供给决策影响分析

学者们指出生产者经营决策受效用值影响。孙家乐（1989）指出，"虽然收益期望值相同，不同的决策者（或群体）对风险承受力的不同就会有不同的决策。采用效用值决策比较符合现实生活中的决策过程。"冯俊等（2015）在研究农户低碳化种植决策的行为时指出，"农户在面对风险进行种植行为决策时遵循效用最大化原则。"南灵和张大海（2005）指出，农户在进行家庭养殖风险管理时应以效用最大化为决策依据来降低风险，从而获得高效的饲养方式。

学者们运用多种效用函数形式分析了农户的效用值对其生产决策的影响。布尼茨（2001）在研究农户风险偏好对其生产、投资和采用新技术决策的影响时，分别运用了负指数效用函数 $U(w) = 1 - \exp(-\alpha w)$、幂效用函数 $[u(w) = \alpha + \beta w^\gamma]$、二次效用函数 $[u(w) = \alpha_1 + \alpha_2 w + \alpha_3 w^2]$、三次效用函数 $[u(w) = \alpha_1 + \alpha_2 w + \alpha_3 w^2 + \alpha_4 w^3]$、幂指效用函数 $u(w) = \gamma - \exp(-\phi w^\alpha)$ 形式。上述函数参数的获得可依据 N-M 模型，通过获得确定性等价进行计算，然后再依据阿罗—普拉特（Arrow-Pratt）绝对风险规避系数公式 $r_A = u''(w)/u'(w)$ 计算出风险规避系数。毕加索—塔德奥与沃尔（2011）运用的负指数效用函数形式为 $U_i = -\exp(-r_{Ai} \cdot \mu_\pi) \in (-\infty, -1]$，$r_{Ai}$ 为风险规避系数，μ_π 为损益值。依据贾斯特与波珀（1978）随机生产函数测得风险规避系数，再依据其损益值就可计算效用值，进而分析其决策，本书利用此效用函数计算生猪生产者的效用值。

6.1 效用函数选择依据

学者们运用负指数效用函数对农户的风险偏好进行了较多研究。彭宁斯与加西亚（2001）运用负指数效用函数 $u(x_i) = \dfrac{1 - e^{-c(x_i - x_L)}}{1 - e^{-c(x_H - x_L)}}$ 分析了生猪生产者风险偏好类型；萨哈等（1994）运用负指数效用函数 $U(W) = \theta - \exp\{-\beta W^\alpha\}$（$\theta > 1$, $\alpha \neq 0$, $\beta \neq 0$, $\alpha\beta > 0$）分析了美国堪萨斯州小麦种植户的风险偏好结构、风险规避度和技术应用；布尼茨（2001，2003）在分析农户风险态度及风险决策管理时，采用负指数效用函数 $U(w) = 1 - \exp(-\alpha w)$，且布尼茨（2001）指出负指数效用函数是研究农户效用最好的函数形式；利恩等（2009）运用负指数效用函数 $E[U(z, r)] = \sum\limits_{s=1}^{s} p_s [1 - \exp(-r \times z_s)]$，依据获得的农户零散数据，研究了挪威经营畜牧与种植混合农场农户的风险管理决策；毕加索—塔德奥与沃尔（2011）研究西班牙水稻种植户风险偏好时，运用负指数效用函数 $U_i = -\exp(-r_{Ai} \cdot \mu_\pi) \in (-\infty, -1]$。

为保证效用值区间为 $(-\infty, 1]$ ［布尼茨（2001，2003）；利恩等（2009）；塞伊汗与德米里约克（2009）；王宁与翟印礼（2012）］，本书依据布尼茨（2001，2003）的研究将效用函数 $U_i = -\exp(-r_{Ai} \cdot \mu_\pi) \in (-\infty, -1]$ ［毕加索—塔德奥与沃尔（2011）］调整为 $U_i = 1 - \exp(-r_{Ai} \cdot \pi_i) \in (-\infty, 1]$ 计算中规模生猪生产者效用值。在具体运用该效用函数时，依据第3章中测算出的两种风险偏好类型的生产者，分别给出两种生产者的效用函数表达式。由绝对风险规避系数公式 $r_A(\pi) = -u''(\pi)/u'(\pi)$ ［阿罗（1971）；普瑞特（1964）］的正负号可知：当 $r_{Ai} > 0$ 时为风险规避型生产者，则其效用函数表达式为 $U_i = 1 - \exp(-r_{Ai} \cdot \pi_i) \in (-\infty, 1]$；当 $r_{Ai} < 0$ 时为风险追求型生产者，[1] 则其效用函数表达式为 $U_i = 1 - \exp(r_{Ai} \cdot \pi_i) \in (-\infty, 1]$。由于以元为单位计算盈余获得的效用值有效数字在小数点后多位才能体现，不方便效用值

---

[1] 风险追求型生产者的效用值计算公式应为 $U(\pi) = 1 - \exp(r_{Ai} \cdot \pi_i)$，因为风险追求型生产者的 r_{Ai} 为负值，故与风险规避型生产者的效用值公式相比就不必书写负号，仍能保证效用值在 $-\infty \sim 1$ 之间。

比较，故将效用函数 $U_i = 1 - \exp(-r_{Ai} \cdot \pi_i) \in (-\infty, 1]$ 中的预期利润除以 10000，即以万元为单位计算盈余，这样既可保证效用值的第一个有效数字在小数点后的百分位或千分位上，又不改变盈余值的基本含义。

6.2 效用值计算

由负指数效用函数表达式 $U_i = 1 - \exp(-r_{Ai} \cdot \pi_i) \in (-\infty, 1]$ 可知，在获得生猪生产者的平均风险规避系数及盈亏值后，就可计算其效用值。然后依据效用值决策原理，分析被调研生产者可能的生猪供给决策。

6.2.1 初始效用值计算

依据效用的特性，效用不能在人与人之间进行比较。中规模生猪生产者平均风险规避系数符号的正负和绝对值的大小分别是其风险偏好类型和风险规避程度的体现。由选择的负指数效用函数 $U_i = 1 - \exp(-r_{Ai} \cdot \pi_i) \in (-\infty, 1]$ 可知，每个中规模生猪生产者的效用值取决于其平均风险规避系数（r_{Ai}）与盈亏值（π_i），在获得平均风险规避系数（r_{Ai}）与盈亏值（π_i）的条件下就可以计算中规模生猪生产者的效用值。按照与生产者电话沟通的结果，了解到生产者自己在计算生猪养殖成本时只考虑仔畜和饲料的费用，其他费用（如水费、燃料动力费等）均不考虑在内，人工成本也只是作为养猪的报酬而理解，因此在计算生产者的盈亏值时是用总收入减去仔畜和饲料的费用。

依据负指数效用函数表达式 $U_i = 1 - \exp(-r_{Ai} \cdot \pi_i) \in (-\infty, 1]$，将71户生猪生产者[①]的初始盈亏值（$\pi_i^0$）和初始平均风险规避系数（$r_{Ai}^0$）（见第5章的表5-5 生猪生产者平均风险规避系数）代入效用函数表达式计算初始效

[①] 在调研的76户中规模生猪生产者中，减去仔畜与饲料投入后的盈亏值为负的生产者有2户（序号为6号和36号），风险追求型生产者有3户（序号为35号、38号和49号）。其中，序号分别为6号和36号的生产者其生猪出栏销售收入不能弥补仔畜和饲料成本（因出栏价格过低），使生产者理解的盈亏值为负，故不再计算这两户的效用值，这符合效用函数值0~1的范围，这两户会退出养猪行业（依据选择的负指数效用函数，风险规避的生猪生产者，如果盈亏值为负，那么效用值就为负）。因此，未计算这5户生产者的效用值。

用值（U_i^0），结果如表 6-1 所示。

表 6-1　　初始盈亏值、初始平均风险规避系数及初始效用值

出栏量（头）	农户序号	初始盈亏值（万元）	初始平均风险规避系数	初始效用值	出栏量（头）	农户序号	初始盈亏值（万元）	初始平均风险规避系数	初始效用值
50	8	1.9285	0.0037	0.0071	60	10	1.4538	0.0038	0.0055
50	9	1.8433	0.0036	0.0066	60	29	1.4778	0.0047	0.0069
50	23	2.2305	0.0041	0.0091	60	57	2.6464	0.0028	0.0074
50	24	2.6030	0.0021	0.0054	60	60	1.5966	0.0078	0.0124
50	25	0.4378	0.0049	0.0022	60	63	0.7626	0.0080	0.0061
50	33	2.0865	0.0120	0.0247	60	69	1.9422	0.0048	0.0093
50	34	0.9719	0.0059	0.0057	60	74	1.4334	0.0038	0.0055
50	58	1.1818	0.0076	0.0090	60	76	1.4448	0.0199	0.0284
50	68	1.6873	0.0028	0.0047	61	61	1.7568	0.0058	0.0102
50	73	1.2985	0.0018	0.0023	61	64	0.2116	0.0157	0.0033
51	28	1.4395	0.0033	0.0047	62	41	1.7751	0.0053	0.0093
52	1	1.4204	0.0106	0.0149	62	54	1.6805	0.0077	0.0129
52	2	1.5579	0.0076	0.0118	63	18	1.2732	0.0026	0.0033
52	11	1.5304	0.0082	0.0125	63	65	1.1950	0.0088	0.0105
52	12	1.2537	0.0011	0.0014	65	31	1.6289	0.0044	0.0072
52	20	1.6656	0.0023	0.0038	65	44	1.9344	0.0081	0.0155
52	22	1.8790	0.0025	0.0047	69	13	1.5456	0.0023	0.0036
52	62	1.6338	0.0053	0.0086	70	59	1.8277	0.0044	0.0081
52	72	2.0618	0.0020	0.0040	70	66	1.3804	0.0058	0.0080
53	3	1.6213	0.0062	0.0100	70	70	1.6230	0.0035	0.0056
53	46	1.7421	0.0060	0.0103	70	75	2.4122	0.0030	0.0073
55	56	2.3865	0.0018	0.0042	71	42	2.2237	0.0067	0.0148
56	30	1.1530	0.0042	0.0048	73	39	2.4258	0.0076	0.0182
58	17	1.3038	0.0013	0.0017	74	48	2.3436	0.0063	0.0147
58	52	1.7705	0.0060	0.0105	75	67	1.6808	0.0089	0.0149
59	14	1.9812	0.0015	0.0029	79	5	2.0240	0.0035	0.0071
60	7	0.6840	0.0083	0.0057	80	4	2.7520	0.0059	0.0160

续表

出栏量（头）	农户序号	初始盈亏值（万元）	初始平均风险规避系数	初始效用值	出栏量（头）	农户序号	初始盈亏值（万元）	初始平均风险规避系数	初始效用值
80	71	3.3152	0.0022	0.0073	150	15	3.7793	0.0012	0.0044
89	40	3.0750	0.0041	0.0127	150	37	1.9680	0.0016	0.0031
93	50	2.4608	0.0032	0.0078	160	16	4.3184	0.0012	0.0053
104	43	2.7279	0.0027	0.0074	170	55	5.5488	0.0009	0.0052
107	45	3.8493	0.0027	0.0102	200	26	0.1720	0.0010	0.0002
120	53	3.1878	0.0022	0.0069	220	51	6.7760	0.0008	0.0054
130	19	1.3702	0.0033	0.0045	230	21	7.3669	0.0008	0.0059
142	27	3.4016	0.0021	0.0071	230	32	2.8612	0.0008	0.0024
143	47	3.6980	0.0012	0.0046					

注：风险规避型生产者效用值的计算公式为 $U(\pi) = 1 - \exp(-r_{Ai} \cdot \pi_i)$；$r_{Ai}^0 = \frac{1}{n} \sum r_{Aki}$ 为初始平均风险规避系数；n 为投入要素种类，由于本书仅有仔畜重量、饲料用量两种要素，故 n = 2；$r_{Aki} = \frac{\frac{\partial f(x_{ki}; \hat{\alpha})}{\partial x_{ki}} - \frac{\omega_{ki}}{p_i}}{p_i \cdot g(x_{ki}; \hat{\beta}) \cdot \frac{\partial g(x_{ki}; \hat{\beta})}{\partial x_{ki}}}$；$p_i$ 为第 i 个生产者的生猪出栏价格；ω_k 为第 k 种投入要素价格；当 k = 1 时，表示投入要素为仔畜，当 k = 2 时，表示投入要素为饲料。

依据表 6-1 可绘制出生产者效用值散点图（如图 6-1、图 6-2 所示）。将 76 户生产者效用值绘制为两个图的原因，是如果为一个图由于页面有限，71 户生产者的效用值将不会完全表现在图中，部分生产者效用值会因坐标刻度范围太大而被覆盖，将很难看出每个生产者效用值所在的位置以及效用值的整体趋势。依据图 6-1 和图 6-2 分析如下：

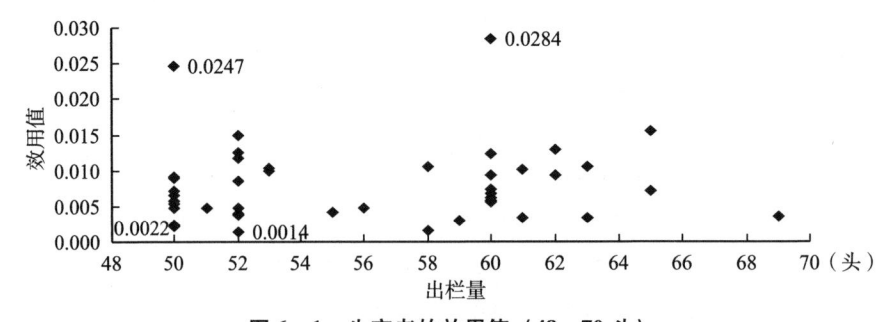

图 6-1　生产者的效用值（48～70 头）

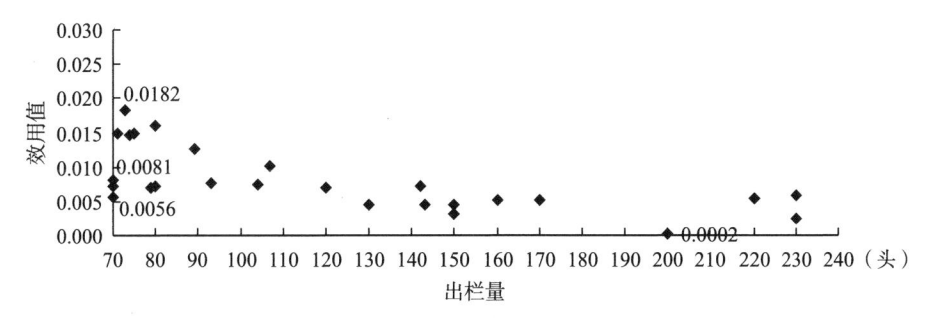

图 6-2　生产者的效用值（70~240 头）

一是相同出栏量的生猪生产者效用值不同。当出栏量相同时，由于盈亏值及平均风险规避系数不同，效用值不同。例如，出栏量为 50 头的生猪生产者，由于不同生产者的盈亏值及平均风险规避系数不同，其效用值波动范围为 0.0022~0.0247（如图 6-1 所示）；出栏量为 70 头的生猪生产者，其效用值波动范围为 0.0056~0.0081（如图 6-2 所示）。

二是低出栏量的生猪生产者效用值波动较大，高出栏量的生猪生产者效用值波动较小。例如，出栏量在 50~69 头（效用值为 0.0014~0.0284，如图 6-1 所示）范围内生产者的效用值波动较大；出栏量在 70~230 头（效用值为 0.0002~0.0182，如图 6-2 所示）范围内生产者的效用值波动较小。

由效用函数可知盈亏值和平均风险规避系数共同影响效用值，故有必要分析生产者平均风险规避系数及盈亏值的变化对其效用值的影响；而生产者平均风险规避系数及盈亏值又受生猪出栏价格和投入要素价格影响。因此，由生猪出栏价格、仔畜价格和饲料价格的变化可知生产者效用值的变化，进而分析对生产者饲养生猪数量的可能影响。

6.2.2　调整效用值计算

塞拉等（2008）为了评价农民采用有机农场的决策，在一个模拟实验中比较了传统农场和有机农场在不同经济方案下的预期效用，计算了在有机产品溢价和环境补贴不同的水平下，传统农场愿意向有机农场转移的数量。将产出价格每次按 10% 比例累计增加，观察传统农场向有机农场转移的数量和比率。结果表明，产出价格增加 10% 时，调研的传统农场向有机农场转移数量为 85 个，转移比率为 2.88%；产出价格增加 20% 时，转移数量为 234 个，转移比率为 14.16%。依据上述研究，为分析生猪出栏价格和要素价格变化对生猪生产者供给决策的影响，本书在生猪出栏价格不变、上涨 10% 和下降 10% 三种情况下，按 10% 调整投入要素价格，然后分别计算不同情况下的盈亏值、平均风险规避系数及效用值。

6.2.2.1 当生猪出栏价格不变时，投入要素价格的调整

生猪出栏价格不变，投入要素价格的调整分为 4 种情况：①仔畜价格与饲料价格均上涨 10%；②仔畜价格与饲料价格均下降 10%；③仔畜价格上涨 10%，饲料价格下降 10%；④仔畜价格下降 10%，饲料价格上涨 10%。计算出的平均风险规避系数、盈亏值及效用值见表 6-2。

6.2.2.2 当出栏价格上涨 10% 时，投入要素价格的调整

生猪出栏价格上涨 10%，投入要素价格的调整分为 5 种情况：①仔畜价格与饲料价格均不变；②仔畜价格与饲料价格均上涨 10%；③仔畜价格与饲料价格均下降 10%；④仔畜价格上涨 10%，饲料价格下降 10%；⑤仔畜价格下降 10%，饲料价格上涨 10%。计算出的平均风险规避系数、盈亏值及效用值见表 6-3。

6.2.2.3 当出栏价格下降 10% 时，投入要素价格的调整

生猪出栏价格下降 10%，投入要素价格的调整分为 5 种情况：①仔畜价格与饲料价格均不变；②仔畜价格与饲料价格均上涨 10%；③仔畜价格与饲料价格均下降 10%；④仔畜价格上涨 10%，饲料价格下降 10%；⑤仔畜价格下降 10%，饲料价格上涨 10%。计算出的平均风险规避系数、盈亏值与效用值见表 6-4。

第6章 效用值对供给决策影响分析

表6-2 生猪出栏价格不变时调整要素价格后的效用值

序号	出栏量(头)	农户序号	r_{Ai}^1	r_{Ai}^2	r_{Ai}^3	r_{Ai}^4	π_i^1	π_i^2	π_i^3	π_i^4	U_i^1	U_i^2	U_i^3	U_i^4
1	50	8	0.0034	0.0040	0.0043	0.0031	1.2714	2.5857	2.3667	1.4904	0.0043	0.0103	0.0102	0.0045
2	50	9	0.0033	0.0040	0.0043	0.0030	1.1776	2.5089	2.2899	1.3966	0.0039	0.0099	0.0097	0.0041
3	50	23	0.0038	0.0044	0.0047	0.0035	1.6486	2.8125	2.5785	1.8826	0.0063	0.0122	0.0121	0.0065
4	50	24	0.0020	0.0022	0.0024	0.0018	1.9533	3.2527	3.0227	2.1833	0.0038	0.0072	0.0072	0.0039
5	50	25	0.0044	0.0055	0.0061	0.0037	-0.1665	1.0420	0.8170	0.0585	-0.0007	0.0057	0.0050	0.0002
6	50	33	0.0112	0.0127	0.0145	0.0095	1.4827	2.6904	2.3864	1.7867	0.0165	0.0336	0.0339	0.0168
7	50	34	0.0054	0.0063	0.0071	0.0046	0.3151	1.6288	1.3408	0.6031	0.0017	0.0103	0.0095	0.0028
8	50	58	0.0074	0.0079	0.0088	0.0065	0.4949	1.8686	1.4846	0.8789	0.0036	0.0147	0.0130	0.0057
9	50	68	0.0023	0.0032	0.0038	0.0018	1.0520	2.3225	2.0825	1.2920	0.0024	0.0075	0.0078	0.0023
10	50	73	0.0014	0.0022	0.0027	0.0009	0.4764	2.1207	1.7957	0.8014	0.0007	0.0046	0.0048	0.0007
11	51	28	0.0030	0.0035	0.0038	0.0027	0.7858	2.0932	1.8360	1.0430	0.0024	0.0073	0.0070	0.0028
12	52	1	0.0099	0.0113	0.0128	0.0083	0.7959	2.0448	1.7453	1.0955	0.0078	0.0229	0.0222	0.0091
13	52	2	0.0069	0.0083	0.0092	0.0060	0.9403	2.1756	1.9281	1.1878	0.0065	0.0179	0.0176	0.0071
14	52	11	0.0078	0.0086	0.0097	0.0067	0.8691	2.1916	1.8588	1.2019	0.0067	0.0187	0.0178	0.0080
15	52	12	0.0010	0.0012	0.0013	0.0009	0.5666	1.9408	1.7744	0.7330	0.0005	0.0024	0.0023	0.0006
16	52	20	0.0022	0.0024	0.0026	0.0020	1.0542	2.2769	2.0273	1.3038	0.0023	0.0055	0.0053	0.0026
17	52	22	0.0024	0.0027	0.0029	0.0022	1.2890	2.4690	2.2298	1.5282	0.0031	0.0066	0.0064	0.0033
18	52	62	0.0051	0.0055	0.0061	0.0046	0.9964	2.2713	1.9468	1.3209	0.0051	0.0125	0.0117	0.0060

续表

序号	出栏量（头）	农户序号	r_{Ai}^1	r_{Ai}^2	r_{Ai}^3	r_{Ai}^4	π_i^1	π_i^2	π_i^3	π_i^4	U_i^1	U_i^2	U_i^3	U_i^4
19	52	72	0.0017	0.0022	0.0026	0.0013	1.4131	2.7105	2.4505	1.6731	0.0024	0.0060	0.0064	0.0022
20	53	3	0.0054	0.0070	0.0078	0.0046	1.0032	2.2393	2.0167	1.2258	0.0054	0.0155	0.0156	0.0056
21	53	46	0.0054	0.0065	0.0071	0.0048	1.1777	2.3065	2.1062	1.3781	0.0064	0.0149	0.0148	0.0067
22	55	56	0.0016	0.0019	0.0020	0.0015	1.7887	2.9842	2.7862	1.9867	0.0029	0.0057	0.0056	0.0030
23	56	30	0.0037	0.0047	0.0052	0.0032	0.5168	1.7893	1.5653	0.7408	0.0019	0.0084	0.0081	0.0024
24	58	17	0.0012	0.0014	0.0015	0.0011	0.5665	2.0411	1.8010	0.8067	0.0007	0.0029	0.0027	0.0009
25	58	52	0.0054	0.0066	0.0073	0.0047	1.1290	2.4119	2.1822	1.3587	0.0060	0.0158	0.0158	0.0063
26	59	14	0.0014	0.0016	0.0017	0.0013	1.2807	2.6818	2.4163	1.5462	0.0018	0.0042	0.0041	0.0020
27	60	7	0.0077	0.0089	0.0103	0.0063	−0.1188	1.4868	1.0788	0.2892	−0.0009	0.0131	0.0111	0.0018
28	60	10	0.0036	0.0041	0.0045	0.0032	0.7148	2.1928	1.8808	1.0268	0.0025	0.0089	0.0083	0.0033
29	60	29	0.0044	0.0049	0.0054	0.0039	0.8336	2.1220	1.8220	1.1336	0.0037	0.0103	0.0097	0.0044
30	60	57	0.0026	0.0030	0.0032	0.0024	1.9726	3.3201	3.0561	2.2366	0.0052	0.0098	0.0097	0.0054
31	60	60	0.0076	0.0081	0.0091	0.0066	0.8455	2.3477	1.9157	1.2775	0.0064	0.0188	0.0172	0.0084
32	60	63	0.0077	0.0083	0.0095	0.0065	−0.0191	1.5443	1.0943	0.4309	−0.0001	0.0128	0.0103	0.0028
33	60	69	0.0043	0.0053	0.0065	0.0031	1.0600	2.8244	2.3744	1.5100	0.0046	0.0149	0.0154	0.0046
34	60	74	0.0037	0.0040	0.0044	0.0033	0.7547	2.1121	1.7821	1.0847	0.0028	0.0084	0.0078	0.0036
35	60	76	0.0195	0.0204	0.0248	0.0151	0.7733	2.1163	1.6663	1.2233	0.0149	0.0423	0.0406	0.0182
36	61	61	0.0056	0.0061	0.0067	0.0049	1.0358	2.4778	2.0972	1.4164	0.0058	0.0149	0.0140	0.0070

第6章 效用值对供给决策影响分析

续表

序号	出栏量(头)	农户序号	r_{Ai}^1	r_{Ai}^2	r_{Ai}^3	r_{Ai}^4	π_i^1	π_i^2	π_i^3	π_i^4	U_i^1	U_i^2	U_i^3	U_i^4
37	61	64	0.0154	0.0161	0.0189	0.0126	-0.5602	0.9834	0.4649	-0.0417	-0.0087	0.0157	0.0088	-0.0005
38	62	41	0.0047	0.0059	0.0066	0.0040	1.0719	2.4782	2.2327	1.3174	0.0050	0.0145	0.0146	0.0053
39	62	54	0.0068	0.0086	0.0098	0.0056	0.9910	2.3700	2.0897	1.2713	0.0067	0.0202	0.0204	0.0071
40	63	18	0.0024	0.0028	0.0030	0.0022	0.5564	1.9901	1.7003	0.8462	0.0014	0.0055	0.0051	0.0018
41	63	65	0.0085	0.0091	0.0103	0.0073	0.4452	1.9449	1.5039	0.8862	0.0038	0.0176	0.0154	0.0065
42	65	31	0.0041	0.0047	0.0052	0.0036	0.8076	2.4502	2.0992	1.1586	0.0033	0.0115	0.0109	0.0042
43	65	44	0.0072	0.0090	0.0105	0.0057	1.2133	2.6555	2.3443	1.5245	0.0086	0.0236	0.0242	0.0086
44	69	13	0.0022	0.0025	0.0027	0.0020	0.6646	2.4266	2.0471	1.0441	0.0015	0.0060	0.0056	0.0020
45	70	59	0.0040	0.0049	0.0049	0.0040	0.9815	2.6739	2.2553	1.4001	0.0039	0.0130	0.0110	0.0056
46	70	66	0.0052	0.0065	0.0065	0.0052	0.4404	2.3204	1.7954	0.9654	0.0023	0.0149	0.0115	0.0050
47	70	70	0.0032	0.0038	0.0038	0.0032	0.6022	2.6437	2.1677	1.0782	0.0019	0.0100	0.0082	0.0034
48	70	75	0.0028	0.0033	0.0033	0.0028	1.4158	3.4086	2.9186	1.9058	0.0039	0.0111	0.0095	0.0053
49	71	42	0.0054	0.0080	0.0080	0.0054	1.4419	3.0056	2.6773	1.7702	0.0078	0.0237	0.0212	0.0095
50	73	39	0.0059	0.0093	0.0093	0.0059	1.6413	3.2103	2.8442	2.0074	0.0097	0.0293	0.0260	0.0118
51	74	48	0.0050	0.0076	0.0076	0.0050	1.5169	3.1702	2.8133	1.8739	0.0076	0.0239	0.0212	0.0094
52	75	67	0.0069	0.0110	0.0110	0.0069	0.8588	2.5027	2.0527	1.3088	0.0059	0.0270	0.0222	0.0090
53	79	5	0.0030	0.0040	0.0040	0.0030	1.0967	2.9513	2.5974	1.4506	0.0033	0.0119	0.0105	0.0043
54	80	4	0.0036	0.0081	0.0081	0.0036	1.8304	3.6736	3.1456	2.3584	0.0066	0.0295	0.0253	0.0085

续表

序号	出栏量(头)	农户序号	r_{Ai}^1	r_{Ai}^2	r_{Ai}^3	r_{Ai}^4	π_i^1	π_i^2	π_i^3	π_i^4	U_i^1	U_i^2	U_i^3	U_i^4
55	80	71	0.0015	0.0029	0.0029	0.0015	2.0147	4.6157	4.0157	2.6147	0.0031	0.0132	0.0115	0.0040
56	89	40	0.0033	0.0050	0.0050	0.0033	2.1089	4.0410	3.6680	2.4819	0.0070	0.0198	0.0180	0.0082
57	93	50	0.0024	0.0039	0.0039	0.0024	1.3734	3.5481	3.1553	1.7663	0.0033	0.0138	0.0123	0.0043
58	104	43	0.0017	0.0038	0.0038	0.0017	1.5514	3.9045	3.4065	2.0493	0.0026	0.0146	0.0127	0.0034
59	107	45	0.0020	0.0033	0.0033	0.0020	2.6284	5.0702	4.6183	3.0804	0.0053	0.0168	0.0153	0.0062
60	120	53	0.0017	0.0027	0.0027	0.0017	1.8308	4.5448	4.0624	2.3132	0.0030	0.0122	0.0109	0.0038
61	130	19	0.0028	0.0037	0.0037	0.0028	-0.3947	3.1351	2.0951	0.6453	-0.0011	0.0116	0.0078	0.0018
62	142	27	0.0018	0.0024	0.0024	0.0018	1.6799	5.1233	4.3373	2.4659	0.0030	0.0122	0.0104	0.0044
63	143	47	0.0006	0.0019	0.0019	0.0006	2.0794	5.3166	4.7034	2.6925	0.0013	0.0098	0.0087	0.0017
64	150	15	0.0010	0.0013	0.0013	0.0010	1.9132	5.6453	4.8953	2.6632	0.0020	0.0075	0.0065	0.0027
65	150	37	0.0014	0.0018	0.0018	0.0014	0.1848	3.7512	2.9262	1.0098	0.0003	0.0067	0.0053	0.0014
66	160	16	0.0011	0.0014	0.0014	0.0011	2.3566	6.2802	5.4802	3.1566	0.0025	0.0087	0.0076	0.0033
67	170	55	0.0005	0.0013	0.0013	0.0005	3.6067	7.4909	6.8228	4.2748	0.0020	0.0100	0.0091	0.0023
68	200	26	0.0008	0.0012	0.0012	0.0008	-2.4028	2.7468	1.7468	-1.4028	-0.0019	0.0032	0.0020	-0.0011
69	220	51	0.0005	0.0011	0.0011	0.0005	4.4334	9.1186	8.3578	5.1942	0.0024	0.0096	0.0088	0.0028
70	230	21	0.0007	0.0009	0.0009	0.0007	4.6628	10.0710	8.9670	5.7668	0.0034	0.0089	0.0079	0.0042
71	230	32	0.0007	0.0010	0.0010	0.0007	0.0791	5.6433	4.6497	1.0727	0.0001	0.0057	0.0047	0.0007

注：凡是标有上标的平均风险规避系数、盈亏值和效用值均为调整值。当生猪出栏价格不变时：上标"1"表示仔畜价格与饲料价格均上涨10%，上标"2"表示仔畜价格与饲料价格均下降10%，上标"3"表示仔畜价格下降10%，饲料价格上涨10%，上标"4"表示仔畜价格上涨10%，饲料价格下降10%。

第6章 效用值对供给决策影响分析

表6-3 生猪出栏价格上涨10%时调整要素价格后的效用值

序号	出栏量（头）	农户序号	r_{Ai}^1	r_{Ai}^2	r_{Ai}^3	r_{Ai}^4	r_{Ai}^5	π_i^1	π_i^2	π_i^3	π_i^4	π_i^5	U_i^1	U_i^2	U_i^3	U_i^4	U_i^5
1	50	8	0.0036	0.0034	0.0039	0.0042	0.0031	2.7785	2.1214	3.4357	3.2167	2.3404	0.0100	0.0071	0.0133	0.0133	0.0072
2	50	9	0.0036	0.0033	0.0038	0.0041	0.0030	2.6933	2.0276	3.3589	3.1399	2.2466	0.0096	0.0066	0.0128	0.0128	0.0068
3	50	23	0.0039	0.0037	0.0042	0.0045	0.0034	3.0355	2.4536	3.6175	3.3835	2.6876	0.0119	0.0091	0.0150	0.0150	0.0092
4	50	24	0.0020	0.0019	0.0021	0.0023	0.0018	3.5130	2.8633	4.1627	3.9327	3.0933	0.0071	0.0054	0.0089	0.0089	0.0055
5	50	25	0.0049	0.0045	0.0054	0.0059	0.0039	1.0858	0.4815	1.6900	1.4650	0.7065	0.0053	0.0022	0.0091	0.0087	0.0028
6	50	33	0.0115	0.0109	0.0121	0.0136	0.0094	2.8990	2.2952	3.5029	3.1989	2.5992	0.0328	0.0247	0.0415	0.0424	0.0242
7	50	34	0.0057	0.0053	0.0061	0.0068	0.0047	1.7259	1.0691	2.3828	2.0948	1.3571	0.0098	0.0057	0.0145	0.0141	0.0063
8	50	58	0.0072	0.0070	0.0074	0.0081	0.0062	1.9868	1.2999	2.6736	2.2896	1.6839	0.0141	0.0090	0.0196	0.0185	0.0104
9	50	68	0.0029	0.0025	0.0033	0.0037	0.0021	2.4913	1.8560	3.1265	2.8865	2.0960	0.0072	0.0047	0.0102	0.0107	0.0043
10	50	73	0.0019	0.0016	0.0023	0.0027	0.0012	2.2505	1.4284	3.0727	2.7477	1.7534	0.0043	0.0023	0.0069	0.0073	0.0021
11	51	28	0.0032	0.0030	0.0034	0.0036	0.0027	2.2371	1.5834	2.8908	2.6336	1.8406	0.0071	0.0047	0.0096	0.0095	0.0050
12	52	1	0.0102	0.0096	0.0108	0.0121	0.0084	2.1869	1.5624	2.8113	2.5118	1.8619	0.0221	0.0149	0.0300	0.0299	0.0154
13	52	2	0.0075	0.0069	0.0080	0.0088	0.0061	2.3314	1.7137	2.9490	2.7015	1.9612	0.0173	0.0118	0.0234	0.0235	0.0120
14	52	11	0.0078	0.0075	0.0082	0.0090	0.0066	2.3447	1.6834	3.0060	2.6732	2.0162	0.0182	0.0125	0.0243	0.0239	0.0132
15	52	12	0.0011	0.0010	0.0012	0.0013	0.0009	2.0662	1.3791	2.7532	2.5868	1.5455	0.0023	0.0014	0.0033	0.0033	0.0014
16	52	20	0.0022	0.0021	0.0023	0.0025	0.0019	2.4435	1.8321	3.0548	2.8052	2.0817	0.0053	0.0038	0.0070	0.0069	0.0040
17	52	22	0.0024	0.0023	0.0025	0.0027	0.0021	2.6569	2.0669	3.2470	3.0078	2.3061	0.0064	0.0047	0.0082	0.0081	0.0049
18	52	62	0.0050	0.0048	0.0052	0.0056	0.0044	2.4346	1.7972	3.0721	2.7476	2.1217	0.0121	0.0086	0.0158	0.0154	0.0093

续表

序号	出栏量(头)	农户序号	r_{Ai}^1	r_{Ai}^2	r_{Ai}^3	r_{Ai}^4	r_{Ai}^5	π_i^1	π_i^2	π_i^3	π_i^4	π_i^5	U_i^1	U_i^2	U_i^3	U_i^4	U_i^5
19	52	72	0.0020	0.0018	0.0022	0.0025	0.0015	2.9167	2.2680	3.5654	3.3054	2.5280	0.0058	0.0040	0.0079	0.0084	0.0037
20	53	3	0.0063	0.0056	0.0069	0.0076	0.0049	2.4014	1.7834	3.0195	2.7969	2.0060	0.0149	0.0100	0.0206	0.0210	0.0098
21	53	46	0.0059	0.0054	0.0063	0.0068	0.0049	2.4807	1.9163	3.0451	2.8448	2.1167	0.0144	0.0103	0.0190	0.0191	0.0104
22	55	56	0.0017	0.0016	0.0018	0.0019	0.0015	3.2228	2.6251	3.8206	3.6226	2.8231	0.0055	0.0042	0.0069	0.0070	0.0043
23	56	30	0.0042	0.0038	0.0046	0.0051	0.0034	1.9046	1.2683	2.5408	2.3168	1.4923	0.0080	0.0048	0.0117	0.0117	0.0050
24	58	17	0.0013	0.0012	0.0014	0.0015	0.0011	2.1715	1.4342	2.9088	2.6687	1.6743	0.0028	0.0017	0.0040	0.0039	0.0018
25	58	52	0.0060	0.0054	0.0065	0.0070	0.0049	2.5889	1.9475	3.2304	3.0007	2.1772	0.0153	0.0105	0.0207	0.0209	0.0106
26	59	14	0.0014	0.0013	0.0015	0.0016	0.0013	2.8799	2.1793	3.5805	3.3150	2.4448	0.0041	0.0029	0.0054	0.0053	0.0031
27	60	7	0.0080	0.0076	0.0085	0.0097	0.0064	1.5552	0.7524	2.3580	1.9500	1.1604	0.0124	0.0057	0.0199	0.0187	0.0074
28	60	10	0.0037	0.0035	0.0039	0.0042	0.0032	2.3382	1.5992	3.0772	2.7652	1.9112	0.0086	0.0055	0.0119	0.0116	0.0060
29	60	29	0.0044	0.0042	0.0046	0.0050	0.0038	2.2698	1.6256	2.9140	2.6140	1.9256	0.0100	0.0069	0.0134	0.0131	0.0074
30	60	57	0.0027	0.0025	0.0028	0.0030	0.0024	3.5848	2.9110	4.2585	3.9945	3.1750	0.0096	0.0074	0.0120	0.0120	0.0075
31	60	60	0.0073	0.0071	0.0075	0.0084	0.0063	2.5074	1.7563	3.2585	2.8265	2.1883	0.0182	0.0124	0.0243	0.0233	0.0137
32	60	63	0.0075	0.0073	0.0078	0.0087	0.0063	1.6206	0.8389	2.4023	1.9523	1.2889	0.0121	0.0061	0.0185	0.0169	0.0081
33	60	69	0.0048	0.0044	0.0052	0.0062	0.0034	3.0186	2.1364	3.9008	3.4508	2.5864	0.0143	0.0093	0.0201	0.0212	0.0086
34	60	74	0.0036	0.0035	0.0038	0.0041	0.0032	2.2554	1.5767	2.9341	2.6041	1.9067	0.0082	0.0055	0.0110	0.0106	0.0061
35	60	76	0.0185	0.0181	0.0189	0.0226	0.0145	2.2608	1.5893	2.9323	2.4823	2.0393	0.0411	0.0284	0.0540	0.0545	0.0291
36	61	61	0.0055	0.0053	0.0057	0.0062	0.0048	2.6535	1.9325	3.3745	2.9939	2.3131	0.0144	0.0102	0.0190	0.0184	0.0109

第6章 效用值对供给决策影响分析

续表

序号	出栏量（头）	农户序号	r_{Ai}^1	r_{Ai}^2	r_{Ai}^3	r_{Ai}^4	r_{Ai}^5	π_i^1	π_i^2	π_i^3	π_i^4	π_i^5	U_i^1	U_i^2	U_i^3	U_i^4	U_i^5
37	61	64	0.0146	0.0143	0.0148	0.0172	0.0119	1.0046	0.2328	1.7764	1.2579	0.7513	0.0145	0.0033	0.0260	0.0214	0.0089
38	62	41	0.0053	0.0048	0.0058	0.0064	0.0043	2.6557	1.9526	3.3589	3.1133	2.1981	0.0140	0.0093	0.0194	0.0197	0.0093
39	62	54	0.0077	0.0070	0.0085	0.0095	0.0060	2.5381	1.8486	3.2276	2.9473	2.1289	0.0194	0.0129	0.0270	0.0276	0.0126
40	63	18	0.0025	0.0024	0.0027	0.0029	0.0022	2.1174	1.4006	2.8343	2.5445	1.6904	0.0053	0.0033	0.0075	0.0073	0.0037
41	63	65	0.0083	0.0080	0.0085	0.0095	0.0070	2.0644	1.3146	2.8143	2.3733	1.7556	0.0169	0.0105	0.0236	0.0223	0.0122
42	65	31	0.0043	0.0040	0.0045	0.0049	0.0036	2.6131	1.7918	3.4345	3.0835	2.1428	0.0111	0.0072	0.0154	0.0151	0.0077
43	65	44	0.0081	0.0073	0.0088	0.0101	0.0061	2.8490	2.1278	3.5701	3.2588	2.4391	0.0228	0.0155	0.0311	0.0323	0.0148
44	69	13	0.0023	0.0021	0.0024	0.0026	0.0019	2.5812	1.7002	3.4621	3.0826	2.0797	0.0058	0.0036	0.0082	0.0079	0.0040
45	70	59	0.0042	0.0040	0.0044	0.0048	0.0036	2.8567	2.0105	3.7029	3.2843	2.4291	0.0120	0.0081	0.0161	0.0156	0.0088
46	70	66	0.0055	0.0053	0.0057	0.0063	0.0047	2.4584	1.5184	3.3984	2.8734	2.0434	0.0134	0.0080	0.0192	0.0180	0.0095
47	70	70	0.0033	0.0032	0.0034	0.0037	0.0029	2.8060	1.7852	3.8267	3.3507	2.2612	0.0092	0.0056	0.0130	0.0122	0.0066
48	70	75	0.0029	0.0028	0.0030	0.0032	0.0025	3.6498	2.6534	4.6462	4.1562	3.1434	0.0104	0.0073	0.0136	0.0131	0.0079
49	71	42	0.0067	0.0061	0.0073	0.0082	0.0052	3.2279	2.4461	4.0098	3.6815	2.7744	0.0214	0.0148	0.0288	0.0298	0.0142
50	73	39	0.0076	0.0069	0.0083	0.0097	0.0055	3.4529	2.6684	4.2374	3.8713	3.0345	0.0259	0.0182	0.0345	0.0367	0.0166
51	74	48	0.0063	0.0057	0.0069	0.0079	0.0048	3.4046	2.5779	4.2312	3.8743	2.9349	0.0214	0.0147	0.0289	0.0301	0.0139
52	75	67	0.0088	0.0081	0.0094	0.0115	0.0061	2.6708	1.8488	3.4927	3.0427	2.2988	0.0232	0.0149	0.0324	0.0343	0.0139
53	79	5	0.0035	0.0032	0.0037	0.0041	0.0029	3.1537	2.2264	4.0810	3.7271	2.5803	0.0109	0.0071	0.0151	0.0151	0.0073
54	80	4	0.0060	0.0053	0.0066	0.0091	0.0029	3.9488	3.0272	4.8704	4.3424	3.5552	0.0234	0.0160	0.0319	0.0387	0.0103

续表

序号	出栏量（头）	农户序号	r_{Ai}^1	r_{Ai}^2	r_{Ai}^3	r_{Ai}^4	r_{Ai}^5	π_i^1	π_i^2	π_i^3	π_i^4	π_i^5	U_i^1	U_i^2	U_i^3	U_i^4	U_i^5
55	80	71	0.0023	0.0020	0.0026	0.0031	0.0015	4.9472	3.6467	6.2477	5.6477	4.2467	0.0113	0.0073	0.0160	0.0175	0.0062
56	89	40	0.0042	0.0038	0.0046	0.0051	0.0032	4.3485	3.3824	5.3146	4.9415	3.7555	0.0180	0.0127	0.0241	0.0250	0.0121
57	93	50	0.0033	0.0029	0.0037	0.0041	0.0024	3.7942	2.7069	4.8816	4.4887	3.0997	0.0124	0.0078	0.0178	0.0184	0.0075
58	104	43	0.0030	0.0025	0.0034	0.0042	0.0017	4.1773	3.0007	5.3538	4.8559	3.4987	0.0123	0.0074	0.0183	0.0201	0.0060
59	107	45	0.0028	0.0024	0.0031	0.0035	0.0020	5.4552	4.2343	6.6761	6.2241	4.6862	0.0150	0.0102	0.0206	0.0217	0.0095
60	120	53	0.0023	0.0020	0.0025	0.0028	0.0017	4.8636	3.5066	6.2206	5.7382	3.9890	0.0110	0.0069	0.0157	0.0162	0.0067
61	130	19	0.0031	0.0030	0.0032	0.0037	0.0025	3.2721	1.5072	5.0370	3.9970	2.5472	0.0101	0.0045	0.0160	0.0148	0.0062
62	142	27	0.0020	0.0019	0.0022	0.0024	0.0017	5.4635	3.7418	7.1851	6.3992	4.5277	0.0111	0.0071	0.0155	0.0153	0.0075
63	143	47	0.0014	0.0011	0.0018	0.0021	0.0007	5.6864	4.0678	7.3050	6.6918	4.6810	0.0082	0.0046	0.0127	0.0142	0.0035
64	150	15	0.0011	0.0011	0.0012	0.0013	0.0010	6.0233	4.1572	7.8893	7.1393	4.9072	0.0069	0.0044	0.0096	0.0094	0.0048
65	150	37	0.0015	0.0015	0.0016	0.0018	0.0013	3.9480	2.1648	5.7312	4.9062	2.9898	0.0061	0.0031	0.0093	0.0087	0.0039
66	160	16	0.0012	0.0011	0.0013	0.0014	0.0010	6.7120	4.7502	8.6738	7.8738	5.5502	0.0079	0.0053	0.0109	0.0108	0.0055
67	170	55	0.0011	0.0009	0.0013	0.0015	0.0006	8.0458	6.1037	9.9878	9.3197	6.7718	0.0086	0.0052	0.0128	0.0140	0.0043
68	200	26	0.0010	0.0009	0.0011	0.0012	0.0008	2.7640	0.1892	5.3388	4.3388	1.1892	0.0027	0.0002	0.0058	0.0052	0.0009
69	220	51	0.0009	0.0009	0.0010	0.0012	0.0006	9.7962	7.4536	12.1387	11.3780	8.2144	0.0085	0.0054	0.0123	0.0130	0.0048
70	230	21	0.0008	0.0007	0.0008	0.0009	0.0007	10.8077	8.1036	13.5118	12.4078	9.2076	0.0083	0.0059	0.0108	0.0106	0.0062
71	230	32	0.0009	0.0008	0.0009	0.0010	0.0007	5.9294	3.1473	8.7115	7.7179	4.1409	0.0050	0.0024	0.0082	0.0080	0.0028

注：当生猪出栏价格与饲料价格均不变时，上标"1"表示仔畜价格与饲料价格均上涨10%，上标"2"表示仔畜价格上涨10%，饲料价格下降10%，上标"3"表示仔畜价格下降10%，饲料价格上涨10%，上标"4"表示仔畜价格下降10%，饲料价格下降10%，上标"5"表示仔畜价格上涨10%，饲料价格上涨10%。

第6章 效用值对供给决策影响分析

表6-4 生猪出栏价格下降10%时调整要素价格后的效用值

序号	出栏量(头)	农户序号	r_{Ai}^1	r_{Ai}^2	r_{Ai}^3	r_{Ai}^4	r_{Ai}^5	π_i^1	π_i^2	π_i^3	π_i^4	π_i^5	U_i^1	U_i^2	U_i^3	U_i^4	U_i^5
1	50	8	0.0037	0.0033	0.0041	0.0045	0.0029	1.0785	0.4213	1.7357	1.5167	0.6404	0.0040	0.0014	0.0071	0.0068	0.0019
2	50	9	0.0036	0.0032	0.0040	0.0044	0.0028	0.9933	0.3276	1.6589	1.4399	0.5466	0.0036	0.0010	0.0066	0.0063	0.0015
3	50	23	0.0042	0.0039	0.0046	0.0050	0.0035	1.4255	0.8435	2.0075	1.7735	1.0776	0.0060	0.0033	0.0091	0.0088	0.0037
4	50	24	0.0022	0.0020	0.0023	0.0025	0.0018	1.6930	1.0433	2.3427	2.1127	1.2733	0.0036	0.0021	0.0054	0.0053	0.0023
5	50	25	0.0048	0.0041	0.0055	0.0063	0.0033	-0.2102	-0.8145	0.3940	0.1690	-0.5895	-0.0010	-0.0033	0.0022	0.0011	-0.0019
6	50	33	0.0124	0.0115	0.0133	0.0155	0.0093	1.2740	0.6702	1.8779	1.5739	0.9741	0.0157	0.0077	0.0247	0.0241	0.0090
7	50	34	0.0059	0.0054	0.0065	0.0075	0.0044	0.2179	-0.4389	0.8748	0.5868	-0.1509	0.0013	-0.0024	0.0057	0.0044	-0.0007
8	50	58	0.0082	0.0078	0.0085	0.0096	0.0067	0.3768	-0.3101	1.0636	0.6796	0.0739	0.0031	-0.0024	0.0090	0.0065	0.0005
9	50	68	0.0025	0.0020	0.0031	0.0038	0.0013	0.8833	0.2480	1.5185	1.2785	0.4880	0.0022	0.0005	0.0047	0.0048	0.0006
10	50	73	0.0015	0.0010	0.0020	0.0026	0.0004	0.3465	-0.4757	1.1687	0.8437	-0.1507	0.0005	-0.0005	0.0023	0.0022	-0.0001
11	51	28	0.0033	0.0031	0.0036	0.0040	0.0027	0.6418	-0.0119	1.2955	1.0383	0.2453	0.0021	0.0000	0.0047	0.0042	0.0007
12	52	1	0.0109	0.0100	0.0118	0.0136	0.0081	0.6539	0.0295	1.2783	0.9788	0.3290	0.0071	0.0003	0.0149	0.0133	0.0027
13	52	2	0.0076	0.0068	0.0085	0.0096	0.0056	0.7845	0.1668	1.4021	1.1546	0.4143	0.0060	0.0011	0.0118	0.0110	0.0023
14	52	11	0.0086	0.0080	0.0091	0.0104	0.0067	0.7160	0.0548	1.3773	1.0445	0.3876	0.0061	0.0004	0.0125	0.0108	0.0026
15	52	12	0.0010	0.0009	0.0012	0.0013	0.0008	0.4413	-0.2458	1.1283	0.9619	-0.0794	0.0005	-0.0002	0.0014	0.0013	-0.0001
16	52	20	0.0024	0.0022	0.0025	0.0028	0.0020	0.8876	0.2763	1.4990	1.2494	0.5259	0.0021	0.0006	0.0038	0.0035	0.0010
17	52	22	0.0026	0.0025	0.0028	0.0031	0.0022	1.1011	0.5111	1.6911	1.4519	0.7503	0.0029	0.0013	0.0047	0.0044	0.0016
18	52	62	0.0056	0.0054	0.0059	0.0066	0.0047	0.8330	0.1956	1.4705	1.1460	0.5201	0.0047	0.0010	0.0086	0.0075	0.0024

续表

序号	出栏量(头)	农户序号	r_{Ai}^1	r_{Ai}^2	r_{Ai}^3	r_{Ai}^4	r_{Ai}^5	π_i^1	π_i^2	π_i^3	π_i^4	π_i^5	U_i^1	U_i^2	U_i^3	U_i^4	U_i^5
19	52	72	0.0018	0.0015	0.0022	0.0026	0.0010	1.2069	0.5582	1.8556	1.5956	0.8182	0.0022	0.0008	0.0040	0.0042	0.0008
20	53	3	0.0059	0.0050	0.0069	0.0079	0.0039	0.8411	0.2231	1.4591	1.2365	0.4457	0.0050	0.0011	0.0100	0.0098	0.0017
21	53	46	0.0060	0.0053	0.0066	0.0073	0.0046	1.0035	0.4391	1.5679	1.3676	0.6394	0.0060	0.0023	0.0103	0.0100	0.0029
22	55	56	0.0018	0.0016	0.0020	0.0021	0.0015	1.5501	0.9523	2.1478	1.9498	1.1503	0.0028	0.0016	0.0042	0.0041	0.0017
23	56	30	0.0041	0.0035	0.0047	0.0053	0.0028	0.4015	−0.2347	1.0377	0.8137	−0.0107	0.0016	−0.0008	0.0048	0.0043	0.0000
24	58	17	0.0013	0.0012	0.0014	0.0016	0.0010	0.4362	−0.3011	1.1735	0.9333	−0.0610	0.0006	−0.0003	0.0017	0.0015	−0.0001
25	58	52	0.0059	0.0051	0.0066	0.0075	0.0043	0.9520	0.3105	1.5934	1.3637	0.5402	0.0056	0.0016	0.0105	0.0102	0.0023
26	59	14	0.0015	0.0014	0.0016	0.0018	0.0013	1.0825	0.3820	1.7831	1.5176	0.6475	0.0017	0.0005	0.0029	0.0027	0.0008
27	60	7	0.0085	0.0078	0.0092	0.0110	0.0060	−0.1872	−0.9900	0.6156	0.2076	−0.5820	−0.0016	−0.0077	0.0057	0.0023	−0.0035
28	60	10	0.0039	0.0036	0.0042	0.0047	0.0031	0.5694	−0.1696	1.3084	0.9964	0.1424	0.0022	−0.0006	0.0055	0.0047	0.0004
29	60	29	0.0049	0.0046	0.0052	0.0058	0.0040	0.6858	0.0416	1.3300	1.0300	0.3416	0.0033	0.0002	0.0069	0.0059	0.0014
30	60	57	0.0029	0.0027	0.0031	0.0034	0.0024	1.7080	1.0342	2.3817	2.1177	1.2982	0.0049	0.0028	0.0074	0.0072	0.0031
31	60	60	0.0084	0.0080	0.0087	0.0099	0.0068	0.6858	−0.0653	1.4369	1.0049	0.3667	0.0057	−0.0005	0.0124	0.0099	0.0025
32	60	63	0.0085	0.0082	0.0089	0.0103	0.0067	−0.0954	−0.8771	0.6863	0.2363	−0.4271	−0.0008	−0.0072	0.0061	0.0024	−0.0029
33	60	69	0.0047	0.0041	0.0053	0.0069	0.0026	0.8658	−0.0164	1.7480	1.2980	0.4336	0.0041	−0.0001	0.0093	0.0089	0.0011
34	60	74	0.0041	0.0039	0.0043	0.0047	0.0034	0.6114	−0.0673	1.2901	0.9601	0.2627	0.0025	−0.0003	0.0055	0.0045	0.0009
35	60	76	0.0216	0.0210	0.0222	0.0276	0.0155	0.6288	−0.0427	1.3003	0.8503	0.4073	0.0135	−0.0009	0.0284	0.0232	0.0063
36	61	61	0.0062	0.0059	0.0065	0.0073	0.0051	0.8601	0.1391	1.5811	1.2005	0.5197	0.0053	0.0008	0.0102	0.0087	0.0026

第6章 效用值对供给决策影响分析

续表

序号	出栏量(头)	农户序号	r_{Ai}^1	r_{Ai}^2	r_{Ai}^3	r_{Ai}^4	r_{Ai}^5	π_i^1	π_i^2	π_i^3	π_i^4	π_i^5	U_i^1	U_i^2	U_i^3	U_i^4	U_i^5
37	61	64	0.0171	0.0167	0.0175	0.0210	0.0132	−0.5814	−1.3532	0.1904	−0.3281	−0.8347	−0.0100	−0.0229	0.0033	−0.0069	−0.0111
38	62	41	0.0051	0.0043	0.0059	0.0067	0.0035	0.8944	0.1913	1.5976	1.3520	0.4368	0.0045	0.0008	0.0093	0.0090	0.0015
39	62	54	0.0075	0.0064	0.0086	0.0101	0.0048	0.8229	0.1334	1.5125	1.2321	0.4138	0.0061	0.0009	0.0129	0.0124	0.0020
40	63	18	0.0027	0.0025	0.0029	0.0032	0.0022	0.4290	−0.2878	1.1459	0.8561	0.0020	0.0011	−0.0007	0.0033	0.0027	0.0000
41	63	65	0.0094	0.0091	0.0098	0.0113	0.0076	0.3256	−0.4242	1.0755	0.6345	0.0168	0.0031	−0.0039	0.0105	0.0071	0.0001
42	65	31	0.0045	0.0041	0.0049	0.0055	0.0035	0.6447	−0.1767	1.4660	1.1150	0.1743	0.0029	−0.0007	0.0072	0.0061	0.0006
43	65	44	0.0078	0.0067	0.0090	0.0108	0.0049	1.0199	0.2987	1.7410	1.4297	0.6100	0.0080	0.0020	0.0155	0.0153	0.0030
44	69	13	0.0024	0.0022	0.0026	0.0029	0.0020	0.5100	−0.3709	1.3910	1.0115	0.0086	0.0012	−0.0008	0.0036	0.0029	0.0000
45	70	59	0.0047	0.0044	0.0049	0.0055	0.0038	0.7987	−0.0475	1.6449	1.2263	0.3711	0.0037	−0.0002	0.0081	0.0068	0.0014
46	70	66	0.0062	0.0059	0.0065	0.0075	0.0050	0.3024	−0.6376	1.2424	0.7174	−0.1126	0.0019	−0.0038	0.0080	0.0053	−0.0006
47	70	70	0.0037	0.0035	0.0039	0.0042	0.0031	0.4400	−0.5808	1.4607	0.9847	−0.1048	0.0016	−0.0020	0.0056	0.0042	−0.0003
48	70	75	0.0032	0.0031	0.0034	0.0037	0.0027	1.1746	0.1782	2.1710	1.6810	0.6682	0.0038	0.0005	0.0073	0.0062	0.0018
49	71	42	0.0065	0.0056	0.0074	0.0088	0.0043	1.2195	0.4376	2.0013	1.6730	0.7659	0.0079	0.0025	0.0148	0.0146	0.0033
50	73	39	0.0074	0.0063	0.0084	0.0105	0.0043	1.3987	0.6141	2.1832	1.8170	0.9803	0.0103	0.0039	0.0182	0.0188	0.0042
51	74	48	0.0061	0.0052	0.0070	0.0085	0.0038	1.2826	0.4559	2.1092	1.7522	0.8129	0.0078	0.0024	0.0147	0.0147	0.0031
52	75	67	0.0090	0.0080	0.0099	0.0130	0.0050	0.6907	−0.1312	1.5127	1.0627	0.3188	0.0062	−0.0010	0.0149	0.0137	0.0016
53	79	5	0.0035	0.0031	0.0039	0.0044	0.0026	0.8943	−0.0330	1.8216	1.4677	0.3209	0.0031	−0.0001	0.0071	0.0065	0.0008
54	80	4	0.0056	0.0046	0.0065	0.0102	0.0009	1.5552	0.6336	2.4768	1.9488	1.1616	0.0086	0.0029	0.0160	0.0196	0.0011

续表

序号	出栏量(头)	农户序号	r_{Ai}^1	r_{Ai}^2	r_{Ai}^3	r_{Ai}^4	r_{Ai}^5	π_i^1	π_i^2	π_i^3	π_i^4	π_i^5	U_i^1	U_i^2	U_i^3	U_i^4	U_i^5
55	80	71	0.0020	0.0016	0.0025	0.0033	0.0008	1.6832	0.3827	2.9837	2.3837	0.9827	0.0034	0.0006	0.0073	0.0077	0.0008
56	89	40	0.0040	0.0034	0.0046	0.0054	0.0026	1.8014	0.8353	2.7675	2.3944	1.2084	0.0072	0.0028	0.0127	0.0128	0.0031
57	93	50	0.0029	0.0023	0.0035	0.0042	0.0017	1.1273	0.0400	2.2147	1.8219	0.4328	0.0033	0.0001	0.0078	0.0076	0.0007
58	104	43	0.0023	0.0016	0.0030	0.0041	0.0004	1.2786	0.1020	2.4551	1.9572	0.6000	0.0029	0.0002	0.0074	0.0081	0.0003
59	107	45	0.0025	0.0019	0.0030	0.0036	0.0013	2.2435	1.0225	3.4644	3.0124	1.4745	0.0055	0.0020	0.0102	0.0107	0.0020
60	120	53	0.0020	0.0016	0.0024	0.0029	0.0011	1.5120	0.1550	2.8690	2.3866	0.6374	0.0030	0.0002	0.0069	0.0068	0.0007
61	130	19	0.0034	0.0033	0.0036	0.0044	0.0025	-0.5317	-2.2966	1.2332	0.1932	-1.2566	-0.0018	-0.0075	0.0045	0.0008	-0.0031
62	142	27	0.0021	0.0019	0.0023	0.0027	0.0016	1.3398	-0.3819	3.0614	2.2755	0.4041	0.0029	-0.0007	0.0071	0.0061	0.0006
63	143	47	0.0009	0.0004	0.0014	0.0020	-0.0001	1.7096	0.0909	3.3282	2.7150	0.7041	0.0016	0.0000	0.0046	0.0053	-0.0001
64	150	15	0.0012	0.0011	0.0013	0.0015	0.0009	1.5353	-0.3308	3.4013	2.6513	0.4192	0.0018	-0.0004	0.0044	0.0039	0.0004
65	150	37	0.0017	0.0015	0.0018	0.0020	0.0013	-0.0120	-1.7952	1.7712	0.9462	-0.9702	0.0000	-0.0027	0.0031	0.0019	-0.0012
66	160	16	0.0012	0.0011	0.0014	0.0015	0.0010	1.9248	-0.0370	3.8866	3.0866	0.7630	0.0022	0.0000	0.0053	0.0047	0.0007
67	170	55	0.0007	0.0004	0.0010	0.0014	0.0001	3.0518	1.1098	4.9939	4.3258	1.7779	0.0022	0.0004	0.0052	0.0059	0.0001
68	200	26	0.0009	0.0008	0.0011	0.0013	0.0006	-2.4200	-4.9948	0.1548	-0.8452	-3.9948	-0.0023	-0.0040	0.0002	-0.0011	-0.0025
69	220	51	0.0007	0.0004	0.0009	0.0011	0.0002	3.7558	1.4133	6.0984	5.3376	2.1740	0.0025	0.0006	0.0054	0.0058	0.0005
70	230	21	0.0008	0.0008	0.0009	0.0010	0.0007	3.9261	1.2220	6.6302	5.5262	2.3260	0.0033	0.0010	0.0059	0.0054	0.0016
71	230	32	0.0008	0.0007	0.0009	0.0011	0.0005	-0.2070	-2.9891	2.5751	1.5815	-1.9955	-0.0002	-0.0020	0.0024	0.0017	-0.0011

注：当出栏价格下降10%时：上标"1"表示仔畜价格与饲料价格均不变，上标"2"表示仔畜价格与饲料价格均上涨10%，上标"3"表示仔畜价格与饲料价格均下降10%，上标"4"表示仔畜价格上涨10%、饲料价格下降10%，上标"5"表示仔畜价格下降10%、饲料价格上涨10%。

6.3 结果分析

将表 6-2、表 6-3 和表 6-4 中调整后的平均风险规避系数、盈亏值及效用值与表 6-1 中的初始平均风险规避系数、盈亏值及效用值相比较，得出调整后的平均风险规避系数、盈亏值与效用值及生猪出栏量的变化趋势，结果如表 6-5 所示。例如，表 6-2 中第 12 列的效用值与表 6-1 中第 5 列的效用值相比较，效用值减小，因此呈下降趋势。依据生猪出栏价格、仔畜价格和饲料价格对生猪生产者的盈亏值和平均风险规避系数的影响，分析其效用值对生猪生产者供给决策（生猪出栏量）的影响。

依据表 6-5 中生猪生产者效用值的变化趋势分析其供给决策。

表 6-5　　　　　　　　中规模生猪生产者效用值变化趋势

生猪出栏价格（p）	仔畜价格波动（%）（ω_1）	饲料价格波动（%）（ω_2）	平均风险规避系数趋势（r_{Ai}）	盈亏值趋势（π_i）	效用值趋势（U_i）	生猪出栏量变化趋势（头）
不变	+10	+10	↓	↓	↓	↓
	-10	-10	↑	↑	↑	↑
	+10	-10	↑	↑	↑	↑
	-10	+10	↓	↓	↓	↓
+10%	—	—	万分位改变	↑	↑	↑
	+10	+10	↓	↑	十万分位改变	—
	-10	-10	↑	↑	↑	↑
	+10	-10	↑	↑	↑	↑
	-10	+10	↓	↓	↓	↓
-10%	—	—	万分位改变	↓	↓	↓
	+10	+10	↓	↓	↓	↓
	-10	-10	↑	↓	十万分位改变	—
	+10	-10	↑	↓	↓	↓
	-10	+10	↓	↓	↓	↓

注：此表中"↑"、"↓"和"—"分别表示上升趋势、下降趋势和不变趋势；"万分位改变"是指生猪出栏价格调整后，与 r_{Ai}^0 相比，所有被调整生产者的 r_{Ai} 值在小数点后第 4 位才有变化，即风险规避系数变化微小；与 U_i^0 相比，"十万分位改变"是指所有被调整生产者的 U_i 值在小数点后第 5 位才有变化，即可忽略效用值的变化对供给决策的影响，即在表中最后一列"生猪出栏量变化趋势"中用"—"表示，且在供给决策分析中认为这种情况对中规模生猪生产者的供给决策没有影响。

6.3.1 出栏价格不变时的决策

6.3.1.1 生猪出栏价格不变,中规模生猪生产者可能退出生猪养殖业或减少生猪饲养量进而减少生猪出栏量

在仔畜与饲料价格均上涨10%,与仔畜价格下降10%,且饲料价格上涨10%两种条件下,生产者的平均风险规避系数、盈亏值及效用值均下降(见表6-5中的第2行与第5行,箭头方向向下)。尤其当仔畜价格下降10%、饲料价格上涨10%时,由于饲料费在总成本中占较大比例,部分生产者的盈亏值和效用值为负(序号为第5、第27、第32、第37、第61、第68号共6户,见表6-2),这部分生猪生产者会退出养猪行业。随着效用值的减少(效用值仍大于0),生猪生产者可能减少生猪饲养量,从而使生猪出栏量减少。

6.3.1.2 生猪出栏价格不变,中规模生猪生产者可能保持或增加生猪出栏量

在仔畜与饲料价格均下降10%,与仔畜价格上涨10%、饲料价格下降10%的两种条件下,生产者的平均风险规避系数、盈亏值及效用值均上升(见表6-5中的第3行与第4行)。效用值的增加意味着生产者养殖生猪的满足程度上升,此时生产者对现有生猪的养殖数量更加偏好,从而有利于稳定这一生产规模的生产者继续从事生猪养殖业。

效用值的增加能否使生产者扩大其养殖规模?由于养殖规模的扩大需要重新增设固定资产,而调研时生产者的固定资产数量是固定的,故在固定资产不变的短期内,效用值的增加可使生产者继续在各自的原有规模上从事生猪养殖业。如果固定资产变化,则为长期问题,虽然超出了研究范围,但是由于在价格的调整中并没有计算固定费用的变化,所以仅从计算结果来看,这两种条件的变化有利于增加生猪的供给。即从短期看是保持现在供给规模,从长期看,是供给增加。

6.3.2 出栏价格上涨10%时的决策

6.3.2.1 生猪出栏价格上涨10%，中规模生猪生产者可能保持原有生猪出栏量

在仔畜与饲料价格均上涨10%的情况下，生产者的平均风险规避系数下降，盈亏值上升，与初始效用值相比，调整效用值十万分位改变（见表6-5中第7行），说明当产出价格与投入要素价格同比例同方向变化时，生猪生产者的满足程度未变，此时生产者可能做出的决策是保持原有生猪出栏量。

6.3.2.2 生猪出栏价格上涨10%，中规模生猪生产者可能保持或增加生猪出栏量

在仔畜与饲料价格均不变的情况下，生产者的平均风险规避系数在万分位改变（见表6-5中的第6行），盈亏值上升，导致效用值上升，生产者满足程度提高；在仔畜与饲料价格均下降或仔畜价格上涨10%，且饲料价格下降10%两种条件下，生产者的平均风险规避系数、盈亏值与效用值均上升，此时生产者饲养生猪的满足程度提高；当仔畜价格下降10%、饲料价格上涨10%时，生产者的平均风险规避系数下降，盈亏值上升，效用值上升，生产者的满足程度提高。以上4种条件下，即使生产者的投入要素价格上涨也不能超过出栏价格上涨带来的盈亏值上升，因此生产者可能做出的决策是由于其拥有的固定资产短期内不变而继续保持原有出栏量或增设固定资产来增加出栏量。

6.3.3 出栏价格下降10%时的决策

6.3.3.1 生猪出栏价格下降10%，中规模生猪生产者可能保持原有生猪出栏量

在仔畜与饲料价格均下降10%的情况下，生产者的平均风险规避系数上升，盈亏值下降，与初始效用值相比，调整效用值十万分位改变（见表6-5

中的第13行），说明产出价格与投入要素价格同比例同方向变化时，可认为生猪生产者的满足程度未变，此时生产者可能做出的决策是保持原有生猪出栏量。

6.3.3.2 生猪出栏价格下降10%，中规模生猪生产者可能退出生猪养殖业或减少生猪出栏量

在仔畜与饲料价格均不变的情况下，生产者的平均风险规避系数万分位改变（见表6-5中的第11行），盈亏值下降，导致效用值下降，生产者满足程度下降，当效用值仍大于0时，会减少生猪养殖数量；当效用值为负时①（表中序号为第5、第27、第32、第37、第61、第68、第71号共7户，见表6-4），生产者将退出生猪养殖业。

在仔畜与饲料价格均上涨10%条件下，生产者的平均风险规避系数、盈亏值与效用值均下降，当效用值仍大于0时，生产者饲养生猪的满足程度降低，会减少生猪养殖数量；当效用值为负时（表中序号为第5、第7、第8、第10、第15号等共30户，见表6-4），生产者将退出生猪养殖业，即该条件下最容易使生猪生产者退出生猪养殖业。

在仔畜价格下降10%，且饲料价格上涨10%条件下，生产者的平均风险规避系数、盈亏值与效用值均下降，此时生产者饲养生猪的满足程度降低，减少生猪养殖数量。当效用值为负时（农户序号为第5、第7、第10、第15、第24、第27、第32、第37、第46、第47、第61、第63、第65、第68、第71号共15户，见表6-4），生产者将退出生猪养殖业。

当仔畜价格上涨10%、饲料价格下降10%时，生产者的平均风险规避系数上升，盈亏值下降，效用值下降，生产者的满足程度下降，减少生猪养殖数量；当效用值为负时（农户序号为第37、第48号共2户，见表6-4），生产者将退出生猪养殖业。

以上4种条件下，生产者投入要素价格下降不能弥补出栏价格下降造成的盈亏值损失，因此生产者可能做出的决策是退出生猪养殖业或减少生猪出栏量。

---

① 当部分生产者的生猪出栏销售价格较低，生猪出栏销售收入不能弥补投入成本，故盈亏值为负，效用值为负。

6.4 本章小结

依据负指数效用函数及第 5 章计算出的平均风险规避系数，获得了中规模生猪生产者的初始效用值及调整仔畜价格、饲料价格和生猪出栏价格后的效用值，分析了效用值变化对生猪生产者供给决策的影响。生猪出栏价格不变，仔畜和饲料价格波动时，生猪生产者可能减少（或退出生猪养殖业）或增加生猪出栏量；生猪出栏价格上涨 10%，仔畜和饲料价格不变或波动时，生猪生产者可能保持原有或增加生猪出栏量；生猪出栏价格下降 10%，仔畜和饲料价格不变或波动时，生猪生产者可能保持原有或减少（或退出生猪养殖业）生猪出栏量。结果表明，仔畜价格、饲料价格与生猪出栏价格的变化会通过影响中规模生猪生产者的平均风险规避系数、盈亏值而影响效用值，进而影响其生猪出栏量。

第 7 章

研究结论、研究不足与政策建议

7.1 研究结论

7.1.1 中规模生猪供给量省际差异分析结论

对全国20个省份100~499头生猪出栏规模的生猪供给量的影响因素进行了研究,按照各省份10年生猪出栏量将20个省(区、市)分为4个组。依据面板数据回归的结果,结论如下:

第一,省际间生猪供给量的影响因素不同。影响第1组(山东、湖南、河南、河北、四川、广东)生猪出栏量的因素为每头猪精饲料费用和仔畜千克价;影响第2组(辽宁、江苏、浙江、黑龙江)生猪出栏量的因素为上一期生猪价格;影响第3组(湖北、吉林、安徽)生猪供给量的因素为上一期生猪价格和仔畜千克价;影响第4组(广西、陕西、山西、天津、新疆、甘肃、宁夏)是上一期生猪价格、每头猪精饲料费用和仔畜千克价。

第二,组间各影响因素弹性不同。从上一期生猪价格这一变量看,第3组的弹性值大于1,对该因素的变化最敏感,第2组和第4组次之;从每头猪精饲料费用这一变量看,第1组生猪供给量对这一因素变化敏感,其供给富有弹性,第4组缺乏弹性;从仔畜千克价这一变量看,第1组、第3组与第4组的生猪供给量与仔畜千克价都呈反方向变动，但影响程度不同。

第三，组内相同影响因素对不同省份生猪供给量影响不同。在组内差异分析中，各因素对生猪出栏量影响的差异主要体现在第1组和第4组中。第1组6省（区、市）的生猪出栏量对每头猪精饲料费用和仔畜千克价这两个因素敏感性程度相同，但是当每头猪精饲料费用和仔畜千克价这两个变量的数值相同时，6省（区、市）的生猪出栏量并不相同，由高到低依次为山东、河南、湖南、河北、四川、广东。第4组7省（区、市）对上一期生猪价格、每头猪精饲料费用和仔畜千克价3个因素的敏感程度不同，对生猪出栏量的影响也不同，由高到低依次为广西、陕西、山西、天津、新疆、甘肃、宁夏。第2组和第3组影响因素对组内各省（区、市）生猪出栏量影响无差异。

7.1.2 中规模生猪生产盈亏平衡分析结论

利用调研获得的黑龙江省安达市等10个县（市）共42个乡镇66个中规模（年出栏量100~499头）生猪生产者的成本数据，分别测算了不同成本构成条件下的盈亏值与利润值，并依据平均收益能否弥补平均变动成本筛选出平均收益小于平均变动成本的18个生产者，测算了其盈亏平衡出栏价格，对平均收益大于平均变动成本的48个生产者测算了盈亏平衡出栏量。依据研究期限内的测算结果，得出的主要结论如下：

第一，生猪养殖场（户）盈利能力差异大。主要表现为一部分生产者的平均收益不能弥补仔畜与饲料费，而另一部分生产者在弥补了总成本后还能获得利润；部分生产者的平均收益不能弥补仔畜费、饲料费、死亡损失与人工成本，更多生产者的平均收益不能弥补平均变动成本，需要提高生猪的出栏价格才能实现盈亏平衡；处于盈利状态的部分生产者获得的利润较高，且在生猪出栏量较低时就可达到盈亏平衡点。

第二，生猪养殖场（户）对盈利的理解与理论研究中的利润存在差异，按生产者理解的"挣钱"使其可继续从事养猪业。在调研中，更多的生产者认为弥补了饲料和仔畜成本就认为自己已经获利，而不关心人工成本以及固定资产折旧等；而理论意义上的利润则需要从总收益中扣除总成本，扣除总成本后，能够获利的生产者比例低，但是在调研中，没有生产者这样分析自己的利润。

第三，影响总变动成本的主要因素为饲料费与仔畜费；生猪总变动成本差异大导致相近或相同生猪出栏量生产者盈亏差异大；不同生猪出栏量生产者获取的平均利润差异大；从生猪养殖成本来看，总变动成本的大小直接影响生猪养殖场（户）盈亏。

第四，部分不能弥补全部变动成本的生产者继续从事养猪业的原因是生猪饲料的主要来源是自己家种植的玉米，在实现玉米价值转移的同时，还能从其他兼业收入，能够接受生猪养殖的低利润而留在生猪养殖业中。

7.1.3 中规模生猪生产者风险偏好分析结论

基于2015年5月6日—2015年5月19日对黑龙江省11个县市45个乡镇76户中规模生猪生产者的调研数据，运用贾斯特与波珀（1978）随机生产函数模型，计算76户生猪生产者的平均风险规避系数并判断其风险偏好类型。依据负指数效用函数表达式计算71户中规模生猪生产者的初始效用值，并在生猪出栏价格不变、上涨10%或下降10%情况下调整投入要素价格，在固定资产投入量不变的短期内，分析生猪生产者效用值的变化以及中规模生猪生产者供给决策。得出主要结论如下：

第一，影响中规模生猪生产者风险产量的主要因素是仔畜重量和饲料用量，前者为风险产量减少型投入要素，后者为风险产量增加型投入要素。

在生产者随机生产函数回归时，仔畜重量和饲料用量通过了生产风险函数的显著性检验，其他直间接总费用和人工成本未通过检验，仔畜重量和饲料用量是影响中规模生猪生产者风险产量的主要因素。在风险函数回归结果中，仔畜重量的弹性值为负表明仔畜重量增加会减少风险产量；反之，仔畜重量的降低会增加风险产量。饲料用量的弹性值为正表明饲料用量的增加会增加风险产量；反之，饲料用量的减少会减少风险产量。

第二，仔畜价格、饲料价格与生猪出栏价格以及生猪生产者平均生产函数的边际产量、风险产量及风险函数的边际产量共同影响中规模生猪生产者的平均风险规避系数；依据平均风险规避系数的测算结果可知，76户生产者中有73户系数为正。依据阿罗—普拉特（Arrow - Pratt）绝对风险规避系数对风险偏好类型的判断可知，中规模生猪生产者为风险规避型。

第三，在中规模生猪生产者生产风险函数既定条件下，生猪出栏价格、仔畜价格和饲料价格的变化对中规模生猪生产者效用值的影响是增加、不变、减少，甚至为负。这分别表明，中规模生猪生产者会做出增加生猪出栏量、保持现有生猪出栏量、减少生猪出栏量，甚至退出养猪行业的供给决策。

一是生猪出栏价格不变，饲料价格下降，即使仔畜价格同比例上升，生猪生产者的效用值也会增加，生猪生产者会做出更愿意增加或保持现有生猪出栏量的供给决策；生猪出栏价格不变，饲料价格上涨，即使仔畜价格同比例下降，生猪生产者的效用值也会降低，甚至为负，生猪生产者会做出减少生猪出栏量，甚至退出生猪养殖业的供给决策。

二是生猪出栏价格上涨，投入要素价格的变化对生猪生产者效用值的影响表现为不变或增加，生猪生产者会做出保持原有出栏数量或更愿意增加生猪出栏数量的决策。

三是生猪出栏价格下降，投入要素价格的变化对生猪生产者效用值的影响表现为不变、降低，甚至为负，生猪生产者会做出保持原有出栏数量、减少生猪出栏量，甚至退出生猪养殖行业的决策。

7.2 研究不足

第一，由于部分省份的生猪出栏量与解释变量数据缺失，未能实现31个省份数据分组研究生猪出栏量的影响因素。如福建省和江西省虽然是生猪养殖大省，但是由于在研究年限内影响因素的数据不全，所以未对其进行分析。

第二，由于统计年鉴数据的限制，即2001年前统计年鉴未有生猪价格的统计，2012年后出版的《中国畜牧年鉴》又未按省统计不同规模生猪出栏量，导致无法对近年数据进行回归分析,仅利用10年的数据进行了面板数据回归;① 同时,按《全国农产品成本收益资料汇编》的分类,100~1000头均属中规模,由于《中国畜牧年鉴》对中规模生猪的统计仅有100~499头的数据,故无法对500~1000头这一规模进行分析。

第三,考虑到生猪养殖周期时间一般为6个月左右,饲养规模在100~499头的养殖户并不关心实际价格,故没有将上一期生猪价格与仔畜千克价的实际价格作为模型变量进行回归分析,而依据年鉴上的名义价格进行了分析。

第四,生产者使用固定资产折旧的方法不统一。在填写固定成本中的固定资产折旧时,生产者使用了不同的折旧方法,有的生产者为了快速收回成本而采取了加速折旧的方法,故折旧值较大,而使用平均年限法或其他折旧方法的生产者填写的折旧值较小。所以对调研回来的数据进行了处理,这就可能导致统计的总固定成本与实际固定成本存在一定误差。

第五,固定成本统计项目以及生产者填写的数据均不完整。一是从统计项目来看,保险费、管理费以及财务费没有被统计在固定成本之中,主要原因是只有少部分生产者填写了这些项目,所以在总固定成本合计中,就没有将这一少部分生产者填写的数据统计在内,存在导致利润额偏大的可能;二是即使是进入了固定成本核算的项目,也有部分生产者因这部分成本数额不大,且自己不关心管理费等固定成本而没有填写在问卷上,从而导致其盈亏平衡时的出栏量过少,部分生产者的盈亏平衡出栏量不符合一般的盈亏平衡常理。

第六,本书被调研生产者数量仅为76户。本次调研为黑龙江省13个县市87个乡镇248户生猪生产者,其中散养生猪生产者数量为43户,小规模生猪生产者数量为126户,中规模生猪生产者数量为76户,大规模生猪生产者数量为3户。此样本数量较小可能导致测算结果存在误差。

本书的中规模分类标准来自《全国农产品成本收益资料汇编》,该汇编也是对中规模生猪生产者进行抽样调查,无黑龙江省全部中规模生猪生产者的具体数量及生猪饲养量。故问卷由黑龙江省畜牧局工作人员依据黑龙江省中规模生猪养殖情况选择下发。同时,调研时发现同一乡镇生产者养殖生猪的成本信息(仔畜价格和饲料价格等)差异小,故同一地点调研数量较少,可代表当

---

① 实际使用的数据为10年,由于变量中选择了"上一期生猪出栏价格",所以进入模型后就减少到9年。

地生猪生产者的基本养殖信息。且在文献阅读中发现彭宁斯与加西亚（2001）和毕加索—塔德奥与沃尔（2011）的研究对象数量分别为373户和130户，但陶尔（1986）和诸亥尔等（1992）的研究对象数量分别为72户和30户。

第七，本书所用的玉米价格是调研时前4个月内黑龙江省畜牧局官方网站玉米价格的平均数据，这是因为生产者主要使用自产玉米作为生猪饲料的主要来源，但玉米价格每天的波动性不确定，其未给出玉米价格，部分生产者购买玉米的价格接近官网玉米平均价格。

在今后的研究中，如果数据获得充分，可对100~499头这一规模进行31省份和较长时间段内的回归分析，以及对影响小规模或散户生猪供给的影响因素进行分析，由于自变量和因变量数据的大量缺少，依据现有数据还无法对小规模和散户进行分析。

7.3 政策建议

7.3.1 从要素投入角度稳定中规模生猪供给的建议

通过对20省份100~499头生猪出栏规模的生猪出栏量影响因素的分组研究，可知影响生猪出栏量的因素有上一期生猪价格、每头猪精饲料费用及仔畜千克价。

第一，因省制宜稳定生猪供给量。此建议依据对20省（区、市）分组后变量数量及模型类型判定（见3.2.4.3的分析）结果提出。例如，第1组6省（区、市）为100~499头这一生猪出栏规模中出栏量较大者（见3.2.4.1的说明），影响此6省（区、市）生猪出栏量的主要因素是每头猪精饲料费用和仔畜千克价，而第4组为100~499头这一生猪出栏规模中出栏量较小者（见3.2.4.1的说明），影响其生猪出栏量的主要因素则为上一期生猪价格、每头猪精饲料费用和仔畜千克价。由于影响不同省份生猪出栏量的主要因素不同，所以在稳定生猪出栏量时，就应针对各省的情况给出不同的政策建议。

第二，稳定生猪价格。此建议依据对第2~4组共14个省（区、市）影响生猪出栏量的回归结果（见 3.3 的分析）提出，即研究对象中 70% 省份的生猪供给量都受上一期生猪价格的同向影响，可见价格是一个具有普遍影响的因素，因此需要促进生猪价格的稳定，形成生猪养殖户对价格的稳定预期。同时，对于 100～499 头这一规模来说，第 3 组（湖北、吉林、安徽）生猪出栏量是第 2～第 4 组中相对规模较大的，该组 3 省（区、市）对上一期生猪价格反应比第 2 组和第 4 组要更加敏感（其弹性值大于 1），为此，此 3 省（区、市）还应根据自己的省情制定进一步稳定生猪价格的政策，防止价格的大幅度波动对生猪出栏量产生大幅度影响。

第三，保障精饲料的供给。此建议依据模型检验结果（见 3.3 的分析结果）提出。每头猪精饲料费用是影响第 1 组 6 省（区、市）与第 4 组 7 省（区、市）生猪出栏量的因素。每头猪精饲料费用与生猪出栏量呈同向变化，这说明为了保证生猪出栏量稳定，精饲料的供给必须要满足生猪饲养需求。同时，生猪出栏量对两组的弹性值分别为 1.0249 与 0.9942，这表明生猪出栏量对每头猪精饲料费用的变化比较敏感，为了进一步稳定生猪出栏量，应防止因饲料供给波动对生猪出栏量产生较大冲击。

7.3.2　从盈亏平衡角度保持中规模生猪供给的建议

通过分析被调研的 66 个中规模（年出栏量 100～499 头）生猪养殖场（户）不同成本构成的盈亏现状进行筛选分组研究，分别测算既定出栏量下的盈亏平衡价格与既定市场价格下的盈亏平衡出栏量，给出如下建议：

第一，政府应组织专业技术人员对生猪养殖场（户）的成本收益进行科学核算，明确生产者的实际盈亏状态，为生产者提供适当的补贴。由调研获知，不同生产者有不同的获利核算方法，其核算成本一般都小于实际成本，生产者所获得的盈利值实际较小，甚至有可能处于亏损状态，但由于使用了不包括人工成本这一机会成本在内的核算方法而认为自己获利（见第 4 章的分析）。

第二，稳定或适当提高生猪价格，减缓市场波动（见第 4 章的分析）。生猪价格直接影响生猪生产者的收益，当生猪价格偏低时，政府可以在生猪市场大量购买进行储存；当生猪价格过高时，政府应向市场投放储存的生猪，形成生猪养殖场（户）对价格的稳定预期。

第三，帮助生产者降低变动成本中的仔畜费与仔畜死亡损失费。生产者在核算自己盈亏时仔畜费用是考虑的重要因素之一（见4.3.1的分析）。政府一方面可在生产者购买仔畜时提供科学的指导，例如品种的选择等方面；另一方面可为生猪养殖场（户）提供具有良好卫生防疫条件，降低疾病发生，提高仔畜存活率；也可通过对母猪等的补贴来维持生猪的饲养，从而达到降低仔畜费用的目的。

第四，政府应给予生产者科学的指导，帮助生产者稳产粮食（见4.3.2的分析）。从事生猪饲养并不是生产者唯一的工作，而是从事多种经营，主要是从事种植业。进一步调研时获知更多的生产者在决定自己生猪的饲养量时是依据自己土地生产粮食的数量。即生产者主要是使用自产粮食作为生猪所需粮食的主要来源，而饲料费在总变动成本中占最大比例。政府可通过帮助生产者稳产以及引导生产者科学饲喂，在饲养方式，精、青、粗饲料的科学配比、饲喂次数、饲养技术、饲槽结构以及饲料的管理等方面进行改良，充分提高饲料利用率，减少饲料消耗，指导生产者降低变动成本中的饲料费用。

第五，政府应为生产者适当扩大养殖规模提供具有发展潜力的保障条件。一方面，应为现有生猪生产者继续留在养猪行业提供条件；另一方面，也应为获利达不到预期要求的生产者创造获利条件。虽然处于盈利状态的部分黑龙江省中规模生猪养殖场（户）很容易达到盈亏平衡出栏量，但生产者获利差异大（见第4章分析），同时，生产者在进行生猪养殖时，还会将自己的获利情况与其他行业进行对比。

第六，政府还应适当引入竞争机制，让生猪养殖场（户）参与市场竞争，不能完全依靠国家对母猪的补贴来维持生猪饲养。例如，从国外直接进口猪肉等，国外猪肉价格常低于国内，竞争机制的引入在一定程度上会促使生猪生产者自觉地调整规模、人工投入以及固定成本与变动成本的选择等。相反，如果国家一直对生产者进行补贴，在有补贴的时候就养猪，当没有补贴的时候就不养或少养。这不但增加了国家的财政负担，而且也使生猪生产者不愿通过自身的努力去发展生猪生产，难以激励生产者自觉调整变动成本与固定成本。

7.3.3 调整中规模生猪生产者风险规避度的建议

阎春宁（2002）指出，风险规避的对策可以分为五类：回避、预防、分散、分离和转移，其目的是通过综合运用一些对策以达到控制风险、减少损失的目的。政府的政策引导可帮助生猪生产者预防和转移风险。在前述研究中，仔畜重量、饲料用量通过中规模生猪生产者随机生产函数检验，故需对仔畜和饲料提出相关建议；同时研究表明，仔畜价格、饲料价格与生猪出栏价格的变化影响其风险规避系数和效用值进而影响其供给决策。因此从预防风险和转移风险方面针对仔畜、饲料以及仔畜价格、饲料价格与生猪出栏价格提出建议。

第一，为中规模生猪生产者提供优良仔畜。依据对黑龙江省中规模生猪生产者风险函数回归结果（见 5.2.4 的分析）可知仔畜重量为风险产量减少型投入要素，表明仔畜重量的增加可以减少风险产量，使生猪出栏量更趋近于平均生产函数所决定的平均出栏量。在中规模生猪生产者购买仔畜数量不变的条件下，因体重较大的仔畜不但抗病能力强，而且在后期成长中体重也有明显的优势，以此推测生猪生产者应更愿意购买体重大的仔畜。但是仔畜重量大，成本高，即使体重大的仔畜能使出栏重量增加，生产者还不愿意购买体重大的仔畜，即体重大的仔畜反而使风险产量减少。

因此，为了降低仔畜给生猪养殖业带来的风险，一是应加大良猪育种的投入。通过增加良种繁育研究投入，完善生猪良种繁育体系，推广优良种猪，提高生猪育种质量，获得优质仔畜。二是为中规模生猪生产者提供购买仔畜的充分信息。例如，在仔畜选择上政府部门或当地农业推广站应引导生产者购买存活率高及生产周期短的仔畜。三是应提供仔畜到生猪出栏养殖技术支持，减少仔畜死亡损失。四是政府应增加生猪防疫补贴，尤其是仔畜防疫，进一步降低死亡损失。

第二，保持饲料玉米的稳定供给。饲料为风险产量增加型投入要素（见5.2.4 的分析），即在饲料中占较大比例玉米（见附表 7-3 的说明）的增加可使生猪养殖的风险产量增加。当被调研生产者的玉米供给量突增时，就会在现有生猪生产能力的条件下增加生猪饲养，更充分利用其生产能力，使生猪出栏量突增，即波动的风险产量增加，对比平均生产函数决定的平均产量会出现较

第7章 研究结论、研究不足与政策建议

大幅度上涨。生产者拥有的耕地面积（见5.2.1研究前提）在短期内不变，生猪养殖规模除取决于生产者种植的玉米数量，对于拥有较多耕地面积的生产者，因其可多种植玉米为生猪提供饲料而降低了饲料成本，故玉米耕地面积的增加能够增加风险产量。因此政府应引导生产者综合考虑其拥有的土地、资金和生产资料等各种生产资源，可通过土地流转等方式增加生产者玉米的种植面积，从而降低生猪养殖的饲料成本，提高生猪出栏量；这可增加生猪生产资料的补贴（如耕地面积的补贴），以帮助生产者在投入价格上涨或生猪出栏价格下降时，使其满足程度不变或上升来稳定提高生猪养殖数量。此外，由于饲料成本在生猪养殖成本中占比例大（见附表7-3），在饲料选择上应引导生产者使用转化率较高的饲料，同时应为生产者自行配制饲料提供更多条件，如保障浓缩饲料的质量；应引导生产者采取先进加工技术，提高饲料营养价值，制成全价配合料，科学搭配精饲料与粗饲料，针对不同阶段的生猪调配最合适的饲料配比。对于采用浓缩饲料与自己种植玉米或购买玉米自行配制饲料的生产者来说，就要为生产者提供购买浓缩饲料的充分信息，保障生产者能够买到质量合格的浓缩饲料，这一点对于中规模生猪生产者尤为重要，因为更多的生产者为了降低饲料成本运用粉碎机粉碎玉米进行饲料配制。同时，采用科学养殖的新技术和新方法，最大限度地降低饲料在使用过程中的浪费，提高生猪对饲料的吸收利用率。

第三，保持投入要素价格与生猪出栏价格的相对稳定性。从中规模生猪生产者风险规避（见5.3.2）视角，以及仔畜价格、饲料价格、生猪出栏价格对平均风险规避系数、盈亏值及效用值的影响（见6.3的分析），提出保持投入要素价格与生猪出栏价格变化比例稳定的建议。

投入要素价格与生猪出栏价格的稳定可使生猪生产者的风险规避程度和盈亏值相对稳定，从而使生产者从事生猪养殖业的满足程度保持稳定，有利于中规模生猪生产者提供持续的生猪供给。政府应对仔畜价格、饲料价格及生猪出栏价格进行监测与调控。

为防止因市场供求关系变动引起仔畜价格剧烈波动，统计部门应加强对市场供求情况的预警，包括存栏母猪的情况及影响仔畜生长的疫病等。通过各县市畜牧局网站或微信平台反馈信息给生产者，为生产者依据自身的养殖经验选择仔畜以及生产者能接受的价格购买仔畜，使仔畜价格风险在生产者能够接受

的范围内。

政府应为生产者提供充分的饲料购买信息。政府应该为直接采用全价饲料的生产者提供充分的信息,防止个别全价饲料生产厂家利用信息的不对称性欺骗生产者,从而使生产者能够购买到价格合理的全价饲料。保持玉米价格稳定,减少因市场风险、自然风险带来的剧烈波动。当玉米价格变化时政府应实施相关措施保证玉米价格稳定,如临时收储价格政策,玉米下游企业购买玉米补贴政策等,以及增加玉米价格信息传播渠道等,从而保持饲料价格的稳定。同时,在市场价格剧烈波动时应加强宏观调控,通过行业协会进行市场监管,加大饲料销售过程中价格监督力度,从而保障生产者购买到价格合理的饲料。

为防止因生猪市场供求关系的不平衡导致生猪产业不能稳定持续发展,应建立统一的生猪市场信息发布与交流平台,及时为生产者提供生猪价格、供需等方面的信息,提高市场价格信息的反馈效率,提高生猪市场信息的传播效率与资源的共享效率,增加市场谈判优势,获取更高的生猪产品售价。

第四,鼓励中规模生猪生产者运用金融衍生工具转移风险。依据中规模生猪生产者风险规避(见5.3.2)的结论,提出鼓励中规模生猪生产者运用金融衍生工具转移风险。

有学者认为可从生猪期货交易角度提出规避风险和促进生猪有效供给的措施。杨枝煌(2008)从银行信贷、生猪保险和生猪期货三方面提出了生猪市场金融化综合治理机制。张晓彤(2010)指出,当生猪出栏量下降时生猪市场供应量将下降,从而使供小于求,导致生猪价格上涨,并提出生猪期货可有效调控生猪价格波动。黄文君和乔娟(2012)借鉴美国生猪期货市场发展经验,提出通过"套期保值者的参与"以及"不断适应现货市场发展需要"两个启示来规避生猪的养殖风险。杨东梅(2015)通过分析生猪期货的必要性和可行性,提出了促进生猪有效供给、稳定生猪市场的一系列政策建议。

因此,为生产者提供安全可靠的期货交易平台将降低生产者养殖生猪所面临的风险,从而使生猪生产者继续从事养猪业。

第五,建立生猪养殖保险制度。在实际调研中生产者表示想要为生猪进行保险,不过没有保险公司愿意为其服务。因此,政府应倡导保险公司为生猪生产者提供保险业务,建立完善的生猪保险制度,可通过对提供生猪保险的公司进行补贴、减税等方式提高其为生猪行业保险的积极性。同时,增加生猪保险的类型，使其将保险品种多样化，例如仔畜险、母猪险、灾害险、疫病险等，从而通过不同的保险降低生猪养殖户的风险规避程度，进而提高生产者养殖生猪的积极性。

7.4 本章小结

依据实证分析的结论，分别从要素投入角度、中规模生猪生产者盈亏平衡角度与调整中规模生猪生产者风险规避度角度提出建议；并阐述了研究不足。

附 录

附录 A 全国不同规模生猪出栏量

附表 1-1　2001—2006 年全国生猪不同饲养规模出栏量

单位：万头

年份	饲养规模 1~9	10~49	50~99	100~499	500~2999	3000~9999	1万~5万	5万以上	总出栏量
2001	—	—	4977.26	4165.14	2406.49	1342.17	1115.39	116.48	53281.1
2002	33858.83	10534.41	5363.74	5165.14	2936.32	1643.23	1283.88	205.84	60991.39
2003	34773.06	12094.52	5899.85	5963.93	3647.70	1741.97	1418.12	235.84	65774.99
2004	—	—	7382.14	7502.24	4542.57	2061.53	1567.32	338.29	57278.5
2005	—	—	9490.67	8810.05	5344.90	2500.89	1814.41	296.58	60367.4
2006	—	—	10565.82	10375.64	6066.56	2792.83	2045.56	—	61207.3

资料来源：1. 2001 年、2004 年、2005 年和 2006 年的生猪"总出栏量"来自《中国统计年鉴》（2002，2005—2011），由于 1~49 头这一规模设有统计数据，所以表中按规模统计后与上述几年的总出栏量指标并值不相等。
2. 2002 年、2003 年生猪"总出栏量"依据《中国畜牧年鉴》（2003，2005—2011）不同规模出栏量统计获得。

— 154 —

附表1-1A 2007—2010年全国生猪不同饲养规模出栏量

单位：万头

年份	饲养规模								总出栏量
	1~49	50~99	100~499	500~999	1000~2999	3000~4999	5000~9999	1万~5万	5万以上	
2007	41418.37	10424.39	10995.64	5682.37	4611.53	2261.94	1848.26	2736.14	378.72	80357.36
2008	37764.7	11086.16	13498.77	7183.13	6104.77	3230.98	2684.55	3665.94	546.34	85765.34
2009	34061.01	11394.69	14743.69	8397.18	7126.76	3782.04	3285.32	4570.54	730.75	88091.98
2010	33149.5	11900.9	16087.2	9543.5	8331.4	4329.3	3861.3	5269.7	927.1	93399.9

资料来源：《中国畜牧年鉴》（2008—2011）—"全国生猪规模饲养情况"。

注：《中国畜牧年鉴》（2002—2007）是按照1~49（头）、5万头以上的规模分别统计生猪出栏量，此年鉴在不同年份划分的规模标准并不一致，附表1-1A中是将规模一致的统计数据列在了表中。

附表1-2 2001—2006年全国生猪不同饲养规模出栏量所占比例

单位：%

年份	饲养规模									合计
	1~9	10~49	50~99	100~499	500~2999	3000~9999	1万~5万	5万以上	50~499	
2001	—	—	35.24	29.49	17.04	9.50	7.90	0.82	17.16	100
2002	55.51	17.27	8.79	8.47	4.81	2.69	2.11	0.34	17.26	100
2003	52.87	18.39	8.97	9.07	5.55	2.65	2.16	0.36	18.04	100
2004	—	—	31.56	32.07	19.42	8.81	6.70	1.45	25.99	100
2005	—	—	33.59	31.18	18.91	8.85	6.42	1.05	30.32	100
2006	—	—	33.18	32.58	19.05	8.77	6.42	—	34.21	100

注：依据"附表1-1"中原始数据计算不同生猪饲养规模所占比例。

附表1-2A 2007—2010年全国生猪不同饲养规模出栏量所占比例

单位：%

年份	饲养规模								
	1~49	50~99	100~499	500~999	1000~2999	3000~4999	5000~9999	1万~5万	5万以上	合计	50~499

年份	1~49	50~99	100~499	500~999	1000~2999	3000~4999	5000~9999	1万~5万	5万以上	合计	50~499
2007	51.54	12.97	13.68	7.07	5.74	2.81	2.30	3.40	0.47	100	26.66
2008	44.03	12.93	15.74	8.38	7.12	3.77	3.13	4.27	0.64	100	28.67
2009	38.67	12.93	16.74	9.53	8.09	4.29	3.73	5.19	0.83	100	29.67
2010	35.49	12.74	17.22	10.22	8.92	4.64	4.13	5.64	0.99	100	29.97

注：依据"附表1-1A"中原始数据计算不同生猪饲养规模所占比例。

附表1-3 2001—2010年全国各省（区、市）100~499头饲养规模年出栏量

单位：万头

省份	年份									
	2001	2002	2003	2004	2005	2006	2007	2008	2009	2010
北京	64.83	83.4	80.93	69.36	76.91	75.18	55.87	47.37	48.88	47
天津	65.99	72.38	64.94	72.07	121.56	133.57	209.51	174.9	165.92	151.9
河北	300.95	450	577.97	660.27	721.62	725.37	822.52	755.19	912.33	1013.1
山西	44.91	66.05	72.49	98.27	121.04	130.37	141.16	162.16	201.84	230
内蒙古	24.94	17.08	13.71	9.09	41.08	37.39	38.03	82.94	95.79	110.1
辽宁	156.64	288.32	279.12	439.5	476.4	586.2	614.84	684.91	710.62	749.4
吉林	222.91	35.39	40.85	272.1	335.57	391	360.72	479.13	647.96	861.3
黑龙江	177.72	218.59	211.99	278.8	541	560.4	182.3	582.8	625.76	681.6
上海	38.3	44.76	44.13	36.08	36.04	37.24	28.92	29.34	29.42	35.7
江苏	182.1	176.51	233.74	300.86	373.03	503.49	531.23	691.26	821.37	982.6
浙江	293.1	327.37	390.41	411.76	401.2	428.31	427.5	480.9	556.11	570.4

续表

省份	年份									
	2001	2002	2003	2004	2005	2006	2007	2008	2009	2010
安徽	89.64	227.48	176.58	205.44	255.86	308.35	314.41	367.7	522.04	536
福建	174.33	219.47	286.42	297.52	337.71	351.59	357.05	487.18	525.8	489.2
江西	82.5	138.8	168.97	232.24	31.18	312.84	343.63	401.6	362.1	374.6
山东	381.38	566.62	641.77	812.39	1040.27	1040.55	1368.66	1423.23	1590.73	1710.6
河南	358.04	501.88	732.69	780.69	1025.31	1214.38	838.43	1481.66	1254.73	1461.8
湖北	108.16	89.9	121.03	202.96	260.58	331.41	448.74	621.79	827.68	958.8
湖南	415.16	743.23	716.82	852.71	878.3	1248.56	1376.66	1590.65	1342.29	1354.9
广东	613.83	401.84	457.63	589.96	567.14	627.58	743.23	701.21	658.35	716.5
广西	111.87	141.39	136.84	135.41	167.71	221.65	239.5	310.34	371	391.4
海南	14.33	14.27	12.6	18.66	21.89	24.73	41.9	30.6	46.48	63.5
重庆	17.48	38.11	43.24	83.01	119.38	146.17	204.39	216.48	272.42	299.1
四川	95.99	136.75	262.15	321.52	461.64	544.5	728.65	953.46	1256.52	1316.3
贵州	10.89	10.72	11.12	89.37	62.84	50.36	54.47	55.21	77.46	93.3
云南	36.71	42.12	44.58	76.66	77.38	98.03	131.4	169.99	193.27	197.6
西藏	0.15	0.07	0.04	0.04	0.03	—	1.94	0.05	0.05	0.4
陕西	17.27	45.62	48.31	49.86	113.89	82.41	213.35	249.04	280.58	374.4
甘肃	31.81	22.12	35.81	36.66	52.06	62.68	98.84	90.66	117.95	131.1
青海	1.1	1.97	1.88	4.96	6.92	5.98	4.91	6.77	6.75	8
宁夏	13.59	15.48	13.65	13.94	28.65	26.01	25.59	28.83	51.74	46.9
新疆	18.52	27.45	41.52	50.08	55.86	68.98	47.31	141.42	169.76	174.6

资料来源：《中国畜牧年鉴》(2002—2011)。

附表1-4　2001—2010年20省（区、市）100~499头生猪出栏量排序及分组

组距	6000头及以上				5999~4000头				3999~3000头				3000头以下			
省份	山东	湖南	河南	四川	广东	辽宁	江苏	浙江	黑龙江	湖北	吉林	安徽	广西	陕西	山西	天津	新疆	甘肃	宁夏
出栏总量	10576.2	10519.28	9649.61	6077.48	6077.27	4985.95	4796.19	4287.06	4060.96	3971.05	3646.93	3003.5	2227.11	1474.73	1268.29	1232.74	795.5	679.69	264.38

注：依据附表1-3数据计算。

附录B　全国各省（区、市）中规模生猪每头精饲料费用

附表2-1　2001—2010年全国各省（区、市）中规模生猪每头精饲料费用

单位：元/头

省份	年份									
	2002	2003	2004	2005	2006	2007	2008	2009	2010
北京	362.71	341.06	417.72	424.43	396.91	539.83	597.96	701.87	714.24
天津	355.78	370.41	412.06	414.90	437.27	557.57	641.77	646.60	686.55
河北	299.44	345.93	395.11	409.65	419.04	453.8	552.71	581.05	621.04
山西	314.1	295.64	431.48	419.42	453.18	538.85	617.27	649.90	712.75
内蒙古	352.82	432.43	481.57	504.73	505.06	609.4	942.69	920.80	984.26
辽宁	336.83	339.16	435	417.03	452.07	568.54	713.19	696.75	776.37
吉林	364.62	387.32	453.11	413.23	472.16	561.78	707.30	740.16	755.03
黑龙江	276.75	292.65	345.91	326.96	395.19	486.52	545.32	601.37	652.70
江苏	265.23	287.57	355.99	369.17	342.24	443.7	595.20	555.81	652.84

— 158 —

续表

省份	2002	2003	2004	2005	2006	2007	2008	2009	2010
浙江	311.56	384.16	517.66	490.08	487.51	596.14	817.29	818.33	851.37
安徽	249.57	252.71	442.96	436.92	460.81	596.81	761.98	729.33	744.69
福建	362.7	382.25	—	—	—	—	—	589.13	849.80
江西	271.48	333.51	389.01	401.91	523.91	691.63	835.73	821.91	958.02
山东	315.56	348.53	416.3	426.70	411.18	527.93	598.44	614.12	665.92
河南	355.36	404.88	509.72	533.37	447.14	519.16	640.46	630.55	685.36
湖北	422.95	444.24	584.91	536.04	531.21	611.36	752.24	751.49	839.03
湖南	267.02	380.46	482.55	483.28	541.97	633.24	813.15	835.10	921.78
广东	298.12	352.54	448.21	427.68	482.56	539.56	734.19	711.35	802.66
广西	199.51	365.64	266.57	497.85	462.95	559.24	719.72	706.76	738.79
海南	—	—	—	—	529.21	—	623.85	598.72	635.77
重庆	209.24	377.63	286.96	210.38	448.19	362.22	462.49	601.78	713.07
四川	—	—	464	—	240	431.45	391.14	550.87	504.62
贵州	313.68	333.01	396.92	417.15	398.61	469.33	495.02	591.13	644.86
云南	355.94	361.37	326.52	294.93	325.36	600.69	792.50	721.69	815.30
陕西	205.95	357.7	399.62	441.89	475.05	475.09	596.33	608.35	689.79
甘肃	318.15	293.19	335.49	287.73	321.58	570.28	728.66	729.71	774.25
青海						437.82	625.14	597.19	706.14

— 159 —

续表

省份\年份	2002	2003	2004	2005	2006	2007	2008	2009	2010
宁　夏	261.92	330.02	364.93	409.85	434.32	614.93	727.54	688.96	740.92
新　疆	358.11	384.21	444.63	401.92	396	507.81	510.03	585.48	646.92

资料来源：《全国农产品成本收益资料汇编》（2001—2011）。

注：1.《全国农产品成本收益资料汇编》中，中规模生猪统计范围标准为（100，1000），《中国畜牧年鉴》的统计范围（100～499），本书选取使用《中国畜牧年鉴》中规模生猪仔畜费用作为模型中变量的数据来源。此范围也在《全国农产品成本收益资料汇编》的中规模生猪统计范围内，因此，本书使用这一范围的精饲料费用作为模型中变量的数据来源。

2. 不包含港澳台地区。

附录 C　全国各省（区、市）仔畜费、仔畜重量及仔畜千克价

附表 3-1　2001—2010 年全国各省（区、市）中规模生猪仔畜费、仔畜重量与仔畜千克价

单位：元/千克

省份\年份	2002			2003			2004			2005		
	仔畜费	仔畜重量	仔畜千克价	仔畜费	仔畜重量	仔畜千克价	仔畜费	仔畜重量	仔畜千克价	仔畜费	仔畜重量	仔畜千克价
北　京	150.86	19.7	7.66	164.53	19.9	8.27	297.23	22.60	13.15	232.46	16.20	14.35
天　津	165.97	18.4	9.02	168.1	20.6	8.16	254.26	17.80	14.28	249.37	18.70	13.34
河　北	136.89	19.6	6.98	139.17	17.2	8.09	237.01	17.10	13.86	210.67	16.90	12.47
山　西	85.16	13.1	6.50	95	10.3	9.22	202.73	12.80	15.84	162.83	12.70	12.82
内蒙古	107.08	10.5	10.20	128.57	114.4	1.12	207.94	12.90	16.12	220.22	13.80	15.96

续表

省份	2002 仔畜费	2002 仔畜重量	2002 仔畜千克价	2003 仔畜费	2003 仔畜重量	2003 仔畜千克价	2004 仔畜费	2004 仔畜重量	2004 仔畜千克价	2005 仔畜费	2005 仔畜重量	2005 仔畜千克价
辽宁	129.85	14.2	9.14	141.57	14.2	9.97	207.88	13.20	15.75	175.62	12.90	13.61
吉林	148.52	17.2	8.63	156.85	17.3	9.07	264.97	15.80	16.77	223.50	15.70	14.24
黑龙江	114.53	14.7	7.79	136.64	15.4	8.87	196.79	14.50	13.57	177.79	14.50	12.26
上海	—	—	—	—	—	—	—	—	—	—	—	—
江苏	158.71	32.1	4.94	162.29	29.7	5.46	273.65	30.10	9.09	281.26	29.50	9.53
浙江	181.71	28.3	6.42	178.04	24.3	7.33	281.98	24.20	11.65	293.11	27.30	10.74
安徽	120.17	19.6	6.13	127.03	18.9	6.72	188.15	15	12.54	188.30	15.30	12.31
福建	217.84	23.1	9.43	240.08	22.8	10.53	—	—	—	—	—	—
江西	—	—	—	—	—	—	—	—	—	—	—	—
山东	174.74	29.7	5.88	179	26.3	6.81	286.53	26.10	10.98	260.77	26.90	9.69
河南	111.82	13.8	8.10	115.24	12.1	9.52	206.69	14.20	14.56	189.04	14.4	13.13
湖北	132.18	15.2	8.70	171.53	17.5	9.80	247.40	17.40	14.22	224.10	13.90	16.12
湖南	135.46	12.4	10.92	141.73	12.4	11.43	207.10	8.30	24.95	233.32	10	23.33
广东	184.94	20.7	8.93	203.66	20.3	10.03	257.31	18.70	13.76	265.55	17.80	14.92
广西	175.99	21	8.38	187.1	20.4	9.17	241.79	18	13.43	213.12	17.60	12.11
海南	163.94	29.1	5.63	239.22	27.4	8.73	266.57	24.20	11.02	215.55	19.4	11.11
重庆	—	—	—	—	—	—	—	—	—	—	—	—
四川	71.52	11	6.50	195.9	25.6	7.65	206.18	25.80	7.99	204.51	24.2	8.45
贵州	—	—	—	—	—	—	174.25	13.80	12.63	—	—	—

— 161 —

续表

省份	2002 仔畜费	2002 仔畜重量	2002 仔畜千克价	2003 仔畜费	2003 仔畜重量	2003 仔畜千克价	2004 仔畜费	2004 仔畜重量	2004 仔畜千克价	2005 仔畜费	2005 仔畜重量	2005 仔畜千克价
云南	147.76	20.5	7.21	177.5	20.1	8.83	225.31	22.70	9.93	222.12	20.7	10.73
西藏	—	—	—	—	—	—	—	—	—	—	—	—
陕西	77.09	8.4	9.18	69.16	8.3	8.33	113.01	11.10	10.18	174.77	12.9	13.55
甘肃	80.48	9.5	8.47	124.24	10.6	11.72	177.93	10.80	16.48	209.60	12.2	17.18
青海	136.77	12.1	11.30	140.75	13.9	10.13	179.37	15.10	11.88	206.38	15.8	13.06
宁夏	101.82	10.6	9.61	95.08	9.8	9.70	209.17	10.80	19.37	192.60	12.3	15.66
新疆	117.07	16.2	7.23	110	15	7.33	121.96	9.70	12.57	170.69	15.0	11.38

省份	2006 仔畜费	2006 仔畜重量	2006 仔畜千克价	2007 仔畜费	2007 仔畜重量	2007 仔畜千克价	2008 仔畜费	2008 仔畜重量	2008 仔畜千克价	2009 仔畜费	2009 仔畜重量	2009 仔畜千克价	2010 仔畜费	2010 仔畜重量	2010 仔畜千克价
北京	228.03	21.4	10.66	332.96	17.5	19.03	463.79	20.80	22.30	403.19	23.52	17.14	347.09	20.11	17.26
天津	173.71	18	9.65	336.39	16.1	20.89	504.86	16.40	30.78	336.46	19.02	17.69	307.51	18.19	16.91
河北	146.26	20.1	7.28	330.26	19	17.38	418.37	17.90	23.37	294.84	17.61	16.74	278.44	18.18	15.32
山西	111.16	10.5	10.59	284.46	10.9	26.10	392.95	10.10	38.91	258.07	10.77	23.96	211.88	11.27	18.80
内蒙古	136.29	13.9	9.81	257.67	10.5	24.54	343.55	12.80	26.84	264.76	11.68	22.67	229.12	12.61	18.17

续表

省份	2006 仔畜费	2006 仔畜重量	2006 仔畜千克价	2007 仔畜费	2007 仔畜重量	2007 仔畜千克价	2008 仔畜费	2008 仔畜重量	2008 仔畜千克价	2009 仔畜费	2009 仔畜重量	2009 仔畜千克价	2010 仔畜费	2010 仔畜重量	2010 仔畜千克价
辽宁	100.34	12.8	7.84	320.41	12	26.70	423.32	12.10	34.99	257.68	11.63	22.16	243.93	11.88	20.53
吉林	152.69	16.5	9.25	413.96	16.2	25.55	463.36	14.30	32.40	302.88	14.42	21.00	257.23	14.37	17.90
黑龙江	112.21	14.2	7.90	278.94	13.6	20.51	431.53	14.10	30.60	291.23	12.85	22.66	262.93	13.30	19.77
上海	—	—	—	—	—	—	511.77	28.90	17.71	—	—	—	—	—	—
江苏	193.41	28	6.91	309.46	27.8	11.13	515.47	25.50	20.21	335.69	28.70	11.70	292.83	26.41	11.09
浙江	245.27	25.4	9.66	450.99	26.3	17.15	412.58	17.10	24.13	389.18	24.47	15.90	388.45	26.54	14.64
安徽	193.21	24.3	7.95	346.39	17.2	20.14	572.69	17.60	32.54	265.83	16.77	15.85	233.49	15.74	14.83
福建	—	—	—	—	—	—	512.61	27.20	18.85	461.15	16.43	28.07	244.52	17.90	13.66
江西	215.56	19.8	—	393.84	17	—	465.98	14.90	31.27	352.01	17.17	20.50	357.91	18.42	19.43
山东	177.82	26.3	6.76	394.60	26.9	14.67	505.99	14.90	33.96	338.64	26.83	12.62	322.61	26.49	12.18
河南	128.67	15.1	8.52	319.96	13.4	23.88	466.70	9.80	47.62	269.64	14.63	18.43	275.54	15.61	17.65
湖北	159.88	15.9	10.06	342.95	16.2	21.17	564.58	16.60	34.01	288.66	13.97	20.66	293.62	15.71	18.69
湖南	130.61	10.6	12.32	294.36	12.1	24.33	581.75	17.00	34.22	280.03	10.91	25.67	249.88	11.74	21.28
广东	222.45	17.2	12.93	426.75	19.3	22.11	371.86	16.00	23.24	400.75	17.57	22.81	418.67	18.04	23.21

— 163 —

续表

省份	2006 仔畜费	2006 仔畜重量	2006 仔畜千克价	2007 仔畜费	2007 仔畜重量	2007 仔畜千克价	2008 仔畜费	2008 仔畜重量	2008 仔畜千克价	2009 仔畜费	2009 仔畜重量	2009 仔畜千克价	2010 仔畜费	2010 仔畜重量	2010 仔畜千克价
广西	182.37	16.7	10.92	393.46	17.8	22.10	587.89	21.60	27.22	379.97	17.06	22.27	369.52	16.95	21.80
海南	166.57	16.8	9.91	308.67	—	—	600.18	24.50	24.50	254.45	17.25	14.75	270.74	18.20	14.88
重庆	—	—	—	—	20.1	12.27	490.64	19.30	25.42	386.58	25.32	15.27	323.80	25.10	12.90
四川	127.93	16.1	7.95	333.81	27.2	—	573.41	20.30	28.25	372.51	24.86	14.98	276.90	24.70	11.21
贵州	144	16	—	447.43	17.6	15.52	438.75	15.90	27.59	304.02	20.49	14.84	251.00	19.32	12.99
云南	155.68	21.8	7.14	344.56	22.2	—	357.92	8.30	43.12	335.01	20.55	16.30	284.65	20.27	14.04
西藏	—	—	—	—	—	18.03	463.00	13.00	35.62	—	—	—	—	—	—
陕西	100.03	9.6	10.42	263.30	14.6	30.58	393.40	13.90	28.30	267.12	10.69	24.99	262.83	13.88	18.94
甘肃	165.48	11.1	14.91	272.12	8.9	21.23	357.86	13.30	26.91	229.98	9.22	24.94	181.12	9.39	19.29
青海	195.5	17.2	11.37	312.08	14.7	24.44	463.79	20.80	22.30	353.94	13.73	25.78	337.55	13.83	24.41
宁夏	140.6	12.6	11.16	320.13	13.1	18.03	504.86	16.40	30.78	293.11	14.69	19.95	259.83	13.49	19.26
新疆	177.11	12.6	14.06	232.55	12.9	—	418.37	17.90	23.37	220.55	12.41	17.77	237.43	15.36	15.46

资料来源：《全国农产品成本收益资料汇编》（2002—2011）。

注：1. 上表中仔畜价的计算公式为：仔畜千克价=仔畜费/仔畜重量。
2. 不包含港澳台地区。

附录 D 全国各省（区、市）生猪价格

附表 4-1 2001 年生猪（活猪、毛猪）价格 单位：元/斤

省 份	1月	2月	3月	4月	5月	6月	7月	8月	9月	10月	11月	12月	平均价格
北 京	7.4	7.5	7.6	6.8	6.55	6.6	6.94	6.83	7	6.86	6.48	6.5	6.92
天 津	—	7.5	7.6	5.87	6.35	—	6.55	6.55	6.43	6.37	6.6	6.45	6.63
河 北	6.32	6.44	5.99	5.9	5.52	5.67	5.8	6.02	5.95	5.82	5.85	5.75	5.92
山 西	6.5	6.71	6.05	6.3	5.87	5.38	5.57	6.64	6.13	6.13	6.12	6.34	6.15
内蒙古	6.4	6.68	6.34	6.06	6.55	6.2	6.43	6.2	6.33	6.69	6.77	6.76	6.45
辽 宁	6.35	6.59	6.07	5.5	5.47	5.45	5.63	5.95	5.97	5.94	6.2	6.31	5.95
吉 林	6.37	6.36	6.08	5.61	5.34	5.54	5.62	5.96	5.98	6.05	6.42	6.54	5.99
黑龙江	—	—	6.5	6.5	6.6	5.8	5.6	5.8	6	6	6	6.2	6.10
上 海	7.3	7.48	7.38	7.28	7.13	7.15	7.2	6.95	6.9	6.95	7	7.1	7.15
江 苏	5.71	5.97	5.77	5.63	5.3	5.13	5.19	6.6	6.85	6.83	5.73	5.46	5.85
浙 江	6.46	6.78	6.72	6.47	6.18	5.97	6.04	6.15	6.35	6.21	6.19	6.32	6.32
安 徽	6.84	6.55	6.26	6.11	5.78	5.8	5.69	6.08	6.04	6.14	6.94	5.88	6.18
福 建	7.24	7.18	7.11	7.07	6.75	6.67	6.81	6.79	6.64	5.65	6.68	6.58	6.76
江 西	6.63	6.57	6.65	6.47	6.27	6.1	6.03	6.03	6.14	6.16	6.01	6.06	6.26
山 东	—	6.03	5.8	5.54	5.59	5.28	5.46	5.6	5.8	5.85	5.71	5.86	5.68
河 南	5.93	6.02	5.93	5.78	5.68	5.4	5.32	5.48	5.62	5.71	5.66	5.52	5.67
湖 南	6.14	6.1	6	5.85	5.71	5.7	5.57	5.67	5.73	5.85	5.52	5.76	5.80
湖 北	6.31	6.15	6.23	6.33	6.06	5.99	5.91	5.96	6.03	6.04	6.03	5.99	6.09
广 东	7.29	7.23	7.98	6.89	7.1	7.13	7.17	7.07	7	6.9	6.87	6.88	7.13
广 西	—	5.87	—	5.81	5.48	5.46	5.58	5.49	5.59	5.61	5.55	5.61	5.61
海 南	8.03	8.38	7.77	7.8	7.52	7.4	7.55	7.82	7.1	7.23	7.3	7.38	7.61
重 庆	6.24		5.14	5.07	5.08	4.89	4.87	4.97	5.09	5.17	5.67	5.44	5.24
四 川	5.16	5.36	5.27	5.36	4.97	5.13	5.03	5.39	5.67	5.82	5.53	5.85	5.38
贵 州	5.89	5.8	5.67	5.93	5.93	5.93	6.25	5.8	5.8	5.73	6.08	5.82	5.89
云 南	5.42	5.24	5.19	5.12	4.95	4.81	4.98	5.09	5.41	5.71	5.77	5.84	5.29
西 藏	—												0.00
陕 西	6.47	5.7	5.55	5.22	5.17	5.47	5.33	5.92	5.95	5.8	5.92	6.07	5.71
甘 肃	6.34	6.26	6.15	6.15	6.22	6.38	6.21	6.51	6.53	6.56	6.71	6.48	6.38
青 海	9.12	7.8	7.9	7.6	4.88		7.54	7.6	9	7.32	7.8	8	7.69
宁 夏	—	—	6	—	6.2	6.16			6.16	7	6.16	6.2	6.27
新 疆	6	7.59	7.56	7.08	—				6.8	7.5	7.5	7.6	7.20

资料来源：《中国畜牧年鉴》（2002—2010）。在《中国畜牧年鉴》（2004—2009）中统计指标为"毛猪价格"；2010 年《中国畜牧年鉴》中统计指标为"活猪价格"。

注：1. 本书使用的上一年生猪价格数据为各省（区、市）12 个月的平均价格本处原始数据单位为"元/斤"，模型回归时已转换为"元/千克"。

2. 2002—2009 年生猪价格数据由于篇幅所限未全部列在本附录中。

3. 不包含港澳台地区。

4. 国际单位换算：1 斤 = 0.5 千克。

附录 E 中规模（100~499 头）生猪生产者调研问卷

中规模（100~499 头）生猪生产者调研表

1. 调研地点：_____（市）_____（县、旗）_____（乡、镇）
2. 调研时间：_____

一、基本信息			
1	最近一次生猪实际出栏量（头）：	2	生猪出栏时间：
3	平均饲养天数（日）：	4	生猪出栏售价（元/千克）：
5	生猪出栏重量（千克/头）：		
6	仔畜（小猪）平均重量（千克/头）：	7	仔畜进价（元/千克）：
8	每头出栏生猪消耗精饲料量（千克/头）：	9	精饲料购买价格（元/千克）：
10	耗粮数量（千克/头）：	11	政府补贴（项目名称，金额）：

二、成本费用			
一、每户物质与服务费用			（单位：元）
（一）直接费用			（二）间接费用
1	仔畜费		1	固定资产折旧
2	精饲料费		2	保险费
3	青粗饲料费		3	管理费
4	饲料加工费		4	财务费
5	水费		5	销售费
6	燃料动力费		二、每户人工成本	
	电费		1	家庭用工折价
	煤费			家庭用工天数
				劳动日工价
7	医疗防疫费			雇工费用
8	死亡损失费		2	雇工天数
9	技术服务费			雇工工价
10	工具材料费			
11	修理维护费		三、土地成本	
12	其他直接费用			

注：调研问卷于 2015 年 5 月 6 日—2015 年 5 月 19 日全部收回。

附录 F 中规模（100~499头）生猪生产者调研问卷相关数据统计 I

附表 6-1　　66 个中规模生猪生产者固定成本费用

县（市）	乡镇（区）	序号	出栏量（头）	出栏时间	固定资产折旧（元）	技术服务费（元）	医疗防疫费（元）	固定成本费用合计（元）
安达	羊草	1	52	5.13	513.24	728.00	572.00	1813.24
		2	52	5.12	513.24	780.00	1248.00	2541.24
		3	53	4.01	523.11	265.00	1961.00	2749.11
		4	80	5.10	789.60	0.00	960.00	1749.60
		5	79	4.23	779.73	395.00	3555.00	4729.73
鹤岗市	东山	6	86	4.27	848.82	0.00	120.40	969.22
		7	60	5.10	592.20	0.00	100.20	692.40
		8	50	5.15	493.50	0.00	0.00	493.50
		9	50	5.15	493.50	0.00	50.00	543.50
富裕	富裕	10	60	4.20	592.20	0.00	2100.00	2692.20
		11	52	5.16	513.24	0.00	1045.20	1558.44
		12	52	4.29	513.24	193.44	374.92	1081.60
集贤	兴安	13	69	4.29	681.03	138.00	1035.00	1854.03
		14	59	5.20	582.33	0.00	826.00	1408.33
	福利	15	150	5.06	1480.50	750.00	1500.00	3730.50
		16	160	5.06	1579.20	800.00	1600.00	3979.20
	升昌	17	58	5.10	572.46	0.00	812.00	1384.46
	永安	18	63	5.09	621.81	0.00	630.00	1251.81
	腰屯	19	130	5.06	1283.10	260.00	1300.00	2843.10
		20	52	5.04	513.24	0.00	520.00	1033.24
		21	230	5.05	2270.10	460.00	2300.00	5030.10
	太平	22	52	5.04	513.24	0.00	520.00	1033.24

续表

县（市）	乡镇（区）	序号	出栏量（头）	出栏时间	固定资产折旧（元）	技术服务费（元）	医疗防疫费（元）	固定成本费用合计（元）
克山	发展	23	50	5.15	493.50	0.00	1300.00	1793.50
		24	50	5.12	493.50	0.00	1250.00	1743.50
	古北	25	50	4.01	493.50	0.00	1300.00	1793.50
		26	200	4.01	1974.00	0.00	2200.00	4174.00
	河北	27	142	5.01	1401.54	0.00	4970.00	6371.54
	向华	28	51	5.12	503.37	0.00	1632.00	2135.37
	河南	29	60	5.01	592.20	0.00	2100.00	2692.20
兰西	长江	30	56	4.25	552.72	0.00	1960.00	2512.72
	康荣	31	65	5.04	641.55	0.00	2080.00	2721.55
	长江	32	230	4.13	2270.10	0.00	8740.00	11010.10
林口	莲花	33	50	5.01	493.50	250.00	650.00	1393.50
	三通道	34	50	3.10	493.50	0.00	1000.00	1493.50
		35	200	3.06	1974.00	0.00	4000.00	5974.00
	朱家	36	200	5.06	1974.00	200.00	4200.00	6374.00
		37	150	2.01	1480.50	135.00	3150.00	4765.50
	刁翎	38	100	4.08	987.00	0.00	0.00	987.00
海伦	爱民	39	73	4.25	720.51	0.00	1154.86	1875.37
	扎音河	40	89	4.20	878.43	0.00	1602.00	2480.43
	百祥	41	62	4.22	611.94	0.00	949.84	1561.78
	海北	42	71	5.11	700.77	0.00	1030.21	1730.98
	福民	43	104	4.15	1026.48	0.00	1529.84	2556.32
	海伦	44	65	5.08	641.55	0.00	1010.10	1651.65
	爱民	45	107	5.10	1056.09	0.00	1679.90	2735.99
	百祥	46	53	4.16	523.11	0.00	873.97	1397.08
		47	143	5.08	1411.41	0.00	2189.33	3600.74
	海兴	48	74	5.08	730.38	0.00	1140.34	1870.72
	长发	49	192	4.10	1895.04	0.00	2920.32	4815.36
	爱民	50	93	4.23	917.91	0.00	1423.83	2341.74

续表

县（市）	乡镇（区）	序号	出栏量（头）	出栏时间	固定资产折旧（元）	技术服务费（元）	医疗防疫费（元）	合计（元）
海伦	海伦	51	220	4.16	2171.40	0.00	3399.00	5570.40
	海兴	52	58	5.06	572.46	0.00	894.94	1467.40
	福民	53	120	4.20	1184.40	0.00	1749.60	2934.00
	永和	54	62	4.18	611.94	0.00	979.60	1591.54
	双录	55	170	5.11	1677.90	0.00	2480.30	4158.20
望奎	通江	56	55	5.07	542.85	0.00	1375.00	1917.85
		57	60	5.03	592.20	0.00	1200.00	1792.20
	火箭	58	50	5.06	493.50	0.00	700.00	1193.50
		59	70	5.01	690.90	0.00	1001.00	1691.90
		60	60	5.01	592.20	0.00	798.00	1390.20
		61	61	4.22	602.07	0.00	1000.40	1602.47
		62	52	4.27	513.24	0.00	799.76	1313.00
依兰	达连河	63	60	4.28	592.20	180.00	900.00	1672.20
	三道岗	64	61	4.09	602.07	0.00	299.51	901.58
		65	63	4.25	621.81	0.00	119.70	741.51
	宏克力	66	70	5.14	690.90	200.20	1999.20	2890.30

注：1. 根据调研问卷中的调研数据进行整理计算，即依据生产者填写的附录 E 中的原始数据，按项目整理后获得该表数据。整理的项目主要包括固定资产折旧、技术服务费和医疗防疫费三项。

2. 2015 年 5 月 6 日—2015 年 5 月 19 日，分别对黑龙江省安达县、东山区、抚远县、富裕县、集贤县、克山县、兰西县、林口县、海伦市、林甸县、望奎县以及依兰县 12 个县（市）进行调研；出栏时间范围是 2015 年 4—5 月。

3. 关于固定资产折旧的说明。在调研问卷中，生产者对"固定资产折旧"指标的填写波动幅度较大，海伦市海北镇一位饲养规模为 159 头生产者填写的固定资产折旧值为 7 元/头，而安达市羊草县一位饲养规模为 52 头生产者填写的固定资产折旧值为 42 元/头。导致这种填写结果的原因是由于生产者饲养规模不同，另一方面是生产者使用了不同的折旧方法，有的生产者为了快速收回成本而采取了加速折旧的方法，故折旧值较大，而使用平均年限法或其他折旧方法的生产者填写的折旧值就较小。针对这种情况，采用《全国农产品成本收益资料汇编》（2006—2014）中黑龙江省中规模生猪"固定资产折旧"的平均数 9.87 元作为被调研生产者的固定资产折旧值。根据这一数值计算的 66 户中规模生猪生产者的固定资产折旧如表所示。

4. 关于"保险费"指标未统计在间接费用中的说明。在《全国农产品成本收益资料汇编》中，没有统计黑龙江省中规模生猪生产者的保险费。在实际调研中，通过对生产者的回访和相关专家了解到，国家虽然有政策让保险公司对生猪养殖企业或生产者进行保险，生猪生产者也愿意积极参保，但是保险公司不愿意为生产者提供此项保险服务。保险公司指出其不愿意接受生产者保险的原因是部分生产者经常重复申请保险损失。只有 7 户生产者（鹤岗市东山区 4 户，富裕县富裕县 1 户，以及林口县朱家镇、刁翎镇 2 户）填写了保险费，在后续调研中获知，这些保险费额实际上是生产者愿意交付的保险费，而不是实际支付的保险费。

5. 关于"管理费"指标未统计在间接费用中的说明。虽然《全国农产品成本收益资料汇编》中有，但是在调研中，只有 2 户生产者填写该费用，原因是调研中的中规模范围为 100～499 头，而一个批次的实际饲养规模为 50～230 头（全年为 100～460 头），而《全国农产品成本收益资料汇编》中的中规模统计范围为 100～1000 头，所以不纳入间接费用中。

附表6-2　　　　66户中规模生猪生产者其他变动成本

农户序号	出栏量（头）	水费（元）	饲料加工费（元）	燃料动力费（元）	工具材料费（元）	修理维护费（元）	家庭用工折价（元）	死亡损失费（元）	其他直接成本（元）	合计（元）
1	52	520.00	728	52.00	67.60	0.00	11648.00	416.00	0	13431.6
2	52	624.00	832	93.60	62.40	0.00	11648.00	416.00	0	13676.0
3	53	0.00	0	1139.50	53.00	0.00	11872.00	583.00	0	13647.5
4	80	0.00	0	160.00	80.00	80.00	15360.00	800.00	0	16480.0
5	79	0.00	0	2109.30	118.50	79.00	15168.00	711.00	0	18185.8
6	86	2099.26	0	419.68	0.00	140.18	15136.00	0.00	86	17881.1
7	60	1600.20	0	289.80	0.00	79.80	13440.00	0.00	120	15529.8
8	50	0.00	0	2000.00	0.00	0.00	12000.00	2400.00	0	16400.0
9	50	220.00	0	50.00	120.00	100.00	12000.00	2000.00	40	14530.0
10	60	0.00	100.2	3558.00	0.00	0.00	13440.00	0.00	0	17098.2
11	52	0.00	0	74.88	0.00	0.00	11648.00	0.00	0	11722.9
12	52	260.00	0	500.24	199.68	76.44	11648.00	1749.80	0	14434.2
13	69	69.00	69	1035.00	345.00	69.00	14352.00	1380.00	0	17319.0
14	59	59.00	59	944.00	177.00	118.00	13216.00	1062.00	0	15635.0
15	150	150.00	750	2250.00	750.00	450.00	15360.00	3000.00	150	22860.0
16	160	160.00	640	2400.00	800.00	480.00	16384.00	3200.00	0	24064.0
17	58	58.00	58	580.00	174.00	116.00	12992.00	1044.00	0	15022.0
18	63	315.00	315	630.00	945.00	630.00	13104.00	630.00	0	16569.0
19	130	65.00	130	1950.00	650.00	130.00	13520.00	2600.00	0	19045.0
20	52	26.00	52	780.00	260.00	52.00	11648.00	780.00	0	13598.0
21	230	115.00	230	2760.00	1150.00	230.00	23552.00	4600.00	0	32637.0
22	52	26.00	52	780.00	260.00	52.00	11648.00	780.00	0	13598.0
23	50	40.00	650	475.00	1500.00	195.00	12000.00	1150.00	500	16510.0
24	50	0.00	600	500.00	550.00	125.00	12000.00	1000.00	275	15050.0
25	50	300.00	400	275.00	200.00	1050.00	12000.00	390.00	300	14915.0
26	200	900.00	1200	1100.00	800.00	3600.00	20480.00	1700.00	1400	31180.0
27	142	127.80	1576.2	4785.40	1704.00	426.00	14540.80	1022.40	781	24963.6
28	51	66.30	612	445.23	107.10	168.30	11424.00	453.90	229.5	13506.3

续表

农户序号	出栏量（头）	水费（元）	饲料加工费（元）	燃料动力费（元）	工具材料费（元）	修理维护费（元）	家庭用工折价（元）	死亡损失费（元）	其他直接成本（元）	合计（元）
29	60	0.00	0	330.00	990.00	168.00	13440.00	570.00	348	15846.0
30	56	168.00	0	1008.00	112.00	280.00	12544.00	0.00	0	14112.0
31	65	130.00	0	1170.00	130.00	260.00	13520.00	0.00	0	15210.0
32	230	690.00	0	3910.00	690.00	1150.00	23552.00	0.00	0	29992.0
33	50	50.00	100	100.00	100.00	250.00	11200.00	500.00	0	12300.0
34	50	1000.00	1500	2000.00	0.00	0.00	11200.00	2500.00	500	18700.0
35	200	2000.00	4000	8000.00	0.00	0.00	20480.00	10000.00	1600	46080.0
36	200	600.00	1200	680.00	800.00	600.00	20480.00	3200.00	80	27640.0
37	150	450.00	900	570.00	600.00	450.00	15360.00	2400.00	60	20790.0
38	100	2000.00	2400	500.00	0.00	0.00	16000.00	0.00	500	21400.0
39	73	0.00	975.28	540.20	0.00	0.00	14016.00	1861.50	0	17393.0
40	89	0.00	1300.29	774.30	0.00	0.00	15664.00	2880.04	0	20618.6
41	62	0.00	918.22	489.80	0.00	0.00	12896.00	2150.16	0	16454.2
42	71	0.00	959.92	529.66	0.00	0.00	13632.00	2100.18	0	17221.8
43	104	0.00	1419.6	760.24	0.00	0.00	14976.00	2309.84	0	19465.7
44	65	0.00	859.95	460.20	0.00	0.00	13520.00	1500.20	0	16340.4
45	107	0.00	1520.47	813.20	0.00	0.00	15408.00	2639.69	0	20381.4
46	53	0.00	746.77	439.90	0.00	0.00	11872.00	1460.15	0	14518.8
47	143	0.00	1900.47	1085.37	0.00	0.00	14643.20	3599.31	0	21228.4
48	74	0.00	526.14	532.06	0.00	0.00	14208.00	1900.32	0	17166.5
49	192	0.00	2559.36	1380.48	0.00	0.00	19660.80	3379.20	0	26979.8
50	93	0.00	1260.15	669.60	0.00	0.00	14880.00	2049.72	0	18859.5
51	220	0.00	2849	1599.40	0.00	0.00	22528.00	3751.00	0	30727.4
52	58	0.00	817.22	422.82	0.00	0.00	12992.00	1759.72	0	15991.8
53	120	0.00	1620	890.40	0.00	0.00	15360.00	2829.60	0	20700.0
54	62	0.00	809.72	469.96	0.00	0.00	12896.00	1680.20	0	15855.9
55	170	0.00	2369.8	1208.70	0.00	0.00	17408.00	2941.00	0	23927.5
56	55	400.40	0	756.25	400.40	1500.40	12320.00	440.00	0	15817.5

续表

农户序号	出栏量（头）	水费（元）	饲料加工费（元）	燃料动力费（元）	工具材料费（元）	修理维护费（元）	家庭用工折价（元）	死亡损失费（元）	其他直接成本（元）	合计（元）
57	60	300.00	0	199.80	379.80	1099.80	12480.00	4200.00	0	18659.4
58	50	200.00	150	50.00	100.00	0.00	12000.00	0.00	0	12500.0
59	70	200.20	240.1	100.10	100.10	0.00	14560.00	0.00	0	15200.5
60	60	199.80	199.8	60.00	150.00	0.00	13440.00	0.00	0	14049.6
61	61	200.08	300.12	100.04	100.04	0.00	12688.00	0.00	0	13388.3
62	52	149.76	200.2	99.84	199.68	0.00	11648.00	0.00	0	12297.5
63	60	300.00	1200	600.00	120.00	600.00	13440.00	1000.20	600	17860.2
64	61	0.00	200.08	69.54	99.43	150.06	12688.00	0.00	0	13207.1
65	63	0.00	400.05	170.10	149.94	199.71	13104.00	0.00	0	14023.8
66	70	399.70	200.2	1499.40	230.30	200.20	14560.00	1499.40	0	18589.2

资料来源：在2015年5月6日—2015年5月19日期间，分别对黑龙江省安达市等12个县（市）48个乡镇进行调研，根据附录E的调研数据进行整理计算。

注："其他变动成本"是指除仔畜费与饲料费之外的变动成本，由于在调研中要计算生猪生产者理解的"盈利"在计算时一般都不考虑该表中的变动成本，而主要考虑"仔畜费与饲料费"，所以在成本统计时对成本分别进行了统计，以方便不用成本条件下盈亏的计算。

附表6-3　　　　　　66个中规模生猪生产者变动成本

农户序号	出栏量（头）	平均仔畜和饲料成本（元/头）	平均其他变动成本（元/头）	总变动成本（元）	平均变动成本（元/头）	饲料费占变动成本的比例（%）	仔畜与饲料费占变动成本比例（%）
1	52	1200.85	258.30	75875.8	1459.15	62.56	82.30
2	52	1187.80	263.00	75441.6	1450.80	65.47	81.87
3	53	1166.10	257.50	75450.8	1423.60	67.16	81.91
4	80	1152.00	206.00	108640.0	1358.00	60.53	84.83
5	79	1173.80	230.20	110916.0	1404.00	67.65	83.60
6	86	1207.90	207.92	121760.5	1415.82	64.13	85.31
7	60	1338.00	258.83	95809.8	1596.83	62.50	83.79
8	50	1314.30	328.00	82115.0	1642.30	66.69	80.03
9	50	1331.35	290.60	81097.5	1621.95	68.58	82.08
10	60	1231.70	284.97	91000.2	1516.67	64.07	81.21
11	52	1271.70	225.44	77851.3	1497.14	63.57	84.94

续表

农户序号	出栏量（头）	平均仔畜和饲料成本（元/头）	平均其他变动成本（元/头）	总变动成本（元）	平均变动成本（元/头）	饲料费占变动成本的比例（%）	仔畜与饲料费占变动成本比例（%）
12	52	1321.30	277.58	83141.8	1598.88	72.63	82.64
13	69	1276.80	251.00	105418.2	1527.80	65.57	83.57
14	59	1187.40	265.00	85691.6	1452.40	66.26	81.75
15	150	1244.05	152.40	209467.5	1396.45	71.18	89.09
16	160	1226.10	150.40	220240.0	1376.50	70.91	89.07
17	58	1271.20	259.00	88751.6	1530.20	69.55	83.07
18	63	1137.90	263.00	88256.7	1400.90	64.81	81.23
19	130	1207.60	146.50	176033.0	1354.10	70.72	89.18
20	52	1175.70	261.50	74734.4	1437.20	65.11	81.80
21	230	1175.70	141.90	303048.0	1317.60	71.02	89.23
22	52	1134.65	261.50	72599.8	1396.15	64.80	81.27
23	52	1163.90	330.20	74705.0	1494.10	62.24	77.90
24	52	1299.40	301.00	80020.0	1600.40	66.82	81.19
25	53	1208.45	298.30	75337.5	1506.75	65.27	80.20
26	80	1287.40	155.90	288660.0	1443.30	71.88	89.20
27	79	1212.45	175.80	197131.5	1388.25	67.40	87.34
28	51	1281.75	264.83	78875.6	1546.58	66.57	82.88
29	60	1073.70	264.10	80268.0	1337.80	66.57	80.26
30	56	1136.10	252.00	77733.6	1388.10	61.57	81.85
31	65	1209.60	234.00	93834.0	1443.60	67.44	83.79
32	230	1209.60	130.40	308200.0	1340.00	68.83	90.27
33	50	1303.70	246.00	77485.0	1549.70	74.15	84.13
34	50	1313.61	374.00	84380.5	1687.61	58.31	77.84
35	200	1361.67	230.40	318413.5	1592.07	60.77	85.53
36	200	1284.90	138.20	284620.0	1423.10	64.05	90.29
37	150	1288.80	138.60	214110.0	1427.40	63.94	90.29
38	100	1346.00	214.00	156000.0	1560.00	64.02	86.28
39	73	1074.70	238.26	95846.1	1312.96	54.23	81.85
40	89	1085.50	231.67	117228.1	1317.17	62.75	82.41
41	62	1134.10	265.39	86768.4	1399.49	66.50	81.04

续表

农户序号	出栏量（头）	平均仔畜和饲料成本（元/头）	平均其他变动成本（元/头）	总变动成本（元）	平均变动成本（元/头）	饲料费占变动成本的比例（%）	仔畜与饲料费占变动成本比例（%）
42	71	1101.20	242.56	95407.0	1343.76	64.74	81.95
43	104	1131.30	187.17	137120.9	1318.47	67.65	85.80
44	65	1109.40	251.39	88451.4	1360.79	63.93	81.53
45	107	1141.05	190.48	142473.7	1331.53	69.83	85.69
46	53	1105.40	273.94	73105.0	1379.34	63.50	80.14
47	143	1131.90	148.45	183090.1	1280.35	71.66	88.41
48	74	1117.10	231.98	99831.9	1349.08	64.93	82.80
49	192	1100.30	140.52	238237.4	1240.82	70.59	88.68
50	93	1169.20	202.79	127595.1	1371.99	69.83	85.22
51	220	1104.70	139.67	273761.4	1244.37	71.67	88.78
52	58	1105.95	275.72	80136.9	1381.67	65.71	80.04
53	120	1130.85	172.50	156402.0	1303.35	71.34	86.76
54	62	1112.15	255.74	84809.2	1367.89	64.77	81.30
55	170	1142.40	140.75	218135.5	1283.15	73.72	89.03
56	55	1086.80	287.59	75591.5	1374.39	65.98	79.08
57	60	1122.94	310.99	86035.8	1433.93	62.97	78.31
58	50	1277.65	250.00	76382.5	1527.65	64.78	83.63
59	70	1208.90	217.15	99823.5	1426.05	63.81	84.77
60	60	1251.90	234.16	89163.6	1486.06	60.02	84.24
61	61	1182.00	219.48	85490.3	1401.48	62.08	84.34
62	52	1225.80	236.49	76039.1	1462.29	62.49	83.83
63	60	1302.90	297.67	96132.6	1602.21	57.97	81.32
64	61	1215.31	216.51	76629.5	1256.22	58.69	96.74
65	63	1190.31	222.60	97622.5	1549.56	59.47	76.82
66	70	1342.80	265.56	104184.0	1488.34	60.17	90.22

注：1. "出栏量"来源于附录F中附表6-1、附表6-2。

2. "总变动成本"包括"仔畜与饲料成本"以及附表6-2中的"其他变动成本"。

3. "平均仔畜和饲料成本"依据正文表4-1"仔畜与饲料成本合计"与"出栏量"计算获得；"平均其他变动成本"依据附表6-2"其他变动成本合计"与"出栏量"计算获得。

4. 饲料费占变动成本比例的计算公式为，饲料费合计/总变动成本×100%。例如生产者序号1的饲料费占变动成本的比例为，47468.20/75875.80×100% =62.56%。

附表6-4　基于仔畜与饲料成本的66个中规模生产者盈亏值

农户序号	出栏量（头）	出栏重量（千克）	生猪出栏价格（元/千克）	总收益（元）	仔畜费（元）	饲料费（元）	合计（元）	盈亏值（元）	平均盈亏值（元/头）
1	52	110	13.4	76648	14976	47468.20	62444.20	14203.80	273.15
2	52	111	13.4	77344.8	12376	49389.60	61765.60	15579.20	299.60
3	53	115	12.8	78016	11130	50673.30	61803.30	16212.70	305.90
4	80	110	13.6	119680	26400	65760.00	92160.00	27520.00	344.00
5	79	110	13	112970	17696	75034.20	92730.20	20239.80	256.20
6	86	105	10.4	93912	25800	78079.40	103879.40	-9967.40	-115.90
7	60	110	13.2	87120	20400	59880.00	80280.00	6840.00	114.00
8	50	125	13.6	85000	10950	54765.00	65715.00	19285.00	385.70
9	50	125	13.6	85000	10950	55617.50	66567.50	18432.50	368.65
10	60	110	13.4	88440	15600	58302.00	73902.00	14538.00	242.30
11	52	116	13.5	81432	16640	49488.40	66128.40	15303.60	294.30
12	52	126	12.4	81244.8	8320	60387.60	68707.60	12537.20	241.10
13	69	112	13.4	103555.2	18975	69124.20	88099.20	15456.00	224.00
14	59	112	13.6	89868.8	13275	56781.60	70056.60	19812.20	335.80
15	150	110	13.6	224400	37500	149107.50	186607.50	37792.50	251.95
16	160	110	13.6	239360	40000	156176.00	196176.00	43184.00	269.90
17	58	110	13.6	86768	12006	61723.60	73729.60	13038.40	224.80
18	63	100	13.4	84420	14490	57197.70	71687.70	12732.30	202.10
19	130	110	13.3	190190	32500	124488.00	156988.00	33202.00	255.40
20	52	110	13.6	77792	12480	48656.40	61136.40	16655.60	320.30
21	230	110	13.6	344080	55200	215211.00	270411.00	73669.00	320.30
22	52	110	13.6	77792	11960	47041.80	59001.80	18790.20	361.35
23	50	115	14	80500	11700	46495.00	58195.00	22305.00	446.10
24	50	130	14	91000	11500	53470.00	64970.00	26030.00	520.60
25	50	120	10.8	64800	11250	49172.50	60422.50	4377.50	87.55
26	200	120	10.8	259200	50000	207480.00	257480.00	1720.00	8.60
27	142	110	13.2	206184	39298.5	132869.40	172167.90	34016.10	239.55

续表

农户序号	出栏量（头）	出栏重量（千克）	生猪出栏价格（元/千克）	总收益（元）	仔畜费（元）	饲料费（元）	合计（元）	盈亏值（元）	平均盈亏值（元/头）
28	51	115	13.6	79764	12859.65	52509.60	65369.25	14394.75	282.25
29	60	110	12	79200	15000	49422.00	64422.00	14778.00	246.30
30	56	110	12.2	75152	11200	52421.60	63621.60	11530.40	205.90
31	65	113	13.4	98423	14040	64584.00	78624.00	19799.00	304.60
32	230	115	11.6	306820	49680	228528.00	278208.00	28612.00	124.40
33	50	125	13	81250	20000	45185.00	65185.00	16065.00	321.30
34	50	130	11.6	75400	14400	51280.52	65680.52	9719.49	194.39
35	200	135	11.6	313200	68400	203933.46	272333.46	40866.54	204.33
36	200	110	11.6	255200	75000	181980.00	256980.00	−1780.00	−8.90
37	150	110	12	198000	56250	137070.00	193320.00	4680.00	31.20
38	100	120	14	168000	50000	84600.00	134600.00	33400.00	334.00
39	73	105	13.4	102711	18308.4	60144.70	78453.10	24257.90	332.30
40	89	106	13.5	127359	18654.4	77955.10	96609.50	30749.50	345.50
41	62	106	13.4	88064.8	12276	58038.20	70314.20	17750.60	286.30
42	71	104	13.6	100422.4	16415.2	61770.00	78185.20	22237.20	313.20
43	104	104	13.4	144934.4	24897.6	92757.60	117655.20	27279.20	262.30
44	65	105	13.4	91455	15561	56550.00	72111.00	19344.00	297.60
45	107	112	13.4	160585.6	22598.4	99493.95	122092.35	38493.25	359.75
46	53	104	13.4	73860.8	12163.5	46422.70	58586.20	15274.60	288.20
47	143	103	13.5	198841.5	30659.2	131202.50	161861.70	36979.80	258.60
48	74	107	13.4	106101.2	17848.8	64816.60	82665.40	23435.80	316.70
49	192	104	13.3	265574.4	43084.8	168172.80	211257.60	54316.80	282.90
50	93	107	13.4	133343.4	19641.6	89094.00	108735.60	24607.80	264.60
51	220	104	13.2	302016	46816	196218.00	243034.00	58982.00	268.10
52	58	105	13.44	81849.6	11484	52661.10	64145.10	17704.50	305.25
53	120	105	13.3	167580	24120	111582.00	135702.00	31878.00	265.65
54	62	104	13.3	85758.4	14018.2	54935.10	68953.30	16805.10	271.05
55	170	108	13.6	249696	33405	160803.00	194208.00	55488.00	326.40

续表

农户序号	出栏量（头）	出栏重量（千克）	生猪出栏价格（元/千克）	总收益（元）	仔畜费（元）	饲料费（元）	合计（元）	盈亏值（元）	平均盈亏值（元/头）
56	55	111	13.7	83638.5	9900	49874.00	59774.00	23864.50	433.90
57	60	115	13.6	93840	13200	54176.40	67376.40	26463.60	441.06
58	50	115	14	80500	14400	49482.50	63882.50	16617.50	332.35
59	70	105	14	102900	20930	63693.00	84623.00	18277.00	261.10
60	60	110	13.8	91080	21600	53514.00	75114.00	15966.00	266.10
61	61	105	14	89670	19032	53070.00	72102.00	17568.00	288.00
62	52	110	14	80080	16224	47517.60	63741.60	16338.40	314.20
63	60	110	13	85800	22500	55674.00	78174.00	7626.00	127.10
64	61	100	13	79300	22875	51258.91	74133.91	5166.09	84.69
65	63	100	13.8	86940	22050	52939.53	74989.53	11950.47	189.69
66	70	110	14	107800	26250	67746.00	93996.00	13804.00	197.20

注：1. 关于饲料价格的说明。饲料价格取决于浓缩饲料价格（生产者称之为精饲料）与当期玉米价格。但是浓缩饲料不是成本资料汇编上的精饲料含义，成本收益资料汇编上的精饲料是生猪饲喂中的全价饲料，生产者购买的浓缩饲料需要与粮食（主要是玉米）进行按比例搭配才能称为全价饲料。被调研生产者为节省饲料成本均是采用浓缩饲料与玉米进行配置，而不直接购买精饲料，即全价饲料。为了获得生产者饲喂生猪饲料的平均价格，根据生产者在问卷上填写的浓缩饲料与耗粮量，分别计算所占比例后对饲料平均价格进行了计算。

2. 关于玉米价格的说明。由于调研的时间于2015年5月19日结束，生产者填写的最近一批生猪出栏时间均为4—5月，所以其给出的玉米价格按照2014年12月—2015年5月的玉米平均价格给出，虽然不同生产者给出的玉米价格略有差别，但是波动较小。因此根据官方网站上公布的该期间的玉米价格计算了玉米价格的平均值为2.19元/千克（见正文4.1.2的说明）。

3. "仔畜费"与"饲料费"的计算过程见正文中的表4-1。

附表6-5 基于仔畜、饲料和死亡损失成本的66个中规模生猪生产者盈亏值

农户序号	总收益（元）	仔畜费（元）	饲料费（元）	死亡损失费（元）	合计（元）	盈亏值（元）	平均盈亏值（元/头）
1	76648.00	14976	47468.20	416	62860.20	13787.80	265.15
2	77344.80	12376	49389.60	416	62181.60	15163.20	291.60
3	78016.00	11130	50673.30	583	62386.30	15629.70	294.90
4	119680.00	26400	65760.00	800	92960.00	26720.00	334.00
5	112970.00	17696	75034.20	711	93441.20	19528.80	247.20

续表

农户序号	总收益（元）	仔畜费（元）	饲料费（元）	死亡损失费（元）	合计（元）	盈亏值（元）	平均盈亏值（元/头）
6	93912.00	25800	78079.40	0	103879.40	-9967.40	-115.90
7	87120.00	20400	59880.00	0	80280.00	6840.00	114.00
8	85000.00	10950	54765.00	2400	68115.00	16885.00	337.70
9	85000.00	10950	55617.50	2000	68567.50	16432.50	328.65
10	88440.00	15600	58302.00	0	73902.00	14538.00	242.30
11	81432.00	16640	49488.40	0	66128.40	15303.60	294.30
12	81244.80	8320	60387.60	1750	70457.40	10787.40	207.45
13	103555.20	18975	69124.20	1380	89479.20	14076.00	204.00
14	89868.80	13275	56781.60	1062	71118.60	18750.20	317.80
15	224400.00	37500	149107.50	3000	189607.50	34792.50	231.95
16	239360.00	40000	156176.00	3200	199376.00	39984.00	249.90
17	86768.00	12006	61723.60	1044	74773.60	11994.40	206.80
18	84420.00	14490	57197.70	630	72317.70	12102.30	192.10
19	190190.00	32500	124488.00	2600	159588.00	30602.00	235.40
20	77792.00	12480	48656.40	780	61916.40	15875.60	305.30
21	344080.00	55200	215211.00	4600	275011.00	69069.00	300.30
22	77792.00	11960	47041.80	780	59781.80	18010.20	346.35
23	80500.00	11700	46495.00	1150	59345.00	21155.00	423.10
24	91000.00	11500	53470.00	1000	65970.00	25030.00	500.60
25	64800.00	11250	49172.50	390	60812.50	3987.50	79.75
26	259200.00	50000	207480.00	1700	259180.00	20.00	0.10
27	206184.00	39298.5	132869.40	1022	173190.30	32993.70	232.35
28	79764.00	12859.65	52509.60	454	65823.15	13940.85	273.35
29	79200.00	15000	49422.00	570	64992.00	14208.00	236.80
30	75152.00	11200	52421.60	0	63621.60	11530.40	205.90
31	98423.00	14040	64584.00	0	78624.00	19799.00	304.60
32	306820.00	49680	228528.00	0	278208.00	28612.00	124.40
33	81250.00	20000	45185.00	500	65685.00	15565.00	311.30

续表

农户序号	总收益（元）	仔畜费（元）	饲料费（元）	死亡损失费（元）	合计（元）	盈亏值（元）	平均盈亏值（元/头）
34	75400.00	14400	51280.52	2500	68180.52	7219.49	144.39
35	313200.00	68400	203933.46	10000	282333.46	30866.54	154.33
36	255200.00	75000	181980.00	3200	260180.00	-4980.00	-24.90
37	198000.00	56250	137070.00	2400	195720.00	2280.00	15.20
38	168000.00	50000	84600.00	0	134600.00	33400.00	334.00
39	102711.00	18308.4	60144.70	1862	80314.60	22396.40	306.80
40	127359.00	18654.4	77955.10	2880	99489.54	27869.46	313.14
41	88064.80	12276	58038.20	2150	72464.36	15600.44	251.62
42	100422.40	16415.2	61770.00	2100	80285.38	20137.02	283.62
43	144934.40	24897.6	92757.60	2310	119965.04	24969.36	240.09
44	91455.00	15561	56550.00	1500	73611.20	17843.80	274.52
45	160585.60	22598.4	99493.95	2640	124732.04	35853.56	335.08
46	73860.80	12163.5	46422.70	1460	60046.35	13814.45	260.65
47	198841.50	30659.2	131202.50	3599	165461.01	33380.49	233.43
48	106101.20	17848.8	64816.60	1900	84565.72	21535.48	291.02
49	265574.40	43084.8	168172.80	3379	214636.80	50937.60	265.30
50	133343.40	19641.6	89094.00	2050	110785.32	22558.08	242.56
51	302016.00	46816	196218.00	3751	246785.00	55231.00	251.05
52	81849.60	11484	52661.10	1760	65904.82	15944.78	274.91
53	167580.00	24120	111582.00	2830	138531.60	29048.40	242.07
54	85758.40	14018.2	54935.10	1680	70633.50	15124.90	243.95
55	249696.00	33405	160803.00	2941	197149.00	52547.00	309.10
56	83638.50	9900	49874.00	440	60214.00	23424.50	425.90
57	93840.00	13200	54176.40	4200	71576.40	22263.60	371.06
58	80500.00	14400	49482.50	—	63882.50	16617.50	332.35
59	102900.00	20930	63693.00	—	84623.00	18277.00	261.10
60	91080.00	21600	53514.00	—	75114.00	15966.00	266.10
61	89670.00	19032	53070.00	—	72102.00	17568.00	288.00

续表

农户序号	总收益（元）	仔畜费（元）	饲料费（元）	死亡损失费（元）	合计（元）	盈亏值（元）	平均盈亏值（元/头）
62	80080.00	16224	47517.60	—	63741.60	16338.40	314.20
63	85800.00	22500	55674.00	1000	79174.20	6625.80	110.43
64	79300.00	22875	51258.91	—	74133.91	5166.09	84.69
65	86940.00	22050	52939.53	—	74989.53	11950.47	189.69
66	107800.00	26250	67746.00	1499	95495.40	12304.60	175.78

注：1. "总收益"根据附录F中附表6-4计算。
2. "仔畜费""饲料费"来源于附录F中附表6-4，"死亡损失费"来源于附录F中的附表6-2。
3. "合计"为"仔畜费""饲料费""死亡损失费"三项费用的和。例如，序号为1号的生产者的合计为14976+47468.2+416=62860.2（元）。
4. "盈亏值（元）"为"总收益"与"合计"的差。例如，序号为1号的生产者的盈亏值为76648.00-62860.20=13787.80（元）。
5. "平均盈亏值（元/头）"的计算公式为：每头盈亏值=盈亏值/出栏量。例如，序号为1号的生产者平均盈亏值为13787.80/52=265.15（元/头）。

附表6-6　基于仔畜、饲料、死亡损失和人工成本的66个中规模生猪生产者盈亏值

农户序号	总收益（元）	仔畜、饲料、死亡损失费（元）	家庭用工折价（元）	合计（元）	盈亏值（元）	平均盈亏值（元/头）
1	76648.00	62860.20	11648	74508.20	2139.80	41.15
2	77344.80	62181.60	11648	73829.60	3515.20	67.60
3	78016.00	62386.30	11872	74258.30	3757.70	70.90
4	119680.00	92960.00	15360	108320.00	11360.00	142.00
5	112970.00	93441.20	15168	108609.20	4360.80	55.20
6	93912.00	103879.40	15136	119015.40	-25103.40	-291.90
7	87120.00	80280.00	13440	93720.00	-6600.00	-110.00
8	85000.00	68115.00	12000	80115.00	4885.00	97.70
9	85000.00	68567.50	12000	80567.50	4432.50	88.65
10	88440.00	73902.00	13440	87342.00	1098.00	18.30
11	81432.00	66128.40	11648	77776.40	3655.60	70.30
12	81244.80	70457.40	11648	82105.40	-860.60	-16.55
13	103555.20	89479.20	14352	103831.20	-276.00	-4.00
14	89868.80	71118.60	13216	84334.60	5534.20	93.80

续表

农户序号	总收益（元）	仔畜、饲料、死亡损失费（元）	家庭用工折价（元）	合计（元）	盈亏值（元）	平均盈亏值（元/头）
15	224400.00	189607.50	15360	204967.50	19432.50	129.55
16	239360.00	199376.00	16384	215760.00	23600.00	147.50
17	86768.00	74773.60	12992	87765.60	-997.60	-17.20
18	84420.00	72317.70	13104	85421.70	-1001.70	-15.90
19	190190.00	159588.00	13520	173108.00	17082.00	131.40
20	77792.00	61916.40	11648	73564.40	4227.60	81.30
21	344080.00	275011.00	23552	298563.00	45517.00	197.90
22	77792.00	59781.80	11648	71429.80	6362.20	122.35
23	80500.00	59345.00	12000	71345.00	9155.00	183.10
24	91000.00	65970.00	12000	77970.00	13030.00	260.60
25	64800.00	60812.50	12000	72812.50	-8012.50	-160.25
26	259200.00	259180.00	20480	279660.00	-20460.00	-102.30
27	206184.00	173190.30	14540.8	187731.10	18452.90	129.95
28	79764.00	65823.15	11424	77247.15	2516.85	49.35
29	79200.00	64992.00	13440	78432.00	768.00	12.80
30	75152.00	63621.60	12544	76165.60	-1013.60	-18.10
31	98423.00	78624.00	13520	92144.00	6279.00	96.60
32	306820.00	278208.00	23552	301760.00	5060.00	22.00
33	81250.00	65685.00	11200	76885.00	4365.00	87.30
34	75400.00	68180.52	11200	79380.52	-3980.52	-79.61
35	313200.00	282333.46	20480	302813.46	10386.54	51.93
36	255200.00	260180.00	20480	280660.00	-25460.00	-127.30
37	198000.00	195720.00	15360	211080.00	-13080.00	-87.20
38	168000.00	134600.00	16000	150600.00	17400.00	174.00
39	102711.00	80314.60	14016	94330.60	8380.40	114.80
40	127359.00	99489.54	15664	115153.54	12205.46	137.14
41	88064.80	72464.36	12896	85360.36	2704.44	43.62
42	100422.40	80285.38	13632	93917.38	6505.02	91.62
43	144934.40	119965.04	14976	134941.04	9993.36	96.09

续表

农户序号	总收益（元）	仔畜、饲料、死亡损失费（元）	家庭用工折价（元）	合计（元）	盈亏值（元）	平均盈亏值（元/头）
44	91455.00	73611.20	13520	87131.20	4323.80	66.52
45	160585.60	124732.04	15408	140140.04	20445.56	191.08
46	73860.80	60046.35	11872	71918.35	1942.45	36.65
47	198841.50	165461.01	14643.2	180104.21	18737.29	131.03
48	106101.20	84565.72	14208	98773.72	7327.48	99.02
49	265574.40	214636.80	19660.8	234297.60	31276.80	162.90
50	133343.40	110785.32	14880	125665.32	7678.08	82.56
51	302016.00	246785.00	22528	269313.00	32703.00	148.65
52	81849.60	65904.82	12992	78896.82	2952.78	50.91
53	167580.00	138531.60	15360	153891.60	13688.40	114.07
54	85758.40	70633.50	12896	83529.50	2228.90	35.95
55	249696.00	197149.00	17408	214557.00	35139.00	206.70
56	83638.50	60214.00	12320	72534.00	11104.50	201.90
57	93840.00	71576.40	12480	84056.40	9783.60	163.06
58	80500.00	63882.50	12000	75882.50	4617.50	92.35
59	102900.00	84623.00	14560	99183.00	3717.00	53.10
60	91080.00	75114.00	13440	88554.00	2526.00	42.10
61	89670.00	72102.00	12688	84790.00	4880.00	80.00
62	80080.00	63741.60	11648	75389.60	4690.40	90.20
63	85800.00	79174.20	13440	92614.20	-6814.20	-113.57
64	79300.00	74133.91	12688	86821.91	-7521.91	-123.31
65	86940.00	74989.53	13104	88093.53	-1153.53	-18.31
66	107800.00	95495.40	14560	110055.40	-2255.40	-32.22

注：1. "总收益"计算过程见附录F中附表6-4。

2. "仔畜、饲料费"见正文表4-1；"死亡损失费"见附录F中附表6-2；"家庭用工折价"见附录F中附表6-2。

3. "合计"为"仔畜、饲料、死亡损失费"三项费用与"家庭用工折价"的和。例如，序号为1号的生产者的合计为62860.20+11648=74508.20（元）。

4. "盈亏值（元）"为"总收益"与"合计"的差。例如，序号为1号的生产者的盈亏值为76648.00-74508.20=2139.80（元）。

5. "平均盈亏值（元/头）"的计算公式为每头盈亏值=盈亏值/出栏量。例如，序号为1号的生产者的平均盈亏值为2139.80/52=41.15（元/头）。

附表 6-7　基于总变动成本的 66 个中规模羔殖场（户）盈亏值

农户序号	总收益（元）	总变动成本（元）	盈亏值（元）	平均盈亏值（元/头）	农户序号	总收益（元）	总变动成本（元）	盈亏值（元）	平均盈亏值（元/头）	农户序号	总收益（元）	总变动成本（元）	盈亏值（元）	平均盈亏值（元/头）
1	76648.00	75875.8	772.2	14.85	23	80500.00	74705.0	5795.0	115.9	45	160585.60	142473.7	18111.9	169.27
2	77344.80	75441.6	1903.2	36.6	24	91000.00	80020.0	10980.0	219.6	46	73860.80	73105.0	755.8	14.26
3	78016.00	75450.8	2565.2	48.4	25	64800.00	75337.5	-10537.5	-210.75	47	198841.50	183090.1	15751.5	110.15
4	119680.00	108640.0	11040.0	138	26	259200.00	288660.0	-29460.0	-147.3	48	106101.20	99831.9	6269.3	84.72
5	112970.00	110916.0	2054.0	26	27	206184.00	197131.5	9052.5	63.75	49	265574.40	238237.4	27337.0	142.38
6	93912.00	121760.5	-27848.5	-323.82	28	79764.00	78875.6	888.4	17.42	50	133343.40	127595.1	5748.3	61.81
7	87120.00	95809.8	-8689.8	-144.83	29	79200.00	80268.0	-1068.0	-17.8	51	302016.00	273761.4	28254.6	128.43
8	85000.00	82115.0	2885.0	57.7	30	75152.00	77733.6	-2581.6	-46.1	52	81849.60	80136.9	1712.7	29.53
9	85000.00	81097.5	3902.5	78.05	31	98423.00	93834.0	4589.0	70.6	53	167580.00	156402.0	11178.0	93.15
10	88440.00	91000.2	-2560.2	-42.67	32	306820.00	308200.0	-1380.0	-6	54	85758.40	84809.2	949.2	15.31
11	81432.00	77851.3	3580.7	68.86	33	81250.00	77485.0	3765.0	75.3	55	249696.00	218135.5	31560.5	185.65
12	81244.80	83141.8	-1897.0	-36.48	34	75400.00	84380.5	-8980.5	-179.61	56	83638.50	75591.5	8047.1	146.31
13	103555.20	105418.2	-1863.0	-27	35	313200.00	318413.5	-5213.5	-26.0673	57	93840.00	86035.8	7804.2	130.07
14	89868.80	85691.6	4177.2	70.8	36	255200.00	284620.0	-29420.0	-147.1	58	80500.00	76382.5	4117.5	82.35
15	224400.00	209467.5	14932.5	99.55	37	198000.00	214110.0	-16110.0	-107.4	59	102900.00	99823.5	3076.5	43.95
16	239360.00	220240.0	19120.0	119.5	38	168000.00	156000.0	12000.0	120	60	91080.00	89163.6	1916.4	31.94
17	86768.00	88751.6	-1983.6	-34.2	39	102711.00	95846.1	6864.9	94.04	61	89670.00	85490.3	4179.7	68.52
18	84420.00	88256.7	-3836.7	-60.9	40	127359.00	117228.1	10130.9	113.83	62	80080.00	76039.1	4040.9	77.71
19	190190.00	176033.0	14157.0	108.9	41	88064.80	86768.4	1296.4	20.91	63	85800.00	96132.6	-10332.6	-172.21
20	77792.00	74734.4	3057.6	58.8	42	100422.40	95407.0	5015.4	70.64	64	79300.00	76629.52	2670.48	43.78
21	344080.00	303048.0	41032.0	178.4	43	144934.40	137120.9	7813.5	75.13	65	86940.00	97622.53	-10682.53	-169.56
22	77792.00	72599.8	5192.2	99.85	44	91455.00	88451.4	3003.7	46.21	66	107800.00	104184	3616	51.66

注：1. "总收益" 计算过程见附录 6 中附表 6-4；"总变动成本" 为 "仔畜、饲料成本合计" 与 "其他变动成本合计" 之和。
2. 此表中的 "盈亏值" 为 "总收益" 与 "总变动成本" 的差（利润是总收益与总成本的差额）；"平均盈亏值" 为 "盈亏值" 与 "出栏量" 的比值。

— 183 —

附表 6-8　基于总成本的 66 个中规模生猪生产者利润

农户序号	总收益（元）	总固定成本（元）	总变动成本（元）	总成本（元）	总利润（元）	平均利润（元/头）
1	76648.00	1813.2	75875.8	77689.0	-1041.04	-20.02
2	77344.80	2541.2	75441.6	77982.8	-638.04	-12.27
3	78016.00	2749.1	75450.8	78199.9	-183.91	-3.47
4	119680.00	1749.6	108640.0	110389.6	9290.40	116.13
5	112970.00	4729.7	110916.0	115645.7	-2675.73	-33.87
6	93912.00	969.2	121760.5	122729.7	-28817.74	-335.09
7	87120.00	692.4	95809.8	96502.2	-9382.20	-156.37
8	85000.00	493.5	82115.0	82608.5	2391.50	47.83
9	85000.00	543.5	81097.5	81641.0	3359.00	67.18
10	88440.00	2692.2	91000.2	93692.4	-5252.40	-87.54
11	81432.00	1558.4	77851.3	79409.7	2022.28	38.89
12	81244.80	1081.6	83141.8	84223.4	-2978.56	-57.28
13	103555.20	1854.0	105418.2	107272.2	-3717.03	-53.87
14	89868.80	1408.3	85691.6	87099.9	2768.87	46.93
15	224400.00	3730.5	209467.5	213198.0	11202.00	74.68
16	239360.00	3979.2	220240.0	224219.2	15140.80	94.63
17	86768.00	1384.5	88751.6	90136.1	-3368.06	-58.07
18	84420.00	1251.8	88256.7	89508.5	-5088.51	-80.77
19	190190.00	2843.1	176033.0	178876.1	11313.90	87.03
20	77792.00	1033.2	74734.4	75767.6	2024.36	38.93
21	344080.00	5030.1	303048.0	308078.1	36001.90	156.53
22	77792.00	1033.2	72599.8	73633.0	4158.96	79.98
23	80500.00	1793.5	74705.0	76498.5	4001.50	80.03
24	91000.00	1743.5	80020.0	81763.5	9236.50	184.73
25	64800.00	1793.5	75337.5	77131.0	-12331.00	-246.62
26	259200.00	4174.0	288660.0	292834.0	-33634.00	-168.17
27	206184.00	6371.5	197131.5	203503.0	2680.96	18.88
28	79764.00	2135.4	78875.6	81011.0	-1246.95	-24.45
29	79200.00	2692.2	80268.2	82960.2	-3760.20	-62.67
30	75152.00	2512.7	77733.6	80246.3	-5094.32	-90.97
31	98423.00	2721.6	93834.0	96555.6	1867.45	28.73
32	306820.00	11010.1	308200.0	319210.1	-12390.10	-53.87
33	81250.00	1393.5	77485.0	78878.5	2371.50	47.43
34	75400.00	1493.5	84380.5	85874.0	-10474.02	-209.48
35	313200.00	5974.0	318413.5	324387.5	-11187.46	-55.9373
36	255200.00	6374.0	284620.0	290994.0	-35794.00	-178.97

续表

农户序号	总收益（元）	总固定成本（元）	总变动成本（元）	总成本（元）	总利润（元）	平均利润（元/头）
37	198000.00	4765.5	214110.0	218875.5	-20875.50	-139.17
38	168000.00	987.0	156000.0	156987.0	11013.00	110.13
39	102711.00	1875.4	95846.1	97721.5	4989.55	68.35
40	127359.00	2480.4	117228.1	119708.6	7650.44	85.96
41	88064.80	1561.8	86768.4	88330.2	-265.36	-4.28
42	100422.40	1731.0	95407.0	97137.9	3284.46	46.26
43	144934.40	2556.3	137120.9	139677.2	5257.20	50.55
44	91455.00	1651.7	88451.4	90103.0	1352.00	20.8
45	160585.60	2736.0	142473.7	145209.7	15375.90	143.7
46	73860.80	1397.1	73105.0	74502.1	-641.30	-12.1
47	198841.50	3600.7	183090.1	186690.8	12150.71	84.97
48	106101.20	1870.7	99831.9	101702.6	4398.56	59.44
49	265574.40	4815.4	238237.4	243052.8	22521.60	117.3
50	133343.40	2341.7	127595.1	129936.8	3406.59	36.63
51	302016.00	5570.4	273761.4	279331.8	22684.20	103.11
52	81849.60	1467.4	80136.9	81604.3	245.34	4.23
53	167580.00	2934.0	156402.0	159336.0	8244.00	68.7
54	85758.40	1591.5	84809.2	86400.7	-642.32	-10.36
55	249696.00	4158.2	218135.5	222293.7	27402.30	161.19
56	83638.50	1917.9	75591.5	77509.3	6129.20	111.44
57	93840.00	1792.2	86035.8	87828.0	6012.00	100.2
58	80500.00	1193.5	76382.5	77576.0	2924.00	58.48
59	102900.00	1691.9	99823.5	101515.4	1384.60	19.78
60	91080.00	1390.2	89163.6	90553.8	526.20	8.77
61	89670.00	1602.5	85490.3	87092.8	2577.25	42.25
62	80080.00	1313.0	76039.1	77352.1	2727.92	52.46
63	85800.00	1672.2	96132.6	97804.8	-12004.8	-200.08
64	79300.00	901.6	76629.5	77531.1	1768.9	29.00
65	86940.00	741.5	97622.5	98364	-11424	-181.33
66	107800.00	2890.3	104184.0	107074.3	725.7	10.37

注：1. "总收益"计算见附录F中附表6-4。
2. "总固定成本费用""总变动成本"来源于附录F中附表6-1和附表6-3。
3. "总成本"为"总固定成本费用"与"总变动成本"之和。
4. "总利润（元）"的计算公式为总收益-总成本。例如，序号为1号的生产者的利润为：76648.00-77689.0=-1041.04（元）。
5. "平均利润（元/头）"的计算公式为平均利润=利润/出栏量。例如，序号为1号的生产者的平均每头利润为-1041.04/52=-20.02（元/头）。

附录 G 中规模（100～499 头）生猪生产者调研问卷相关数据统计 Ⅱ

附表 7-1 基本信息统计

农户序号	县（区）	乡镇	最近一次生猪实际出栏量（头）	生猪出栏时间	平均饲养天数（日）	生猪出栏售价（元/千克）	生猪出栏重量（千克/头）	仔畜（小猪）平均重量（千克/头）	仔畜进价（元/千克）	每头出栏生猪消耗精饲料量（千克/头）	精饲料购买价格（元/千克）	耗粮数量（千克）
1	安达县	羊草镇	52	5.13	135	13.4	110	18	16	85.00	5.20	215.00
2		羊草镇	52	5.12	138	13.4	111	17	14	90.00	5.20	220.00
3		安达镇	53	4.01	140	12.8	115	15	14	100.00	5.40	190.00
4		安达镇	80	5.10	138	13.6	110	22	15	80.00	4.80	200.00
5		安达镇	79	4.23	150	13	110	14	16	90.00	5.20	220.00
6	东山区	蔬园乡	86	4.27	140	10.4	105	15	20	80.00	5.60	210.00
7		蔬园乡	60	5.10	180	13.2	110	17	20	100.00	5.60	200.00
8		东方红乡	50	5.15	150	13.6	125	15	14.6	90.00	5.60	270.00
9		东方红乡	50	5.15	150	13.6	125	15	14.6	95.00	5.60	265.00
10		忠厚乡	60	4.20	135	13.4	110	13	20	90.00	5.20	230.00
11	富裕县	富海	52	5.16	158	13.5	116	16	20	80.00	5.60	230.00
12		富裕镇	52	4.29	165	12.4	126	10	16	100.00	5.70	270.00

— 186 —

续表

农户序号	县（区）	乡镇	最近一次生猪实际出栏量（头）	生猪出栏时间	平均饲养天数（日）	生猪出栏售价（元/千克）	生猪出栏重量（千克/头）	仔畜（小猪）平均仔重（千克/头）	仔畜进价（元/千克）	每头出栏生猪消耗精饲料量（千克/头）	精饲料购买价格（元/千克）	耗粮数量（千克）
13	集贤县	兴安	69	4.29	185	13.4	112	11	25	100.00	5.20	220.00
14		兴安	59	5.20	180	13.6	112	9	25	84.00	5.20	240.00
15		福利镇	150	5.06	180	13.6	110	10	25	105.00	5.40	195.00
16		福利镇	160	5.06	180	13.6	110	10	25	100.00	5.60	190.00
17		升昌	58	5.10	180	13.4	100	9	23	104.00	5.60	220.00
18		永安	63	5.09	150	13.3	110	10	23	80.00	5.60	210.00
19		腰屯乡	130	5.06	180	13.6	110	16	25	80.00	5.40	240.00
20		腰屯乡	52	5.04	150	13.6	110	10	24	90.00	4.80	230.00
21		腰屯乡	230	5.05	180	13.6	110	10	24	90.00	4.80	230.00
22		太平镇	52	5.04	150	13.6	115	12	23	75.00	5.20	235.00
23	克山县	发展	50	5.15	165	14	130	11.5	19.5	94.00	5.00	210.00
24		发展	50	5.12	165	14	120	12.5	20	100.00	5.00	260.00
25		古北乡	50	4.01	165	10.8	120	15	15	85.00	5.00	255.00
26		古北乡	200	4.01	160	10.8	110	12.5	20	90.00	5.20	260.00
27		河北	142	5.01	175	13.2	115	13.5	20.5	80.00	5.40	230.00
28		向华乡	51	5.12	180	13.6	110	12.3	20.5	90.00	5.60	240.00
29		河南	60	5.01	175	12	110	12.5	20	80.00	4.00	230.00

续表

农户序号	县（区）	乡镇	最近一次生猪实际出栏量（头）	生猪出栏时间	平均饲养天数（日）	生猪出栏售价（元/千克）	生猪出栏重量（千克/头）	仔畜（小猪）平均重量（千克/头）	仔畜进价（元/千克）	每头出栏生猪消耗精饲料量（千克/头）	精饲料购买价格（元/千克）	耗粮数量（千克）
30	兰西县	长江乡	56	4.25	139	12.2	110	12.5	16	100.00	5.20	190.00
31		康荣乡	65	5.04	147	13.4	113	15	18	90.00	5.20	240.00
32		长江乡	230	4.13	150	11.6	115	12	18	90.00	5.20	240.00
33	林口县	莲花	50	5.01	150	13	125	19	16	80.00	5.00	230.00
34		三道通	50	3.10	180	11.6	130	16	18	100.93	4.80	247.09
35		三道通	200	3.06	180	11.6	135	19	18	95.11	4.80	257.15
36		朱家镇	200	4.25	180	11.6	110	15	25	90.00	5.00	210.00
37		朱家镇	150	5.01	180	12	110	11	25	90.00	4.80	220.00
38		刁翎	100	4.27	180	14	120	25	20	85.00	4.80	200.00
39	海伦	爱民	73	4.25	166	13.4	105	19	13.2	70.00	5.20	210.00
40		扎音河	89	4.20	168	13.5	106	16	13.1	80.00	5.20	210.00
41		百祥	62	4.22	168	13.4	106	15	13.2	100.00	5.20	190.00
42		海北	71	5.11	166	13.6	104	17	13.6	80.00	5.40	200.00
43		福民	104	4.15	171	13.4	104	18	13.3	80.00	5.40	210.00
44		海伦	65	5.08	167	13.4	105	18	13.3	80.00	5.40	200.00
45		爱民	107	5.10	173	13.4	112	16	13.2	85.00	5.40	215.00
46		百祥	53	4.16	171	13.4	104	14	13.5	80.00	5.20	210.00

续表

农户序号	县(区)	乡镇	最近一次生猪实际出栏量(头)	生猪出栏时间	平均饲养天数(日)	生猪出栏售价(元/千克)	生猪出栏重量(千克/头)	仔畜(小猪)平均重量(千克/头)	仔畜进价(元/千克)	每头出栏生猪消耗精饲料量(千克/头)	精饲料购买价格(元/千克)	耗粮数量(千克)
47	海伦	百祥	143	5.08	166	13.5	103	16	13.4	80.00	5.72	210.00
48		海兴	74	5.08	171	13.4	107	18	13.4	80.00	5.20	210.00
49		长发	192	4.10	167	13.3	104	17	13.2	80.00	5.20	210.00
50		爱民	93	4.23	170	13.4	107	16	13.3	100.00	5.20	200.00
51		海伦	220	4.16	167	13.2	104	13	13.2	80.00	5.40	210.00
52		海兴	58	5.06	169	13.44	105	15	13.4	85.00	5.40	205.00
53		福民	120	4.20	169	13.3	105	15	13.3	85.00	5.40	215.00
54		永和	62	4.18	168	13.3	104	17	13.1	85.00	5.40	195.00
55		双录	170	5.11	172	13.6	108	15	20	90.00	5.40	210.00
56		通江	55	5.07	153	13.7	111	9	20	85.00	5.00	220.00
57		通江	60	5.03	155	13.6	115	11	24	85.00	4.80	226.00
58		火箭	50	5.06	110	14	115	16	23	95.00	5.00	235.00
59	望奎县	火箭	70	5.01	110	14	105	13	24	90.00	5.00	210.00
60		火箭	60	5.01	112	13.8	110	15	24	90.00	4.80	210.00
61		火箭	61	4.22	122	14	105	13	24	90.00	4.80	200.00
62		火箭	52	4.27	120	14	110	13	24	90.00	4.80	220.00

续表

农户序号	县(区)	乡镇	最近一次生猪实际出栏量(头)	生猪出栏时间	平均饲养天数(日)	生猪出栏售价(元/千克)	生猪出栏重量(千克/头)	仔畜(小猪)平均重量(千克/头)	仔畜进价(元/千克)	每头出栏生猪消耗精饲料量(千克/头)	精饲料购买价格(元/千克)	耗粮数量(千克)
63	依兰县	达连河镇	60	4.10	160	13	110	15	25	90.00	5.20	210.00
64		三道岗镇	61	4.09	155	13	100	17	25	82.00	5.20	189.00
65		三道岗镇	63	4.25	150	13.8	100	14	25	82.00	5.20	189.00
66		宏克力镇	70	5.14	140	14	110	15	25	90.00	5.40	220.00
67		哈拉海乡	75	12.13	150	13.2	100	15	20	70.00	4.80	210.00
68		头站镇	50	11.01	120	13.4	120	12	20	95.00	5.20	245.00
69		杏山镇	60	12.01	120	13.8	130	15	25	90.00	5.60	270.00
70		华民乡	70	11.02	135	13	130	17	20	95.00	5.20	285.00
71	龙江县	七棵树镇	80	11.01	135	13.6	150	15	25	106.00	5.60	300.00
72		七棵树镇	52	12.2	180	13.7	120	10	25	90.00	5.00	250.00
73		杏山镇	50	11.01	130	13.6	140	13	25	130.00	5.60	270.00
74		黑岗乡	60	11.01	150	13.7	100	11	25	100.00	4.40	190.00
75		杏山镇	70	11.02	135	13.6	130	14	25	90.00	5.60	260.00
76		哈拉海乡	60	11.02	135	13.6	100	15	25	70.00	5.00	180.00

注：1. 在问卷中生产者填写的平均饲养天数的波动范围为110~180天，不包括饲养母猪的天数（25~28天）。
2. 由于问卷中"11 政府补贴"这一指标主要针对能繁母猪的养殖户，所有被调研农户均未填写，因此在原始数据表中删除了这一项。
3. 被调研对象均为非自繁自养的养殖户，即通过购买仔猪进行育肥的养殖户。

附表 7-2　100~499 头出栏生猪成本费用统计

单位：元

农户序号	最近一次生猪实际出栏量（头）	每户物质与服务费用 - 直接费用 - 仔畜费总计	浓缩饲料费总计	玉米费用总计	饲料加工费总计	水费总计	燃料动力费总计	医疗防疫费总计	死亡损失费总计	技术服务费总计	工具材料费总计	修理维护费总计	间接费用 - 其他直接费用总计	间接费用 - 固定资产折旧	每户人工成本 - 家庭用工天数（日）	每户人工成本 - 家庭用工折价
1	52	14976	22984.00	24484.20	728	520.0	52.0	572.0	416	728.0	67.6	—	—	513.2	145.6	11648
2	52	12376	24336.00	25053.60	832	624.0	93.6	1248.0	416	780.0	62.4	—	—	513.2	145.6	11648
3	53	11130	28620.00	22053.30	—	—	1139.5	1961.0	583	265.0	53.0	—	—	523.1	148.4	11872
4	80	26400	30720.00	35040.00	—	—	160.0	960.0	800	0.0	80.0	80.0	—	789.6	192	15360
5	79	17696	36972.00	38062.20	—	2099.3	2109.3	3555.0	711	395.0	118.5	79.0	—	779.7	189.6	15168
6	86	25800	38528.00	39551.40	—	1600.2	419.7	120.4	—	—	—	140.2	86	848.8	189.2	15136
7	60	20400	33600.00	26280.00	—	—	289.8	100.2	—	—	—	79.8	120	592.2	168	13440
8	50	10950	25200.00	29565.00	—	—	2000.0	—	2400	—	—	—	—	493.5	150	12000
9	50	10950	26600.00	29017.50	—	220.0	50.0	50.0	2000	—	120.0	100.0	40	493.5	150	12000
10	60	15600	28080.00	30222.00	100.2	—	3558.0	2100.0	—	—	—	—	—	592.2	168	13440
11	52	16640	23296.00	26192.40	—	—	74.9	1045.2	1750	—	—	—	—	513.2	145.6	11648
12	52	8320	29640.00	30747.60	—	260.0	500.2	374.9	1380	193.4	199.7	76.4	—	513.2	145.6	11648
13	69	18975	35880.00	33244.20	69	69.0	1035.0	1035.0	1062	138.0	345.0	69.0	—	681.0	179.4	14352
14	59	13275	25771.20	31010.40	59	59.0	944.0	826.0	—	0.0	177.0	118.0	—	582.3	165.2	13216
15	150	37500	85050.00	64057.50	750	150.0	2250.0	1500.0	3000	750.0	750.0	450.0	150	1480.5	192	15360
16	160	40000	89600.00	66576.00	640	160.0	2400.0	1600.0	3200	800.0	800.0	480.0	—	1579.2	204.8	16384
17	58	12006	33779.20	27944.40	58	58.0	580.0	812.0	1044	—	174.0	116.0	—	572.5	162.4	12992
18	63	14490	28224.00	28973.70	315	315.0	630.0	630.0	630	—	945.0	630.0	—	621.8	163.8	13104

— 191 —

基于风险规避视角的生猪有效供给研究

续表

农户序号	最近一次生猪实际出栏量（头）	仔畜费总计	浓缩饲料费总计	玉米费用总计	饲料加工费总计	水费总计	燃料动力费总计	医疗防疫费总计	死亡损失费总计	技术服务费总计	工具材料费总计	修理维护费总计	其他直接费用总计	固定资产折旧	家庭用工天数（日）	家庭用工折价
19	130	52000	56160.00	68328.00	130	65.0	1950.0	1300.0	2600	260.0	650.0	130.0	—	1283.1	169	13520
20	52	12480	22464.00	26192.40	52	26.0	780.0	520.0	780	—	260.0	52.0	—	513.2	145.6	11648
21	230	55200	99360.00	115851.00	230	115.0	2760.0	2300.0	4600	460.0	1150.0	230.0	—	2270.1	294.4	23552
22	52	11960	20280.00	26761.80	52	26.0	780.0	520.0	780	—	260.0	52.0	—	513.2	145.6	11648
23	50	11700	23500.00	22995.00	650	40.0	475.0	1300.0	1150	—	1500.0	195.0	500	493.5	150	12000
24	50	11500	25000.00	28470.00	600	—	500.0	1250.0	1000	—	550.0	125.0	275	493.5	150	12000
25	50	11250	21250.00	27922.50	400	300.0	275.0	1300.0	390	—	200.0	1050.0	300	493.5	150	12000
26	200	50000	93600.00	113880.00	1200	900.0	1100.0	2200.0	1700	—	800.0	3600.0	1400	1974.0	256	20480
27	142	39298.5	61344.00	71525.40	1576.2	127.8	4785.4	4970.0	1022	—	1704.0	426.0	781	1401.5	181.76	14540.8
28	51	12859.65	25704.00	26805.60	612	66.3	445.2	1632.0	454	—	107.1	168.3	229.5	503.4	142.8	11424
29	60	15000	19200.00	30222.00	—	—	330.0	2100.0	570	—	990.0	168.0	348	592.2	168	13440
30	56	11200	29120.00	23301.60	—	168.0	1008.0	1960.0	—	—	112.0	280.0	—	552.7	156.8	12544
31	65	17550	30420.00	34164.00	—	130.0	1170.0	2080.0	—	—	130.0	260.0	—	641.6	169	13520
32	230	49680	107640.00	120888.00	—	690.0	3910.0	8740.0	—	—	690.0	1150.0	—	2270.1	294.4	23552
33	50	15000	20000.00	25185.00	100	50.0	100.0	650.0	500	250.0	100.0	250.0	—	493.5	140	11200
34	50	14400	24224.16	27056.36	1500	1000.0	2000.0	1000.0	2500	—	—	—	500	493.5	140	11200
35	200	68400	91301.76	112631.70	4000	2000.0	8000.0	4000.0	10000	—	800.0	—	1600	1974.0	256	20480
36	200	75000	90000.00	91980.00	1200	600.0	680.0	4200.0	3200	200.0	800.0	600.0	80	1974.0	256	20480

— 192 —

续表

农户序号	最近一次生猪实际出栏量（头）	仔畜费总计	浓缩饲料费总计	玉米费用总计	饲料加工费总计	水费总计	燃料动力费总计	医疗防疫费总计	死亡损失费总计	技术服务费总计	工具材料费总计	修理维护费总计	其他直接费用总计	固定资产折旧	家庭用工天数（日）	家庭用工折价
37	150	41250	64800.00	72270.00	900	450.0	570.0	3150.0	2400	135.0	600.0	450.0	60	1480.5	192	15360
38	100	50000	40800.00	43800.00	2400	2000.0	500.0	—	—	—	—	—	500	987.0	200	16000
39	73	18308.4	26572.00	33572.70	975.28	—	540.2	1154.9	1862	—	—	—	—	720.5	175.2	14016
40	89	18654.4	37024.00	40931.10	1300.29	—	774.3	1602.0	2880	—	—	—	—	878.4	195.8	15664
41	62	12276	32240.00	25798.20	918.22	—	489.8	949.8	2150	—	—	—	—	611.9	161.2	12896
42	71	16415.2	30672.00	31098.00	959.92	—	529.7	1030.2	2100	—	—	—	—	700.8	170.4	13632
43	104	24897.6	44928.00	47829.60	1419.6	—	760.2	1529.8	2310	—	—	—	—	1026.5	187.2	14976
44	65	15561	28080.00	28470.00	859.95	—	460.2	1010.1	1500	—	—	—	—	641.6	169	13520
45	107	22598.4	49113.00	50380.95	1520.47	—	813.2	1679.9	2640	—	—	—	—	1056.1	192.6	15408
46	53	10017	22048.00	24374.70	746.77	—	439.9	874.0	1460	—	—	—	—	523.1	148.4	11872
47	143	30659.2	65436.80	65765.70	1900.47	—	1085.4	2189.3	3599	—	—	—	—	1411.4	183.04	14643.2
48	74	17848.8	30784.00	34032.60	526.14	—	532.1	1140.3	1900	—	—	—	—	730.4	177.6	14208
49	192	43084.8	79872.00	88300.80	2559.36	—	1380.5	2920.3	3379	—	—	—	—	1895.0	245.76	19660.8
50	93	19641.6	48360.00	40734.00	1260.15	—	669.6	1423.8	2050	—	—	—	—	917.9	186	14880
51	220	38038	95040.00	101178.00	2849	—	1599.4	3399.0	3751	—	—	—	—	2171.4	281.6	22528
52	58	11484	26622.00	26039.10	817.22	—	422.8	894.9	1760	—	—	—	—	572.5	162.4	12992
53	120	24120	55080.00	56502.00	1620	—	890.4	1749.6	2830	—	—	—	—	1184.4	192	15360
54	62	14018.2	28458.00	26477.10	809.72	—	470.0	979.6	1680	—	—	—	—	611.9	161.2	12896

— 193 —

续表

农户序号	最近一次生猪实际出栏量(头)	仔畜费总计	浓缩饲料费总计	玉米费用总计	饲料加工费总计	水费总计	燃料动力费总计	医疗防疫费总计	死亡损失费总计	技术服务费总计	工具材料费总计	修理维护费总计	其他直接费用总计	固定资产折旧	家庭用工天数(日)	家庭用工折价
55	170	33405	82620.00	78183.00	2369.8	—	1208.7	2480.3	2941	—	—	—	—	1677.9	217.6	17408
56	55	9900	23375.00	26499.00	—	400.4	756.3	1375.0	440	—	400.4	1500.4	—	542.9	154	12320
57	60	13200	24480.00	29696.40	—	300.0	199.8	1200.0	4200	—	379.8	1099.8	—	592.2	156	12480
58	50	19200	23750.00	25732.50	150	200.0	50.0	700.0	—	—	100.0	—	—	493.5	150	12000
59	70	20930	31500.00	32193.00	240.1	200.2	100.1	1001.0	—	—	100.1	—	—	690.9	182	14560
60	60	21600	25920.00	27594.00	199.8	199.8	60.0	798.5	—	—	150.0	—	—	592.2	168	13440
61	61	19032	26352.00	26718.00	300.12	200.1	100.0	1000.4	—	—	100.0	—	—	602.1	158.6	12688
62	52	16224	22464.00	25053.60	200.2	149.8	99.8	799.8	—	180.0	199.7	—	—	513.2	145.6	11648
63	60	22500	28080.00	27594.00	1200	300.0	600.0	900.0	1000	—	120.0	600.0	600	592.2	168	13440
64	61	25925	26010.40	25248.51	200.08	—	69.5	299.5	—	—	99.4	150.1	—	602.1	158.6	12688
65	63	22050	26863.20	26076.33	400.05	—	170.1	119.7	—	—	149.9	199.7	—	621.8	163.8	13104
66	70	26250	34020.00	33726.00	200.2	399.7	1499.4	1999.2	1499	200.2	230.3	200.2	—	690.9	182	14560
67	75	22500	25200.00	34492.50	825	750.0	1800.0	3750.0	750	—	397.5	97.5	—	742.5	180	14400
68	50	12000	24700.00	26827.50	500	175.0	400.0	390.0	—	—	—	400.0	—	495	150	12000
69	60	22500	30240.00	35478.00	300	198.0	996.0	—	—	—	—	—	—	594	168	13440
70	70	23800	34580.00	43690.50	499.8	196.0	2399.6	350.0	—	—	71.4	—	—	693	182	14560
71	80	30000	47488.00	52560.00	800	160.0	160.0	240.0	240	—	—	800.0	—	792	192	15360
72	52	13000	23400.00	28470.00	312	780.0	0.0	3120.0	—	—	—	—	—	514.8	145.6	11648

续表

农户序号	最近一次生猪实际出栏量(头)	仔畜费总计	浓缩饲料费总计	玉米费用总计	饲料加工费总计	水费总计	燃料动力费总计	医疗防疫费总计	死亡损失费总计	技术服务费总计	工具材料费总计	修理维护费总计	其他直接费用总计	固定资产折旧	家庭用工天数(日)	家庭用工折价
73	50	16250	36400.00	29565.00	200	100.0	400.0	—	—	—	—	—	—	495	150	12000
74	60	16500	26400.00	24966.00	1200	600.0	360.0	300.0	—	—	120.0	—	—	594	168	13440
75	70	24500	35280.00	39858.00	499.8	—	1198.4	602.0	—	499.8	—	—	—	693	182	14560
76	60	22500	21000.00	23652.00	1800	600.0	2400.0	2400.0	600	—	300.0	100.2	—	594	168	13440

注：1. 关于青粗饲料费的说明。在数据调研中，95%的生产者未填写此项，且《全国农产品成本收益资料汇编》(2016)中黑龙江省也未给出青粗饲料费这一统计值。部分生产者同时给出了精饲料重量与耗粮重量，将这两种饲料重量合计后列在了附表 7-3 中，即饲料用量。料费既填写了精饲料的使用数量，也没有填写又填写了精饲料的使用数量，所以将二者加总，统称为饲料用量。

2. 在间接费用中对固定资产折旧的处理。主要原因是在固定资产折旧值进行过程中，发现有部分生产者填写的是购入固定资产的原值，未按每头猪给出固定资产折旧值，也没有按出栏量给出折旧数值，被调研生产者对固定资产折旧方法不同，所填写的固定资产折旧值差异较大。例如，有的生产者使用的是加速折旧法则因是给生猪一般半年出栏一次，所以将"固定资产折旧"作为被调研生猪的固定资产折旧值。

3. 同黑龙江省中规模生猪"固定资产折旧"（9.87 元）处理。依据《全国农产品成本收益资料汇编》(2006—2014)中黑龙江省中规模生猪一项未统计，在调研中了解到：虽然养殖户购买保险的愿望强烈，金额计算平均数值。并且个别生产者填写的是实际发生死亡率保险，但是保险公司对生产者的生猪进行投保，并赔付标准上难以界定。在获得保险公司不愿意为养猪户提供保险服务。其目的是能够购买到保险，而且个别生产者填写的保险金额不是实际发生的保险支出，其他原因。这项调研生产者意愿通过其将来获得保险政策。小规模散户、小规模和中规模 3 个规模个别散户填写的保险支出均为 0，此外，2 户填写了同接费用中的管理费、即黑龙江省散户，小规模和中规模大规模 4 个规模因无为 0。调研结果与《全国农产品成本收益资料汇编》中的统计结果具有一致性。被调研生猪无一人填写财务费和销售费。

4. 关于家庭用工折价的说明。"每户人工成本"应包括"家庭用工折价"和"雇工费用"，但有 97.2%的生产者未对雇工费用进行填写，并且依据《全国农产品成本收益资料汇编》中的统计数据可知，黑龙江省散养和小规模养殖的雇工费用均为 0。所以，表中未列出"雇工费用"。在调研中获知每日工价，一般为 80 元/日，故用家庭用工天数（日）乘以每日工价即可获得"家庭用工折价"。

5. 此表格中"浓缩饲料"指的是附表 7-3 中的精饲料，"玉米"指的是附表 7-1 中的耗粮。在核算时均以"0"计算。主要因为在与生产者沟通时其表明凡是未填写的数据就是自己不计入成本费用的。

6. 表中所有"—"都是被调研生产者未填写的项目。

195

基于风险规避视角的生猪有效供给研究

附表 7-3　生猪饲料费用

农户序号	出栏量（头）	精饲料价格（元/千克）	每头消耗精饲料量（千克）	每头消耗粮食量（千克）	耗粮占比（%）	精饲料占比（%）	饲料价格（精+粮）（元/千克）	总饲料用量（千克）	每头消耗饲料量（千克）	总饲料费（元）	每头饲料费（元）
1	52	5.20	85.00	215.00	0.7167	0.2833	3.0428	15600.00	300.00	47468.20	912.85
2	52	5.20	90.00	220.00	0.7097	0.2903	3.0639	16120.00	310.00	49389.60	949.80
3	53	5.40	100.00	190.00	0.6552	0.3448	3.2969	15370.00	290.00	50673.30	956.10
4	80	4.80	80.00	200.00	0.7143	0.2857	2.9357	22400.00	280.00	65760.00	822.00
5	79	5.20	90.00	220.00	0.7097	0.2903	3.0639	24490.00	310.00	75034.20	949.80
6	86	5.20	80.00	210.00	0.7241	0.2759	3.1307	24940.00	290.00	78079.40	907.90
7	60	5.60	100.00	200.00	0.6667	0.3333	3.3267	18000.00	300.00	59880.00	998.00
8	50	5.60	90.00	270.00	0.7500	0.2500	3.0425	18000.00	360.00	54765.00	1095.30
9	50	5.60	95.00	265.00	0.7361	0.2639	3.0899	18000.00	360.00	55617.50	1112.35
10	60	5.20	90.00	230.00	0.7188	0.2813	3.0366	19200.00	320.00	58302.00	971.70
11	52	5.60	80.00	230.00	0.7419	0.2581	3.0700	16120.00	310.00	49488.40	951.70
12	52	5.70	100.00	270.00	0.7297	0.2703	3.1386	19240.00	370.00	60387.60	1161.30
13	69	5.20	100.00	220.00	0.6875	0.3125	3.1306	22080.00	320.00	69124.20	1001.80
14	59	5.20	84.00	240.00	0.7407	0.2593	2.9704	19116.00	324.00	56781.60	962.40
15	150	5.40	105.00	195.00	0.6500	0.3500	3.3135	45000.00	300.00	149107.50	994.05
16	160	5.60	100.00	190.00	0.6552	0.3448	3.3659	46400.00	290.00	156176.00	976.10
17	58	5.60	104.00	220.00	0.6790	0.3210	3.2846	18792.00	324.00	61723.60	1064.20

续表

农户序号	出栏量（头）	精饲料价格（元/千克）	每头消耗精饲料量（千克）	每头消耗粮食量（千克）	耗粮占比（%）	精饲料占比（%）	饲料价格（精+粮）（元/千克）	总饲料用量（千克）	每头消耗饲料量（千克）	总饲料费（元）	每头饲料费（元）
18	63	5.60	80.00	210.00	0.7241	0.2759	3.1307	18270.00	290.00	57197.70	907.90
19	130	5.40	80.00	240.00	0.7500	0.2500	2.9925	41600.00	320.00	124488.00	957.60
20	52	4.80	90.00	230.00	0.7188	0.2813	2.9241	16640.00	320.00	48656.40	935.70
21	230	4.80	90.00	230.00	0.7188	0.2813	2.9241	73600.00	320.00	215211.00	935.70
22	52	5.20	75.00	235.00	0.7581	0.2419	2.9182	16120.00	310.00	47041.80	904.65
23	50	5.00	94.00	210.00	0.6908	0.3092	3.0589	15200.00	304.00	46495.00	929.90
24	50	5.00	100.00	260.00	0.7222	0.2778	2.9706	18000.00	360.00	53470.00	1069.40
25	50	5.00	85.00	255.00	0.7500	0.2500	2.8925	17000.00	340.00	49172.50	983.45
26	200	5.20	90.00	260.00	0.7429	0.2571	2.9640	70000.00	350.00	207480.00	1037.40
27	142	5.40	80.00	230.00	0.7419	0.2581	3.0184	44020.00	310.00	132869.40	935.70
28	51	5.60	90.00	240.00	0.7273	0.2727	3.1200	16830.00	330.00	52509.60	1029.60
29	60	4.00	80.00	230.00	0.7419	0.2581	2.6571	18600.00	310.00	49422.00	823.70
30	56	5.20	100.00	190.00	0.6552	0.3448	3.2279	16240.00	290.00	52421.60	936.10
31	65	5.20	90.00	240.00	0.7273	0.2727	3.0109	21450.00	330.00	64584.00	993.60
32	230	5.20	90.00	240.00	0.7273	0.2727	3.0109	75900.00	330.00	228528.00	993.60
33	50	5.00	80.00	230.00	0.7419	0.2581	2.9152	15500.00	310.00	45185.00	903.70
34	50	4.80	100.93	247.09	0.7100	0.2900	2.9470	17401.20	348.02	51280.52	1025.61

续表

农户序号	出栏量（头）	精饲料价格（元/千克）	每头消耗精饲料量（千克）	每头消耗粮食量（千克）	耗粮占比（%）	精饲料占比（%）	饲料价格（精+粗）（元/千克）	总饲料用量（千克）	每头消耗饲料量（千克）	总饲料费（元）	每头饲料费（元）
35	200	4.80	95.11	257.15	0.7300	0.2700	2.8947	70451.20	352.26	203933.46	1019.67
36	200	5.00	90.00	210.00	0.7000	0.3000	3.0330	60000.00	300.00	181980.00	909.90
37	150	4.80	90.00	220.00	0.7097	0.2903	2.9477	46500.00	310.00	137070.00	913.80
38	100	4.80	85.00	200.00	0.7018	0.2982	2.9684	28500.00	285.00	84600.00	846.00
39	73	5.20	70.00	210.00	0.7500	0.2500	2.9425	20440.00	280.00	60144.70	823.90
40	89	5.20	80.00	210.00	0.7241	0.2759	3.0203	25810.00	290.00	77955.10	875.90
41	62	5.20	100.00	190.00	0.6552	0.3448	3.2279	17980.00	290.00	58038.20	936.10
42	71	5.40	80.00	200.00	0.7143	0.2857	3.1071	19880.00	280.00	61770.00	870.00
43	104	5.40	80.00	210.00	0.7241	0.2759	3.0755	30160.00	290.00	92757.60	891.90
44	65	5.40	80.00	200.00	0.7143	0.2857	3.1071	18200.00	280.00	56550.00	870.00
45	107	5.40	85.00	215.00	0.7167	0.2833	3.0995	32100.00	300.00	99493.95	929.85
46	53	5.20	80.00	210.00	0.7241	0.2759	3.0203	15370.00	290.00	46422.70	875.90
47	143	5.72	80.00	210.00	0.7241	0.2759	3.1638	41470.00	290.00	131202.50	917.50
48	74	5.20	80.00	210.00	0.7241	0.2759	3.0203	21460.00	290.00	64816.60	875.90
49	192	5.20	80.00	210.00	0.7241	0.2759	3.0203	55680.00	290.00	168172.80	875.90
50	93	5.20	100.00	200.00	0.6667	0.3333	3.1933	27900.00	300.00	89094.00	958.00
51	220	5.40	80.00	210.00	0.7241	0.2759	3.0755	63800.00	290.00	196218.00	891.90

续表

农户序号	出栏量（头）	精饲料价格（元/千克）	每头消耗精饲料量（千克）	每头消耗粮食量（千克）	耗粮占比（%）	精饲料占比（%）	饲料价格（精+粮）（元/千克）	总饲料用量（千克）	每头消耗饲料量（千克）	总饲料费（元）	每头饲料费（元）
52	58	5.40	85.00	205.00	0.7069	0.2931	3.1309	16820.00	290.00	52661.10	907.95
53	120	5.40	85.00	215.00	0.7167	0.2833	3.0995	36000.00	300.00	111582.00	929.85
54	62	5.40	85.00	195.00	0.6964	0.3036	3.1645	17360.00	280.00	54935.10	886.05
55	170	5.40	90.00	210.00	0.7000	0.3000	3.1530	51000.00	300.00	160803.00	945.90
56	55	5.00	85.00	220.00	0.7213	0.2787	2.9731	16775.00	305.00	49874.00	906.80
57	60	4.80	85.00	226.00	0.7267	0.2733	2.9033	18660.00	311.00	54176.40	902.94
58	50	5.00	95.00	235.00	0.7121	0.2879	2.9989	16500.00	330.00	49482.50	989.65
59	70	5.00	90.00	210.00	0.7000	0.3000	3.0330	21000.00	300.00	63693.00	909.90
60	60	4.80	90.00	210.00	0.7000	0.3000	2.9730	18000.00	300.00	53514.00	891.90
61	61	4.80	90.00	200.00	0.6897	0.3103	3.0000	17690.00	290.00	53070.00	870.00
62	52	4.80	90.00	220.00	0.7097	0.2903	2.9477	16120.00	310.00	47517.60	913.80
63	60	4.80	90.00	210.00	0.7000	0.3000	3.0930	18000.00	300.00	55674.00	927.90
64	61	5.20	82.00	189.00	0.6974	0.3026	3.1008	16531.00	271.00	51258.91	840.31
65	63	5.20	82.00	189.00	0.6974	0.3026	3.1008	17073.00	271.00	52939.53	840.31
66	70	5.40	90.00	220.00	0.7097	0.2903	3.1219	21700.00	310.00	67746.00	967.80
67	75	4.80	70.00	210.00	0.7500	0.2500	2.8425	21000.00	280.00	59692.50	795.90

续表

农户序号	出栏量（头）	精饲料价格（元/千克）	每头消耗精饲料量（千克）	每头消耗粮食量（千克）	耗粮占比（%）	精饲料占比（%）	饲料价格（精+粮）（元/千克）	总饲料用量（千克）	每头消耗饲料量（千克）	总饲料费（元）	每头饲料费（元）
68	50	5.20	95.00	245.00	0.7206	0.2794	3.0310	17000.00	340.00	51527.50	1030.55
69	60	5.60	90.00	270.00	0.7500	0.2500	3.0425	21600.00	360.00	65718.00	1095.30
70	70	5.20	95.00	285.00	0.7500	0.2500	2.9425	26600.00	380.00	78270.50	1118.15
71	80	5.60	106.00	300.00	0.7389	0.2611	3.0803	32480.00	406.00	100048.00	1250.60
72	52	5.00	90.00	250.00	0.7353	0.2647	2.9338	17680.00	340.00	51870.00	997.50
73	50	5.60	130.00	270.00	0.6750	0.3250	3.2983	20000.00	400.00	65965.00	1319.30
74	60	4.40	100.00	190.00	0.6552	0.3448	2.9521	17400.00	290.00	51366.00	856.10
75	70	5.60	90.00	260.00	0.7429	0.2571	3.0669	24500.00	350.00	75138.00	1073.40
76	60	5.00	70.00	180.00	0.7200	0.2800	2.9768	15000.00	250.00	44652.00	744.20

注：1. 耗粮价格说明。生猪耗粮主要为玉米。"截至2014年年末，黑龙江省玉米的价格变化情况为2080～2100元/吨"，[①] "2015年上半年国内玉米价格小幅上涨后整体振荡前行，1月1日国内3等黄玉米整体价格为2260.67元/吨，较2014年同期上涨0.39%，6月30日玉米价格为2337.33元/吨，较2014年同期下跌1.71%，2015年上半年国内玉米价格整体上涨3.39%"。[②] 由于数据调研生产者其生猪出栏时间为4～5月，所以计算结果为以上统计的前4个月玉米价格，即将4个月数据的平均值2.19元/千克为耗粮价格。

2. 由于生猪的饲料由精饲料和耗粮（玉米）两部分组成，[③] 将精饲料重量与耗粮（玉米）重量分别除以饲料总重量得到精饲料占比（%）和耗粮（玉米）占比（%）；再用精饲料价格乘以精饲料占比，耗粮（玉米）价格乘以耗粮占比，求和得到饲料价格。

[①] 2015年上半年玉米价格行情分析［EB/OL］．(2015-03-30) [2016-03-25]．http：//www. 360doc. com/content/15/0330/15/13676299_459314770. shtml．

[②] 2015年上半年玉米价格行情分析［EB/OL］．(2015-07-01) [2016-03-25]．http：//feed. aweb. com. cn/20150701/685479. html．

[③] 通过与生猪生产者电话沟通了解到精饲料和耗粮占有不同的比例。

附表 7-4　每户总盈亏值

农户序号	出栏量（头）	生猪出栏价格（元/千克）	出栏重量（千克/头）	每户总收入（元）	仔畜费（元）	饲料费（元）	每户费用合计（元）	每户总盈亏值（元）
1	52	13.4	110	76648	14976	47468.2	62444.2	14203.80
2	52	13.4	111	77344.8	12376	49389.6	61765.6	15579.20
3	53	12.8	115	78016	11130	50673.3	61803.3	16212.70
4	80	13.6	110	119680	26400	65760	92160	27520.00
5	79	13	110	112970	17696	75034.2	92730.2	20239.80
6	86	10.4	105	93912	25800	78079.4	103879.4	-9967.40
7	60	13.2	110	87120	20400	59880	80280	6840.00
8	50	13.6	125	85000	10950	54765	65715	19285.00
9	50	13.6	125	85000	10950	55617.5	66567.5	18432.50
10	60	13.4	110	88440	15600	58302	73902	14538.00
11	52	13.5	116	81432	16640	49488.4	66128.4	15303.60
12	52	12.4	126	81244.8	8320	60387.6	68707.6	12537.20
13	69	13.4	112	103555.2	18975	69124.2	88099.2	15456.00
14	59	13.6	112	89868.8	13275	56781.6	70056.6	19812.20
15	150	13.6	110	224400	37500	149107.5	186607.5	37792.50
16	160	13.6	110	239360	40000	156176	196176	43184.00
17	58	13.6	110	86768	12006	61723.6	73729.6	13038.40
18	63	13.4	100	84420	14490	57197.7	71687.7	12732.30
19	130	13.3	110	190190	52000	124488	176488	13702.00

续表

农户序号	出栏量（头）	生猪出栏价格（元/千克）	出栏重量（千克/头）	每户总收入（元）	仔畜费（元）	饲料费（元）	每户费用合计（元）	每户总盈亏值（元）
20	52	13.6	110	77792	12480	48656.4	61136.4	16655.60
21	230	13.6	110	344080	55200	215211	270411	73669.00
22	52	13.6	110	77792	11960	47041.8	59001.8	18790.20
23	50	14	115	80500	11700	46495	58195	22305.00
24	50	14	130	91000	11500	53470	64970	26030.00
25	50	10.8	120	64800	11250	49172.5	60422.5	4377.50
26	200	10.8	120	259200	50000	207480	257480	1720.00
27	142	13.2	110	206184	39298.5	132869.4	172167.9	34016.10
28	51	13.6	115	79764	12859.65	52509.6	65369.25	14394.75
29	60	12	110	79200	15000	49422	64422	14778.00
30	56	12.2	110	75152	11200	52421.6	63621.6	11530.40
31	65	13.4	113	98423	17550	64584	82134	16289.00
32	230	11.6	115	306820	49680	228528	278208	28612.00
33	50	13	125	81250	15200	45185	60385	20865.00
34	50	11.6	130	75400	14400	51280.52	65680.52	9719.49
35	200	11.6	135	313200	68400	203933.5	272333.5	40866.54
36	200	11.6	110	255200	75000	181980	256980	-1780.00
37	150	12	110	198000	41250	137070	178320	19680.00
38	100	14	120	168000	50000	84600	134600	33400.00
39	73	13.4	105	102711	18308.4	60144.7	78453.1	24257.90

— 202 —

续表

农户序号	出栏量（头）	生猪出栏价格（元/千克）	出栏重量（千克/头）	每户总收入（元）	仔畜费（元）	饲料费（元）	每户费用合计（元）	每户总盈亏值（元）
40	89	13.5	106	127359	18654.4	77955.1	96609.5	30749.50
41	62	13.4	106	88064.8	12276	58038.2	70314.2	17750.60
42	71	13.6	104	100422.4	16415.2	61770	78185.2	22237.20
43	104	13.4	104	144934.4	24897.6	92757.6	117655.2	27279.20
44	65	13.4	105	91455	15561	56550	72111	19344.00
45	107	13.4	112	160585.6	22598.4	99493.95	122092.4	38493.25
46	53	13.4	104	73860.8	10017	46422.7	56439.7	17421.10
47	143	13.5	103	198841.5	30659.2	131202.5	161861.7	36979.80
48	74	13.4	107	106101.2	17848.8	64816.6	82665.4	23435.80
49	192	13.3	104	265574.4	43084.8	168172.8	211257.6	54316.80
50	93	13.4	107	133343.4	19641.6	89094	108735.6	24607.80
51	220	13.2	104	302016	38038	196218	234256	67760.00
52	58	13.44	105	81849.6	11484	52661.1	64145.1	17704.50
53	120	13.3	105	167580	24120	111582	135702	31878.00
54	62	13.3	104	85758.4	14018.2	54935.1	68953.3	16805.10
55	170	13.6	108	249696	33405	160803	194208	55488.00
56	55	13.7	111	83638.5	9900	49874	59774	23864.50
57	60	13.6	115	93840	13200	54176.4	67376.4	26463.60
58	50	14	115	80500	19200	49482.5	68682.5	11817.50
59	70	14	105	102900	20930	63693	84623	18277.00

续表

农户序号	出栏量（头）	生猪出栏价格（元/千克）	出栏重量（千克/头）	每户总收入（元）	仔畜费（元）	饲料费（元）	每户费用合计（元）	每户总盈亏值（元）
60	60	13.8	110	91080	21600	53514	75114	15966.00
61	61	14	105	89670	19032	53070	72102	17568.00
62	52	14	110	80080	16224	47517.6	63741.6	16338.40
63	60	13	110	85800	22500	55674	78174	7626.00
64	61	13	100	79300	25925	51258.91	77183.91	2116.09
65	63	13.8	100	86940	22050	52939.53	74989.53	11950.47
66	70	14	110	107800	26250	67746	93996	13804.00
67	75	13.2	100	99000	22500	59692.5	82192.5	16807.50
68	50	13.4	120	80400	12000	51527.5	63527.5	16872.50
69	60	13.8	130	107640	22500	65718	88218	19422.00
70	70	13	130	118300	23800	78270.5	102070.5	16229.50
71	80	13.6	150	163200	30000	100048	130048	33152.00
72	52	13.7	120	85488	13000	51870	64870	20618.00
73	50	13.6	140	95200	16250	65965	82215	12985.00
74	60	13.7	100	82200	16500	51366	67866	14334.00
75	70	13.6	130	123760	24500	75138	99638	24122.00
76	60	13.6	100	81600	22500	44652	67152	14448.00

注：1. 每户总收入 = 出栏重量（千克/头）× 生猪出栏价格（元/千克）× 出栏量。
2. 每户总盈亏值 = 每户总收入 -（每户仔畜费 + 每户饲料费）。

附录 H 投入变量筛选结果统计

附图 8-1 仔畜重量、饲料用量的风险函数回归结果

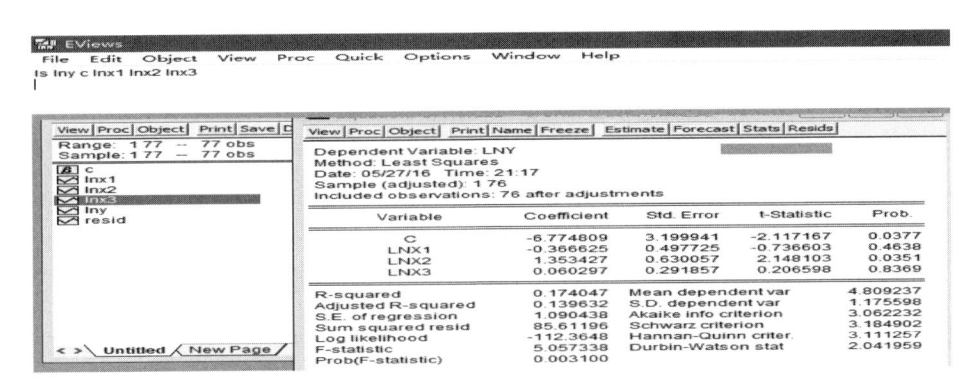

附图 8-2 仔畜重量、饲料用量和其他直间接费用的风险函数回归结果

附图 8-3 仔畜重量、饲料用量和人工成本的风险函数回归结果

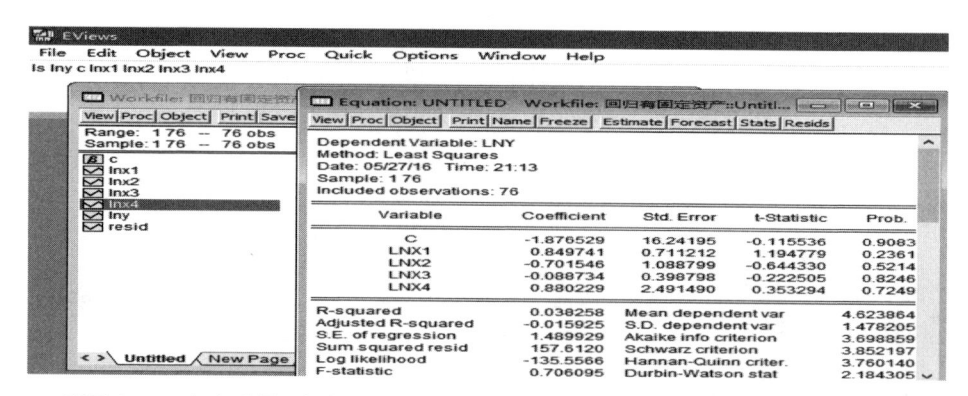

基于风险规避视角的生猪有效供给研究

Variable	Coefficient	Std. Error	t-Statistic	Prob.
C	-1.876529	16.24195	-0.115536	0.9083
LNX1	0.849741	0.711212	1.194779	0.2361
LNX2	-0.701546	1.088799	-0.644330	0.5214
LNX3	-0.088734	0.398798	-0.222505	0.8246
LNX4	0.880229	2.491490	0.353294	0.7249

R-squared	0.038258	Mean dependent var		4.623864
Adjusted R-squared	-0.015925	S.D. dependent var		1.478205
S.E. of regression	1.489929	Akaike info criterion		3.698859
Sum squared resid	157.6120	Schwarz criterion		3.852197
Log likelihood	-135.5566	Hannan-Quinn criter.		3.760140
F-statistic	0.706095	Durbin-Watson stat		2.184305

附图 8-4　仔畜重量、饲料用量、其他直间接费用和人工成本的风险函数回归结果

参 考 文 献

[1] 车嘉丽. 管理会计学 [M]. 广州: 中南大学出版社, 2004: 53-54.

[2] 陈池波, 张攀峰. 新型社会保障、收入类型与农村居民消费——基于截面数据的经验分析 [J]. 经济管理, 2012 (2): 175-182.

[3] 陈端计. 我国市场经济中的供给问题研究 [D]. 厦门: 厦门大学, 2003.

[4] 陈蓉, 任大廷. 生猪供给调整的时滞分析 [J]. 农村经济, 2010 (1): 49-51.

[5] 陈勇兵, 曹亮. 生产分割、垂直FDI与贸易增长——基于1994—2007年省际面板数据单位根与协整检验 [J]. 宏观经济研究, 2012 (3): 26-33.

[6] 成宝娟. 生猪养殖场的经营管理策略 [J]. 温州职业技术学院学报, 2015 (2): 65-70.

[7] 成金华, 陈军, 段平忠. 中国近十五年来非可再生能源有效供给水平评价 [J]. 中国软科学, 2006 (1): 7-14.

[8] 杜丹清. 关于生猪规模化生产与稳定市场价格的研究 [J]. 价格理论与实践, 2009 (7): 19-20.

[9] 符刚, 刘丹. 生猪规模化养殖经济效益的影响因素实证研究——来自四川省新津县63个生猪规模养殖场的数据 [J]. 四川农业大学学报, 2013, 31 (4): 466-473.

[10] 付兴军, 李翠霞. 生猪规模化养殖风险规避对策研究 [J]. 黑龙江畜牧兽医, 2010 (20): 28-29.

[11] 高阔, 甘筱青. 我国生猪价格与生产要素价格波动的动态分析 [J]. 统计与决策, 2012 (5): 132-134.

[12] 高铁梅,等. 计量经济分析方法与建模:Eviews 应用及实例 [M]. 北京:清华大学出版社,2006.

[13] 郭利京,刘俊杰,韩刚. 养殖主体行为与生猪价格形成机制 [J]. 统计与信息论坛,2014 (8):79 - 84.

[14] 郭亚军,王毅,贾筱智. 中国猪肉生产者供给行为分析——基于适应性预期模型的实证研究 [J]. 中国畜牧杂志,2012 (16):32 - 36.

[15] 和炳全. 微观经济学 [M]. 重庆:重庆大学出版社,2003:81 - 82.

[16] 洪灵敏,许玉贵,彭芳琴. 生猪饲养成本分析及农户适度规模的选择 [J]. 经济师,2012 (2):76 - 78.

[17] 侯麟科,仇焕广,白军飞,徐志刚. 农户生产偏好对农业生产要素投入的影响——以农户玉米品种选择为例 [J]. 农业技术经济,2014 (5):23 - 31.

[18] 华桂宏. 有效供给与经济发展 [M]. 南京:南京师大出版社,2000:76 - 82.

[19] 贾会玲,杨晓光,邓若鸿,吴登生,李建平. 基于数据的生猪价格风险分析模型研究与实证分析 [J]. 数学的实践与认识,2010,12 (40):53 - 58.

[20] 姜冰. 黑龙江省畜产品竞争力研究 [D]. 哈尔滨:东北农业大学,2009.

[21] 姜冰,李翠霞. 黑龙江省生猪规模化饲养问题分析 [J]. 农机化研究,2008 (8):28 - 31.

[22] 姜法竹,刘清淳. 中规模生猪供给影响因素弹性分析——基于10省份面板数据分组结果 [J]. 农业经济,2016 (9):22 - 24.

[23] 姜会明,王振华. 生猪供给波动:短周期分解与经济学解释 [J]. 中国畜牧杂志,2012 (18):17 - 24.

[24] 邰智荟,韩璐,王刚毅. 黑龙江省不同饲养规模的生猪生产效率研究 [J]. 黑龙江畜牧兽医,2016 (17):115 - 120.

[25] 雷骁勇,庄文发,张晨阳. 猪粮比价变化的研究 [J]. 现代畜牧兽医,2011 (11):9 - 11.

[26] 冷继明. 农户生猪养殖行为影响因素研究——基于漯河市的调查

[D]．武汉：华中农业大学，2009．

[27] 李桦，郑少锋，郭亚军．我国生猪不同饲养方式生产成本变动分析 [J]．西北农林科技大学学报（自然科学版），2007（1）：63-67．

[28] 李桦，郑少锋，王艳花．我国生猪规模养殖生产成本变动因素分析 [J]．农业技术经济，2006（1）：49-52．

[29] 李静，张昕欣，费本飞．我国不同模式下生猪养殖的成本与收益对比——基于1988-2006年统计数据分析 [J]．中国畜牧杂志，2008，44（24）：26-30．

[30] 李立威，李丹丹．移动互联网扩散的影响因素——基于跨国截面数据的实证研究 [J]．技术经济，2015（6）：37-42．

[31] 李庆亮．浅谈公众舆论对生猪盈亏平衡点的认识误区 [J]．中国物价，2013（11）：58-59．

[32] 李伟．企业家风险偏好对企业投资决策行为的影响研究 [D]．北京：首都经济贸易大学，2013．

[33] 李响，傅新红，吴秀敏．安全农产品供给意愿的影响因素分析——以四川省资中市和蓬溪县134户生猪养殖户为例的实证分析 [J]．农村经济，2007（8）：18-21．

[34] 李真．生猪规模化养殖与散户养殖的对比研究 [J]．安徽农学通报，2009，15（12）：15-16．

[35] 梁小珍，刘秀丽，杨丰梅．我国生猪年度供给量预测研究 [J]．系统科学与数学，2011，31（3）：265-276．

[36] 梁振华．2000年我国猪肉的需求与有效供给研究 [J]．农业经济问题，1996（8）：28-31．

[37] 刘丹．新津县生猪规模化养殖的经济效益及影响因素研究 [D]．成都：四川农业大学，2013．

[38] 刘琨．生猪养殖场经营管理模型 [J]．洛阳师范学院学报，2015（5）：124-127．

[39] 刘清淳．中规模生猪供给量影响因素省际差异研究 [D]．大庆：黑龙江八一农垦大学，2015．

[40] 刘清泉，周发明．中国生猪有效供给的现实困境与市场调控 [J]．

中国畜牧杂志, 2011 (20): 5-13.

[41] 刘晓峰, 孟军. 黑龙江省生猪养殖规模经济效益研究 [J]. 中国农学通报, 2014 (35): 19-24.

[42] 刘晓可, 许馨元. 生猪养殖场的经营管理数学模型的分析与求解 [J]. 才智, 2014 (32): 51.

[43] 刘晓磊, 崔雪锋. 中国猪粮比的时空分布特征及驱动因素分析 [J]. 中国畜牧杂志, 2014 (10): 17-21+27.

[44] 刘秀丽, 陈锡康, 丁先军. 关于我国生猪供需量和供需缺口的预测 [J]. 统计与决策, 2008 (23): 109-111.

[45] 马述忠, 叶宏亮, 任婉婉. 基于国内外耕地资源有效供给的中国粮食安全问题研究 [J]. 农业经济问题, 2015 (6): 9-19.

[46] 毛翔飞, 杜楠. 生猪规模化养殖中的生态模式构建 [J]. 农业环境与发展, 2012, 29 (2): 33-36.

[47] 南灵, 张大海. 农村家庭养殖中风险管理方式的经济学分析 [J]. 科技导报, 2005, 23 (6): 39-41.

[48] 宁攸凉, 乔娟. 中国生猪价格波动的影响与成因探究 [J]. 中国畜牧杂志, 2010 (2): 52-56.

[49] 潘国言, 龙方, 周发明. 我国区域生猪生产效率的综合评价 [J]. 农业技术经济, 2011 (3): 58-66.

[50] 乔颖丽, 吉晓光. 中国生猪规模养殖与农户散养的经济分析产业透视 [J]. 2012, 48 (8): 14-19.

[51] 邱新梅, 伍玉鼎. 养猪户面对猪价大跌不利形势的应对措施 [J]. 现代农业科技, 2010 (8): 389.

[52] 邵祥东, 张广胜. 生猪供给安全与增长机制分析 [J]. 农业经济, 2009 (6): 19-20.

[53] 申超, 李文刚, 隋超, 严益博, 焦福林, 吴志娟, 徐芳. 生猪产业投资风险分析 [J]. 中国猪业, 2012 (4): 16-19.

[54] 沈栩竹. 猪场科学管理与效益分析 [J]. 价值工程, 2015 (12): 27-29.

[55] 沈银书, 吴敬学. 美国生猪规模养殖的发展趋势及与中国的比较分

析 [J]. 世界农业, 2012 (4): 4-8.

[56] 沈银书, 吴敬学. 我国生猪规模养殖的发展趋势与动因分析 [J]. 中国畜牧杂志, 2011 (22): 49-52, 70.

[57] 宋小青, 欧阳竹. 1999-2007 年中国粮食安全的关键影响因素 [J]. 地理学报, 2012, 67 (6): 793-803.

[58] 孙玉环, 季晓旭. 教育投入对中国经济增长作用的区域差异分析——基于多指标面板数据聚类结果 [J]. 地理研究, 2014 (6): 1129-1139.

[59] 谭莹, 李大胜. 生猪的规模化养殖与环境保护: 困境及选择 [J]. 中国农学通报, 2010, 26 (13): 20-22.

[60] 谭莹. 我国猪肉供给的驱动因素及补贴政策分析 [J]. 农业经济问题, 2011 (9): 52-57.

[61] 谭莹. 中国猪肉市场总供给波动及影响因素的实证分析 [J]. 华中农业大学学报: 社会科学版, 2010 (3): 24-29.

[62] 汤颖梅, 潘宏志, 王怀明. 江苏、四川两省农户生猪生产决策行为研究 [J]. 农业技术经济, 2013 (8): 34-41.

[63] 田茹会. 生猪养殖的经营管理模型分析与建立 [J]. 现代农业科技, 2015 (1): 270-271.

[64] 王杜春, 刘士奇. 生猪生产波动的影响因素分析及对策建议 [J]. 中国农学通报, 2013 (14): 11-15.

[65] 王明利, 李威夷. 基于随机前沿函数的中国生猪生产效率研究 [J]. 农业技术经济, 2011 (12): 32-39.

[66] 王明利, 肖洪波. 我国生猪生产波动的成因分析 [J]. 农业经济问题, 2012 (12): 28-32.

[67] 王宁, 翟印礼. 生态林规模影响个体经营者风险规避度分析 [J]. 农业技术经济, 2013 (4): 102-107.

[68] 王宁, 翟印礼. 生态林与经济林个体经营者风险偏好分析 [J]. 农业技术经济, 2012 (10): 88-95.

[69] 王松伟. 农户生猪养殖不同规模的成本研究 [D]. 重庆: 西南大学, 2011.

[70] 王婷, 欧名豪, 刘琼, 郑俊鹏. 中国耕地有效供给评价及影响因素

分析 [J]．中国人口资源与环境，2011（11）：73-78．

[71] 王新利，张广胜．微观经济学 [M]．北京：中国农业出版社，2007．

[72] 王中萍，潘春玲，李佩．中规模生猪生产影响因素分析 [J]．农业科技与装备，2014（3）：72-74．

[73] 翁鸣．我国生猪价格大幅波动的原因分析——基于养殖规模和生猪市场的视角 [J]．农村经济，2013（9）：31-33．

[74] 吴敬学，沈银书．我国生猪规模养殖的成本效益与发展对策 [J]．中国畜牧杂志，2012（18）：5-11．

[75] 吴小北，陈思家．生猪规模化和散户养殖收益比较及趋势分析——四川省宜宾县生猪生产调查 [J]．金融发展评论，2011（11）：32-36．

[76] 吴学兵，乔娟．生猪规模化养殖的土地问题探析 [J]．猪业科学，2012，29（7）：44-45．

[77] 武春霞．生猪养殖，把握盈亏平衡点 [J]．农经，2012（11）：45-47．

[78] 郗伟东，孙永海，田晓娜．畜产品质量风险控制系统架构研究与设计 [J]．安徽农业科学，2010，38（24）：126-128，142．

[79] 徐玖平，黄云歌．管理经济学概论 [M]．北京：高等教育出版社，2006．

[80] 许彪，施亮，刘洋．我国生猪价格预测及实证研究 [J]．农业经济问题，2014（8）：25-32，110．

[81] 许彪，施亮，刘洋．我国生猪养殖行业规模化演变模式研究 [J]．农业经济问题，2015（2）：21-26，110．

[82] 闫振宇，陶建平，徐家鹏．我国生猪规模化养殖发展现状和省际差异及发展对策 [J]．农业现代化研究，2012（1）：13-18．

[83] 闫振宇，陶建平，徐家鹏．中国生猪生产的区域效率差异及其适度规模选择 [J]．经济地理，2012，32（7）：107-112．

[84] 闫振宇，徐家鹏．生猪规模生产就有效率吗？——兼论我国不同地区生猪养殖适度规模选择 [J]．财经论丛，2012（2）：3-7．

[85] 阎春宁．风险管理学 [M]．上海：上海大学出版社，2002．

[86] 杨朝英．中国生猪补贴政策对农户生猪供给影响分析 [J]．中国畜

牧杂志, 2013 (14): 28-31.

[87] 杨风华, 刘洁, 肖楠. 我国公共体育场馆政策法规演变研究——基于有效供给理论视角 [J]. 成都体育学院学报, 2014 (2): 37-42.

[88] 杨枝煌. 我国生猪产业风险的金融化综合治理 [J]. 农业经济问题, 2008 (4): 31-34.

[89] 易泽忠, 高阳, 郭时印, 彭新宇. 我国生猪市场价格风险评价及实证分析 [J]. 农业经济问题, 2012 (4): 22-29.

[90] 尹春洋, 王桂霞. 吉林省生猪规模生产效益影响因素分析 [J]. 中国畜牧杂志, 2014 (6): 31-35.

[91] 虞华, 彭莉. 生猪供需发生逆转 猪价周期性上涨启动——2014年前三季度我国生猪生产形势分析及后期走势判断 [J]. 中国畜牧业, 2014 (20): 51-53.

[92] 虞祎. 环境约束下生猪生产布局变化研究 [D]. 南京: 南京农业大学, 2012.

[93] 袁凤明. 盈亏平衡分析在养猪企业中的应用 [D]. 北京: 中国农业科学院, 2007.

[94] 战立强. 生猪价格时间序列的规律性波形和成因及调控 [J]. 农业现代化研究, 2014, 35 (1): 25-28.

[95] 张春丽, 肖洪安. 我国不同规模生猪养殖户数量波动与价格波动的相关性分析 [J]. 中国畜牧杂志, 2013, 49 (12): 3-7.

[96] 张慧玲. 影响规模化养猪经济效益的因素及其提高措施 [J]. 猪业科学, 2009, 26 (4): 52-54.

[97] 张立中, 刘倩倩, 辛国昌. 我国生猪价格波动与调控对策研究 [J]. 经济问题探索, 2013 (11): 117-122.

[98] 张利国. 我国安全农产品有效供给的长效机制分析 [J]. 农业经济问题, 2010 (12): 71-75.

[99] 张晓彤. 生猪期货对调控生猪价格大幅波动的作用 [J]. 中国畜牧杂志, 2010, 20 (46): 12-15.

[100] 张玉梅, 乔娟. 生猪规模化养殖用地的利益相关主体行为分析 [J]. 农村经济, 2013 (9): 26-30.

[101] 赵瑞莹, 陈会英, 杨学成. 生猪价格风险预警模型的建立与应用 [J]. 运筹与管理, 2008 (4): 128-131.

[102] 周伏平. 个人风险管理与保险规划 [M]. 北京: 中信出版社, 2004.

[103] 周晶, 陈玉萍, 丁士军. "一揽子" 补贴政策对中国生猪养殖规模化进程的影响——基于双重差分方法的估计 [J]. 中国农村经济, 2015 (4): 29-43.

[104] 周晶, 陈玉萍, 丁士军. 中国生猪养殖业规模化影响因素研究 [J]. 统计与信息论坛, 2014, 29 (1): 63-69.

[105] 周亮. 农户中小规模生猪养殖发展问题调查研究 [D]. 长沙: 中南林业科技大学, 2012.

[106] 周咏. 散养户和专业户饲养生猪的生产效率比较 [J]. 农业技术经济, 1999 (3): 37-40.

[107] 朱臻, 沈月琴, 白江迪. 南方集体林区林农的风险态度与碳汇供给决策: 一个来自浙江的风险偏好实验 [J]. 中国软科学, 2015 (7): 148-157.

[108] 邹公明. 风险理论 [M]. 上海: 上海财经大学出版社, 2003.

[109] Adhikari B. B., Harsh S. B., Cheney L. M. Factors affecting regional shifts of U. S pork production [J]. Access and Download Statistics, 2003 (7): 7-36.

[110] Angeles Mo. Structural changes in the philippine pig industry and their environmental implications [R]. Washington DC: U. S. The international Food Policy Research Institute, 2008.

[111] Anthony M., Shelton. Regional competitive position of pork industry [C]. Paper prepared for presentation at the American Agricultural Economics Association Annual Meeting, Denver, Colorado, August 1-4, 2004.

[112] Arrow K. J. Essays in the theory of risk bearing [M]. Chicago: Markham Publishing, 1971.

[113] Arrow K. J. The role of securities in the optimal allocation of risk-bearing [J]. Rev. Econ. Stud. 1964, 31 (4): 91-96.

[114] Binici T. The risk attitudes of farmers and the socioeconomic factors affecting them: A case study of lower seyhan plain farmers in Adana province, Turkey

[J]. Turkish Journal of Agriculture and Forestry, 2003, 27 (5): 305 – 312.

[115] Brennan D. Savings and technology choice for risk averse farmers [J]. The Australian Journal of Agricultural and Resource Economics, 2002, 46 (4): 501 – 513.

[116] Ceyhan V., Demiryurek K. Exploring and comparing risk attitudes of organic and non-organic hazelnut products in Samsun province of Turkey [J]. Acta Horticulturae, 2009, 2009 (845): 789 – 794.

[117] Chambers R. C. Scale and productivity measurement under risk [J]. The American Economic Review, 1983, 73 (4): 802 – 805.

[118] David C. Hall, Thomas O. Knight, Keith H. Coble, Alan E. Baquet, George F. Patrick. Analysis of beef producers risk management perceptions and desire for further risk management education [J]. Review of Agricultural Economics, 2003, 25 (2): 430 – 448.

[119] Dransfield E., Ngapo T. M., Nielsen N. A., et al. Consumer choice and suggested price for pork as influenced by its appearance, taste and information concerning country of origin and organic pig production [J]. Meat Sci, 2005, 69 (1): 61 – 70.

[120] Eggert H., Tveteras R. Stochastic production and heterogeneous risk preference: Commercial fisher's gear choices [J]. American Journal of Agricultural Economics, 2004, 86 (1): 199 – 212.

[121] El – Nazer T., McCarl B. A. The choice of crop rotation: a modeling approach and case study [J]. American Journal of Agricultural Economics, 1986, 68 (1): 127 – 136.

[122] Enters T., Durst P. B., Brown C. What does it take to promote forest plantation development? Incentives for tree-growing in countries of the Pacific Rim [J]. Unasylva, 2003, 54 (212): 11 – 18.

[123] Franken J. R. V., Pennings J. M. E., Garcia P. Do transaction costs and risk preferences influence marketing arrangements in the illinois hog industry? [J]. Journal of Agricultural and Resource Economics, 2009, 34 (2): 297 – 315.

[124] Gardebroek C., Chavez M. D., Lansink A. O. Analysing production

technology and risk in organic and conventional dutch arable farming using panel data [J]. Agricultural Economics, 2010, 61 (1): 60 –75.

[125] George F. Patrick, Amy J. Peiter, Thomas O. Knight, Keith H. Coble, Alan E. Baquet. Hog producers' risk management attitudes and desire for additional risk management education [J]. Journal of Agricultural and Applied Economics, 2007, 39 (3): 671 –687.

[126] Griffiths W. E., Anderson J. R. Using time-series and cross-section data to estimate a production function with positive and negative marginal risks [J]. American Statistical Association, 1982, 77 (379): 529 –536.

[127] Harlow A. A. Factors affecting the price and supply of hogs [J]. General Information, 1962 (1): 41 –59.

[128] Harvey A. C. Estimating regression models with multiplicative heteroskedasticity [J]. Econometrica, 1976, 44 (5): 461 –465.

[129] Hurd B. H. Yield response and production risk: An analysis of integrated pest management in cotton [J]. Journal of Agricultural and Resource Economics, 1994, 19 (2): 313 –326.

[130] Isik M., Khanna M. Stochastic technology, risk preferences, and adoption of site-specific technologies [J]. American Journal of Agricultural Economics, 2003, 85 (2): 305 –317.

[131] James Kliebenstein, Ben Larson, Mark Honey man, Arlie Penner. A comparison of production costs, returns and profitability of swine finishing systems [C]. Lowa State University, March 2002.

[132] Joe Vansickle. Hog prices keep pace with high-priced feed [J]. National Hog Farmer, 2007, 52 (6): 8.

[133] Just R. E., Pope R. D. Stochastic specification of production functions and economic implications [J]. Journal of Econometrics, 1978, 7 (1): 67 –86.

[134] Key N. D., McBride W. D. The changing economics of U. S. hog production [J]. Access and Download Statistics, 2007.

[135] Kisan Gunjal, Benoit Legault. Risk preferences of dairy and hog producers in Quebec [J]. Canadian Journal of Agricultural Economics, 1995, 1 (43):

23 – 35.

[136] Kumbhakar S. C. Risk preferences under price uncertainties and production risk [J]. Communications in Statistics. Part A: Theory and Methods, 2001, 30 (8 – 9): 1715 – 1735.

[137] Kumbhakar S. C. Specification and estimation of production risk, risk preference and technical efficiency [J]. American Journal of Agricultural Economics, 2002, 84 (1): 8 – 22.

[138] Kumbhakar S. C., Tsionas E. G. Estimation of production risk and risk preference function: A non-parametric approach [J]. Annals of Operations Research, 2010, 176 (1): 369 – 378.

[139] Lee J., Shih Y. S. M. A study on the pass-through effect of international grain price fluctuations on pig feed prices and pig prices in Taiwan [J]. Journal of Interdisciplinary Mathematics, 2013, 14 (2): 177 – 188.

[140] Lien G. J., Brian H., Marcel A. P. M., James W. R. Risk programming and sparse data: How to get more reliable results [J]. Agricultural Systems, 2009, 101 (1 – 2): 42 – 48.

[141] Lien G., Størdal S., Hardaker J. B., Asheim L. J. Risk aversion and optimal forest replanting: a stochastic efficiency study [J]. European Journal of Operational Research, 2007, 181 (3): 1584 – 1592.

[142] M. A. Bwala, Y. Bila. Analysis of farmers' risk aversion in southern Borno, Nigeria [J]. Global Journal of Agricultural Sciences, 2009, 1 (8): 119 – 136.

[143] McBride W. D., Key N. Characteristics and production costs of U. S. hog farms, 2004 [J]. Social Science Electronic Publishing, 2007 (1): 8 – 23.

[144] Morel P. C. H., Sirisatien D., Wood G. R. Effect of pig type, costs and prices, and dietary restraints on dietary nutrient specification for maximum profitability in grower-finisher pig herds: A theoretical approach [J]. Livestock Science, 2012, 148 (3): 255 – 267.

[145] Pennings J. M. E., Garcia P. Measuring producers' risk preferences: a global risk-attitude construct [J]. American Journal of Agricultural Economics, 2001, 83 (4): 993 – 1009.

[146] Phélippé – Guinvarc' H. M., Cordier J. An option on the average European futures prices for an efficient hog producer risk management [J]. Review of Agricultural and Environmental Studies, 2010, 1 (91): 27 – 42.

[147] Phoebe Koundouri, Marita Laukkanen, Sami Myyra, Céline Nauges. The effects of EU agricultural policy changes on farmers risk attitudes [J]. European Review of Agricultural Economics, 2009, 36 (1): 53 – 77.

[148] Picazo – Tadeo A. J., Wall A. Production risk, risk aversion and the determination of risk attitudes among Spanish rice producers [J]. Agricultural Economics, 2011, 42 (4): 451 – 464.

[149] Pratt J. W. Risk aversion in the small and in the large [J]. Economica, 1964, 32 (1 – 2): 122 – 136.

[150] Rhodes, James V. The industrialization of hog production [J]. Review of Agricultural Economics, 1995, 17 (2): 107 – 118.

[151] Saha A., Havenner A., Talpaz H. Stochastic production function estimation: Small sample properties of ML versus FGLS [J]. Applied Economics, 1997, 29 (4): 459 – 469.

[152] Saha A., Shumway C. R., Talpaz H. Joint estimation of risk preference structure and technology using expo-power utility [J]. American Journal of Agricultural Economics, 1994, 76 (2): 173 – 184.

[153] Serra T., Zilberman D., Gil J. M. Differential uncertainties and risk attitudes between conventional and organic producers: The case of Spanish arable crop farmers [J]. Agricultural Economics, 2008, 39 (2): 219 – 229.

[154] Serra T., Zilberman D., Goodwin B. K., Featherstone A. Effects of decoupling on the mean and variability of output [J]. European Review of Agricultural Economics, 2006, 33 (3): 269 – 288.

[155] Sharma K., Leung P., Zaleski H. Economic analysis of size and feed type of swine production in Hawaii [J]. Swine Health And Production, 1997, 5 (3): 103 – 110.

[156] Stuart W. B, Grace L. A, Grala R. K. Returns to scale in the Eastern United States logging industry [J]. Forest Policy and Economics, 2010, 12 (6):

451-456.

[157] Tauer L. W. Risk preferences of dairy farmers [J]. North Central Journal of Agricultural Economics, 1986, 8 (1): 7-15.

[158] Tvteras R., Wan G. H. Flexible panel data models for risky production technologies with an application to salmon aquaculture [J]. Econometric Reviews. 2000, 19 (3): 367-389.

[159] Villano R., Fleming E. Technical inefficiency and production risk in rice farming: Evidence from Central Luzon Philippines [J]. Asian Economic Journal, 2006, 20 (1): 29-46.

[160] Zheng X. Y., Vukina T., Shin C. The role of farmers' risk aversion for contract choice in the US hog industry [J]. Journal of Agricultural & Food Industrial Organization, 2008, 6 (4): 1-20.

[161] Zuhair S. M. M., Taylor D. B., Kramerc R. A. Choice of utility function form: Its effect on classification of risk preferences and the prediction of farmer decisions [J]. Agricultural Economics, 1992, 6 (4): 333-344.